철도 공무원노동자의 공공성과 생활세계

1960~70년대 생활세계를 중심으로

김영수 지음

한내

철도 공무원노동자의 공공성과 생활세계
:1960~70년대 생활세계를 중심으로

초 판 1쇄 발행 2015년 2월 26일
글쓴이 김영수
펴낸이 양규헌
펴낸곳 http://hannae.org
주 소 서울특별시 마포구 신촌로 14안길 17 2층
전 화 02-2038-2101 팩 스 02-2038-2107
등 록 2009년 3월 23일(제318-2009-000042호)
표 지 김선태-toga
본 문 디자인 김현지

ISBN 9791185009087 93330
값 18,000원

「이 도서의 국립중앙도서관 출판예정도서목록(CIP)은 서지정보유통지원시스템 홈페이지(http://
seoji.nl.go.kr)와 국가자료공동목록시스템(http://www.nl.go.kr/kolisnet)에서 이용하실 수 있습니다.」
CIP제어번호 CIP2015005703

추천사

혹평과 극찬이 뒤섞인 '국제시장'을 본 여운이 오래도록 남는다. 지식인들의 저항적 삶을 그린 '변호인'과 비교하면, 궁상맞고 순응적이면서도 감성적인 '국제시장'은 역사에 대해, 특히 노동자 역사에 대해 생각하게 한다. 부부싸움을 하다가도, 면접을 하다가도 애국가가 나오면 기립을 하는 해프닝, 전쟁, 미국의 시혜, 애국, 가부장제, 민족 등의 보수적 이념이 지배하는 시대에 사는 순종적 노동자의 모습이다. 천만관객을 훌쩍 넘긴 영화는 그 시대에는 그런 삶이 최선이었다는 것을 역사적 진실로 그려낸다.

광주 망월동 묘지에는 '진실을 말하지 않고, 과거를 기억하지 못한 역사는 되풀이된다.'는 경구가 있다.

노동자에게 역사적 진실과 기억해야 할 과거는 무엇일까? 60년대와 70년대에 파독 광산노동자와 파월 건설노동자가 그 시대 노동자를 대표할까? 극히 일부분일 뿐인데 영화 한편에 의해 역사적 진실이 심하게 굴절되고 있는 것이다.

섬유봉제분야, 자동차, 조선소, 택시버스화물철도, 병원, 서비스업 등 수많은 노동자가 동시대에 살아왔다. 그들의 삶은 기록되지 않았을 뿐이다. 기록되지 않은 과거는 역사가 아니다.

그들의 이야기를 기록할 때 비로소 노동자역사가 될 것이고, 그 중에는 반드시 기억해야할 과거도 있을 것이다.

철도노조는 과거에 20년사, 30년사, 50년사를 발간하였다. 어용노조는 자신의 역사를 기록으로 남겼다. 민주화 이후 2009년에 '철도노조 100년사 발간준비위원회'를 구성하였지만 파업과 예산의 문제로 사업은 시작되지 못했다. 다행히도 시급한 사안인 소장자료의 디지털화와 전자도서관 개설을 통해 데이터베이스 구축은 진행되었다. 구술채록작업 또한 몇몇 사람의 헌신적 노력으로 소기의 성과가 있었다.

이즈음에 김영수교수님이 1960년와 70년대 철도노동자의 삶에 대한 책 발간에 대해 문의를 하셨다. 이미 구술채록을 많이 받아 놓았기 때문에 적은 비용으로 책을 발간할 수 있었지만, 2009년 파업으로 해고와 조합비 압류 등으로 조직을 유지하기도 어려울 때였다.

이번에 구술채록작업을 추가하여 '노동자역사 한내'에서 출판을 진행한다는 소식을 듣고, 다행스러움보다 미안한 마음이 앞섰다.

최초의 구술채록이 2003년이었으니 책 한 권 저술하는데 10년이 넘게 걸렸다. 구술자 중 몇 분은 세상을 떠났고, 모란공원에 묻혀있는 허광만지 부장의 구술도 있다. 저자도 오랜 병마에 시달렸다. 우여곡절이 많은 책이지만, 철도노동자의 과거를, 규명하기 어려운 60,70년대의 삶을 날줄과 씨줄을 엮어서 과학적으로 규명한 탁월한 내용으로 구성되었다.

철도노조가 지향하는 핵심가치인 '철도 공공성'에 대한 정치경제학적 분석과 역사성, 발전전망에 대한 내용은 많은 영감을 줄 것이다. 철도산업과 철도노동자에 대한 균형 잡힌 서술은 학자로서의 엄격함을 보여주고 있다. 과거 역사뿐 아니라, 현재의 모습까지 언급하여 현실감과 역사의 현재성을 느끼게 한다.

학술서라 노동자들에게 생소한 단어들도 많지만, 사전 찾아보면서 만학의 즐거움도 느낄 수 있을 것이다. 단어가 어렵지 내용은 노동자들이 대부분 살면서 느끼고 있는 것이므로 이해하기는 쉬울 것이다.

1988년 철도파업 이후, 94년 전지협공동파업, 96년 범대위투쟁, 99년 서동투쟁, 2000년 공투본투쟁, 2001년 민주노조 건설, 2002년 철도가스발전공동파업, 2003년 철도구조조정저지 6.28파업, 2005년 구조조정 저지 3.1파업 및 KTX승무원장기파업, 2009년 단협해지필공파업, 2013년 국민파업 등 철도노동자 저항의 역사는 지속되고 있다.

지난한 과정에서 죽고 다치고 병들고, 구속되고 해고되고 징계당하고 있지만, 철도노동자의 공공철도를 향한 대장정은 국민들에게 널리 공감을 얻고 있다. 이 책은 철도노동자들의 꿈에 사회적 명분과 공감의 날개를 달아줄 '비판의 무기'이므로 널리 그리고 깊이 읽혀지길 바란다.

2015년 2월
전국철도노동조합 전 정책기획실장 김병구

서문 삶터와 일터의 애환을 어찌 다 담을 수 있겠는가!

10년 만에 오랜 짐을 내려놓는다. 허나 어깨는 가벼워지는 것 같지만, 마음은 더 무겁다. 또 다른 짐을 평생 짊어지는 느낌이다. 그것은 철도노동자들의 삶 속에 들어 있는 시간과 공간을 이 한 권의 책안에 잘 담아냈는가라는 자기고백이다. 이 물음표는 내 삶터와 일터를 일구는 시간 내내 따라다닐 것이다.

2003년과 2004년, 전국에 살고 있는 1960-70년대 철도노동자들을 만나고 다니면서 들었던 말과 마음이 내 어깨에서 세상으로 내려간다. 전국철도노동조합과 함께 몇 번을 시도하다가 좌절되곤 했던 이 책이 이제 세상 사람들과 만난다. 10년 전 그 시절에 만났던 철도노동자들 중에서 이미 세상을 떠나신 분들도 계시고, 그 분들의 말과 마음도 시간의 흐름 앞에서 많이 쇠약해졌을 것으로 짐작한다. 너무 늦게 내놓았지만, 이 책을 만나는 그 분들이 행복하시길 바랄 뿐이다.

세상에 내놓는 이 이야기들은 이미 반세기를 넘긴 철도 노동자들의 역사이다. 100년을 생각하면, 엄청나게 큰 시간으로 다가오기 마련이다. 그 분들의 삶 이야기가 50년 전에 있었고, 50년 전 그 분들의 삶 속에 들어 있는 자신과 자신의 부모 세대 이야기도 함께 펼쳐질 수밖에 없다는 점을 고려하면, 이 책에서 살짝 들춰보는 철도노동자들의 삶 이야기는 100년 이상의 시공간을 머금고 있다.

철도가 언제 도입되고, 철로와 차량이 언제 어떻게 증설되었으며, 또 철도산업이 식민지 시절의 착취수단이자 자본주의 산업발전의 촉매수단이었던 역사에 대해서는 누구나 잘 알 수 있다. 또한 1945년 해방이 되고 난 이후, 조선노동조합전국평의회의 주요 조직으로 존재하면서 1946년 9월 총파업을 주도하고, 10월 인민항쟁의 부싯돌로 존재했다는 역사에 대해서도 알고 있는 사람들이 많다.

그런데 정작 철도산업의 주역이자 파업투쟁의 주역이었던 철도노동자들의 역사, 특히 그들이 어떤 생각을 가지고 살면서 행동했고, 공무원이자 노동자였던 그들의 삶이 어떠했는가를 알고 있는 사람들은 드물다. 그들의 삶 자체가 공공성을 실현하는 과정이었지만, 역사는 그들을 삶의 주체로 그려 놓지 않았다. 이 책은 철도 노동자들의 공공적 노동과 삶을 역사의 전면으로 내세우려 한다.

첫째, 노동조합 '영웅'들의 기록과 함께 하는 조합원들의 '생활'을 그들의 이야기로 공감하려 한다.

영웅적 투쟁과 사건을 중심으로 하는 노동조합 역사는 아주 많다. 전국철도노동조합운동의 역사도 마찬가지이다. 이 과정에서 노동조합과 함께 명멸해 간 수많은 영웅들이 역사적으로 회자되어 왔다. 하지만 그러한 영웅과 함께 했던 조합원들은 역사 속에서 기록되기가 쉽지 않다. 대부분의 노동조합 역사가 공식적인 자료를 중심으로 기술되기 때문에, 조합원들의 생활은 노동조합 역사에서 주변화되곤 했다. 지역, 직종, 그리고 개인적 특성에 따라 매우 다양하고 특수하고 공식화하기 쉽지 않기 때문이다. 이러한 한계에도 불구하고, 조합원들의 생활은 일반화되어 기록될 필요가 있다. 생활의 모든 것들이 노동조합운동의 의제로 등장한 것은 아니지만, 노동조합운동의 주요한 의제들은 곧 조합원들의 생활이었다. 선배 노동자들의 삶터와 일터가 노동조합의 역사에서 주요한 것으로 재구성될 때, 노동조합의 역사는 더욱 풍성해질 수밖에 없다. 조합원들의 생활은 노동조합이라는 영웅을 만들어 내는 조연이 아니라 그들이 바로 영웅이고 생활의 주연으로 등장해야 하는 것이다.

둘째, 1960-70년대 철도노동자들의 '삶터'를 통해 현재와 미래를 들여다보려 한다.

철도 노동자들은 공무원으로서의 정체성과 노동자로서의 정체성을 동시에 보유해 왔지만, 현재는 공무원으로서의 정체성이 준공무원의 정체성으로 변화되었다. 철도청이 철도공사로 변화되었고, 그러한 변화에 맞게 철도 노동자들의 다양한 조건도 변화되었다. 변화의 긍정성 여부뿐만 아니라 이러한 변화들이 철도 노동조합운동에 어떠한 영향을 끼치고 있는가의 문제는 다양한 차원에서 모색되고 평가될 필요가 있다. 어느 한 측면만을 중심으로 평가하기에는 역부족이다. 노동조합의 간부나 조합원 스스로도 그러한 점들을 잘 인식하고 있다. 타임머신을 타고 1960-70년대로 돌아가 보는 것은 현실의 변화를 다양하게 인식하는 방법 중에 하나이다. 타임머신은 50년 전이 아니라 현실의 현미경이 될 것이다. 타임머신은 단순한 시간여행이 아니라 너무나 많이 변화되어 버린 기술력, 노동조건, 생활의 요소 등을 새롭게 바라보고 평가하는 계기를 제공할 수 있다. 특히 민주노조운동이 절대적으로 필요했던 1960-70년대, 당시의 조합원들이 원했던 노동조합운동의 민주성을 새롭게 바라보면서 현실의 민주노조운동을 재구성할 수 있는 단초가 되었으면 한다.

셋째, 단절되어 있는 철도 노동조합운동의 역사를 1960-70년대 철도 노동자들의 '일터'로 복원하려 하였다.

철도 노동조합운동과 관련된 역사는 보관되고 기억되는 '기록'을 중심으로 구성되고 있다. 소위 해방정국(1945-1953)의 노동조합운동을 좌우했던 철도 노동조합운동, 철도노동조합을 민주화하기 위해 투쟁했던 1980-90년대 철도 노동조합운동, 그리고 2000년대에 들어서서 민주노조로서 투쟁했던 철도 노동조합운동이 그것이다. 그러나 시대별로 보면, 한국전쟁이 종결되고 난 이후부터 1970년대 말까지의 기억과 기록들이 미약하다. 물론 징검다리를 놓는 수준의 기억과 기록들은 있지만, 아직까지는 체계적이지 못하다. 그렇지만 1960-70년대 선배 노동자들은 1980-90년대 철도노조 민주화운동의 디딤돌이었다고 말한다. 철도노조 민주화운동은 선배 노동자들의 일터에서 일어나 그곳에서 소멸되었지만, 그 힘은 1980년대 철도의 노동현장을 지배하였다. 1960-70년대 선배 노동자들의 일터는 곧 철도노조 민주화운동의 역사적 배경으로 등장될 필요가 있다. 철도노동조합의 단절된 '역사적 가교'는 1960-70년대 선배 노동자들의 삶으로 복원되어야 한다.

넷째, 1960-70년대 철도노동자들은 개발독재의 수혜자인가 피해자인가를 엿보면서 1960-70년대 사회를 또 다르게 보려 한다.

얼마 전 박정희 신드롬은 개발독재에 대한 향수로 드러나면서 대한민국을 광풍처럼 강타하였다. 철도 조합원들도 이러한 신드롬에서 자유롭지 않다. 많은 조합원들은 여전히 개발독재의 공무원으로서의 자부심을 보유하면서 살아가고 있다. 조합원들 스스로 개발독재의 수혜자인지 피해자인지 잘 알지 못하기 때문이다. 1960-70년대 박정희 개발독재시대, 즉 개발과 독재가 공존했던 그 시기에 철도 조합원들은 어떤 생각으로 어떻게 살았을까? 선배 노동자들의 삶은 개발독재의 과정에서 급속하게 변화되었다. 물질적으로 풍족한 시대가 정신적으로 빈곤한 시대를 대체하였다. 철도 노동현장에서는 물질적으로 빈곤했지만 정신적으로 풍부했던 공동체 문화가 사라지기 시작하였다. 물질적으로 풍족한 시대가 자신을 갉아먹는데도 그것을 느끼지 못하면서 살게 되었다. 철도 선배 노동자들은 이러한 시대를 어떻게 살았을까? 물질적으로 풍족하다 못해 넘쳐나는 현재, 1960-70년대 선배 노동자들의 삶은 현재와 미래를 성찰하는 시금석으로 작용할 수 있다.

2002년 2월 25일, 발전·철도·가스 노동자들이 '국가기간산업 해외매각 반대 및 사유화 저지'를 공동으로 요구하는 투쟁을 전개하였다. 2013년 겨울, 국가기간산업 공공성은 철도 노동자들의 총파업투쟁으로 다시 부활하였다. 국민들은 이러한 투쟁을 계기로 국가기간산업 사유화 정책의 사회적 역기능들을 인식할 수 있게 되었다. 국가기간산업의 공공성에 대한 인식이 전환되는 계기이기도 했다. 철도노동조합이 만든 역사적 성과였다. 그런데 철도산업의 경우, 민영화하려는 정부와 탈시장적이고 탈수익적인 사회공공성 전략을 강화시키려는 노동조합 간의 긴장과 갈등이 역사적으로 존재하였다. 지금 현재도 그러한 갈등이 지속되고 있고, 철도산업에 대한 자본의 사유화 전략이 유지되는 한, 그러한 갈등도 지속될 것이다.

철도산업의 공공성을 둘러싼 국가와 철도 공무원 노동자 간의 갈등이자, 생활세계에 투영되어 있는 공무원으로서의 정체성과 노동자로서의 정체성이 충돌하는 현상이었다. 이러한 충돌현상은 1960-70년대 철도 노동자들도 경험하였다. 철도산업이 1960-70년대에도 공공적 구조개편을 지속적으로 추구해 왔다는 점을 고려하면, 정부의 철도산업 구조개편정책들은 철도 공무원 노동자들의 생활세계에 직접적으로 영향을 끼쳤다고 볼 수 있다.

철도산업은 '자본축적을 촉진시키기 위한 사회적 생산과 사회구성원 모두의 생활에 필수적으로 요구되는 공공재화의 사회적 소비를 연계시키는 시원적 산업'으로서 역할, 즉 조직적으로 정치적 이해와 긴밀하게 연계, 경제위기의 경우 경제적 구조조정(합리화)의 주요한 주체, 사기업에 대한 수입 및 수출의 보조수단, 고용안정을 유지하는 수단, 국가기간산업의 전략적 육성, 거시적인 경제정책을 수립하기 위한 도구로서의 역할을 담당하였다. 철도 노동자들은 철도산업의 특성에 조응하면서 자신의 생활세계를 구축·변화시켜 왔다. 따라서 철도 노동자들의 생활세계에 대한 연구영역 및 연구주제들은 연구대상 간의 상호관계에 조응하지 않을 수 없다. 그래서 이 책은 철도 노동자들의 삶을 공공성과 융합해서 총 5장으로 구성하였다. 이 책이 철도 노동자들의 다층적 정체성, 철도산업의 역사적 공공성, 철도 공무원노동자들의 주체형성과정과 공공성, 철도 공무원노동자들의 공공적 생활세계, 그리고 노동현장에서 있었던 철도 공무원노동자들의 생활세계 등을 연구대상으로 삼은 이유이다.

개인 및 집단의 의식과 생활세계에 대한 연구는 노동과정 및 삶의 개인적·집단적 변화과정을 파악할 수 있어야 한다. 그래서 필자는 이 과정에서 개인의 생활세계에 대한 구술사 방식으로 개인의 생애사를 사회의 생활세계와 긴밀하게 연계시키려 하였다. 개인의 주관적 의식과 생활세계의 경험이 사회구조와 긴밀하게 연계되어 있고, 또한 개인은 구술을 통해서 구조와 개인의 선택이라는 상호작용이 존재하였기 때문이다. 그것은 곧 구조적 조건이 개인의 의식을 형성한다고 보는 것이 아니라, 개인들이 자신의 선택적 행위성을 통해서 노동자로서의 의식과 생활세계의 주체로 등장하는 것을 말한다.

이 책은 철도 노동자가 자신의 삶을 말하면서 자기역사를 구성하는 과정이었다. 필자는 그저 그 분들에게 시간과 공간을 제공했을 뿐이다. 이 책의 실제 주연은 철도 노동자들이고 그 분들의 삶이다. 그래서 전국철도노동조합과 노동조합 간부들은 이 책을 완성하는 과정에서 정말 많은 도움을 주었다. 도움을 주신 분들에게 마음을 표시하는 방식으로 이름을 일일이 쓰기로 한다면, 몇 페이지에 다 담을 수 없어서 이렇게 뭉뚱그려 표현한다는 점을 이해해주길 바랄 뿐이다. 또 노동자들에게 자기역사의 흔적들을 제공하고 있는 '노동자역사 한내'는 이 책의 또 다른 주연이다. 노동자들이 주인되는 역사를 위해 온 힘을 쏟고 있는 모습 앞에서, 이 책의 저자라고 이름을 내세우는 것 자체가 부끄러울 따름이다. 그리고 또 다른 주연은 정부(교육부)와 한국연구재단이다. 이 책은 2011년 정부(교육부)의 재원으로 한국연구재단의 지원을 받아 연구(NRF-2011-812-B00035)되었기 때문이다. 한 권의 책 속에 들어가 있는 수많은 얼굴과 고마운 마음을 짧은 글로 어찌 다 담을 수 있겠는가! 평생 천천히 갚아 나가야 할 또 다른 짐으로 남아 있다.

충북 제천의 월악산 자락으로 귀농(촌)한 상태에서 이 책을 완성하였다. 어릴 적 추억의 감성만이 지배하고 있던 농촌으로 돌아와서, 새롭게 농민들의 삶터를 접하는 것 자체가 힘이었다. 농민들은 다양한 방식과 내용으로 자신의 삶을 지배하면서도 동시에 예속되어 있었다. 단지 그동안 삶의 주인으로 대접하지 않는 힘과, 농민들을 대상화시키는 힘만이 세상에 부각되어 왔다. 농민들의 자기역사도 삶터와 일터에서 새롭게 재구성될 필요가 있다. 따라서 철도 노동자들이 삶터와 일터의 주인으로 존재하는 역사, 이

것이야말로 일하면서 살아가는 사람들이 주인되는 세상의 역사와 함께할 것이다. 아마도 이 책은 너와 내가 살아가는 삶터와 일터, 그 곳의 역사를 복원하고 그 곳의 주인을 찾아 나서는 머나먼 여정의 시작이기도 하다.

2015년 1월
월악산 자락의 붉실 마을에서, 철도노동자들의 자기역사를 위해

목차

목차

목차

철도 공무원노동자의 생활세계와 공공적 정체성

생활세계의 공동체적 관계와 공공권력
공공적 생활세계와 철도
철도 공무원노동자들의 공공적 정체성

생활세계의 공동체적 관계와 공공권력

인간은 사회적 동물이라는 말이 있듯이, 생활세계의 구성원으로 태어나는 순간부터 생물학적이고 본성적인 욕망을 가지고 살아가면서 수많은 사람들을 만난다. 인간이 자신만이 아닌 수많은 사람들과 관계를 형성·변화시키며 생활세계를 유지하게 되는 간단한 이유이다. 대부분의 사람들이 가정이라는 삶터에서 태어난다고 가정 할 경우, 인간은 가정을 구성하고 있는 사람들뿐만 아니라 또 다른 가정을 구성하고 있는 많은 사람들과의 관계를 바탕으로 생활세계를 형성하지 않을 수 없는 것이다. 인간의 본성적 욕망이 사회적 관계를 바탕으로 실현된다는 의미이다. 부모와 자식 간의 관계도 태어나는 순간부터 울음을 터트리거나 먹을 것을 찾는 그 자체의 욕망으로부터 형성된다는 점에 비추어 본다면, 아이가 요구하는 각종의 본성적 욕망은 부모의 사회적 관계에서 자유롭지 않다. 아이의 본성적 욕망이 부모의 '힘'에 의해 의존하면서 다양한 형태로 변화될 수 있다는 의미이다.

욕망으로 구성되는 자신의 생활세계만이 아니라 다른 사람의 생활세계도 유지되어야만 할 근거이다. 다른 사람 역시 본성적 욕망과 사회적 욕망을 동시에 추구하면서 생활세계를 형성하고 유지한다. 사회를 구성하고 있는 모든 사람들의 욕망이 동시에 존재한다. 사회가 모든 사람들의 욕망을 실현할 수 있는 조건으로 구성되어 있다면, 욕망의 실현을 둘러싼 갈등이 발생하지 않는다. 그렇지 못한 경우에는 욕망을 둘러싼 갈등이 생활세계를 지배한다. 특히 이러한 갈등은 사회적 욕망을 실현하는 과정에서 발생한다. 생활세계가 본성적 욕망과 사회적 욕망으로 구성된다 하더라도, 본성적 욕망이든 사회적 욕망이든 다른 사람들과의 사회적 관계에서 실현될 수밖에 없기 때문이다.

인간은 생활세계의 주체이자 객체로 존재하면서 다양한 관계를 맺는다. 삶이 자신을 구속하기도 하고, 자신이 삶을 주체적으로 운용하기도 한다. 모든 개인은 공동체의 구성원으로서 존재하며, 개인의 자유도 상호의존적인 공동체의 틀을 벗어나서 유지될 수 없다. "사적 소유를 기반으로 하는 사회의 개인들은 사적소유체계에 유효한 자기의식을 가지고 있지만, 이러한 자기의식이란 개인들을 내향적인 삶으로 이끄는 의식이자, 개인들의 특정한 기술과 전문화에만 집중하는 종류의 의식일 뿐이고, 사회적인 삶과 인간적인 삶의 나머지 부분들과 연계되어 있기 때문이다."[1] 삶의 공간이 주로 가정, 조직과 집단, 노동현장, 그리고 국가와 사회를 중심으로 형성되는 이유이다. 인간은 이러한 공간에서 중첩적인 관계를 맺는다. 그래서 사회를 형성하기 위한 계약이 자신의 생활세계를 유지하는 주체로서의 성격과 타인의 생활세계를 인정하는 객체로서의 성격을 내포하게 된다. 사회적 계약으로 만들어진 법과 제도는 계약의 주체들을 실질적으로 지배하는 사회계약의 딜레마, 즉 생활세계의 주체들 간에 지배-피지배적 관계가 융합되어 있다.

공동체 사회든 탈공동체 사회든 지배-피지배의 관계가 존재하였고, 이러한 관계의 힘은 공공재화와 공공적 생활영역에 대한 헤게모니의 정도에 따라 규정되었다. 지배세력이든 피지배세력이든 공공재화와 공공적 생활영역의 헤게모니를 장악해서 자신의 이해를 보다 쉽게 관철시키려 하였다. 그런데 공공권력은 구성원들 간의 '계약'이라는 방식을 사용해서 관료적 통치를 가능하게 하고, 그러한 통치의 힘으로 공공재화와 공공적 생활영역을 지배하였다. 대표적인 공공적 생활영역은 사적으로 독점할 수 있는 재화가 존재하는 공간, 즉 교통운수재화, 공유지에서 생산되는 재화, 타인과 경쟁할 필요도 없이 '무임승차'해서 소비할 수 있는 재화 등의 공

---

1) H. Lefebvre, 「일상생활에 대한 비판적 지식으로서의 마르크스주의」, 사회실천연구소, 『실천』, 2011년 10월호, 27쪽.

간이었다. 다양한 교통운수재화 중에 하나였던 철도는 공공적 생활영역을 구성하는 주요 요소였다. 일상적인 생활세계의 주체들은 자신의 삶을 유지하기 위해 공공적 생활영역을 지배하고 관리하는 공공권력의 힘에 종속되지 않을 수 없었다.

그런데 공공권력은 '공동선'을 내세워 물질적·비물질적인 공공재의 소유체계 및 관리체계를 수시로 변화시켜 왔다. 교통운수시설이 공공적 성격을 유지했다가 상실하기도 하고, 복지시설이나 재단법인 등의 사적 서비스 재화가 공공적 성격을 새롭게 획득하기도 한다. 이는 공공재화가 사회구성원들을 희생시키면서 지배세력의 이해를 촉진시키는 수단으로 변화될 수도 있고, 그 반대의 상황으로 변화될 수도 있다는 의미이다. 사회구성원들의 욕구와 이해가 생활세계를 구성하고 있는 조건의 변화에 상응하여 지속적으로 변화되는데, 공공권력은 이러한 변화를 사회적인 욕구와 이해로 전도시키고, 공공적 생활영역과 관련된 법과 제도를 이용하여 공공적 생활영역에 대한 지배적 정당성을 획득한다.

사회구성원들은 법과 제도에 대한 이데올로기적 오해로부터 자유롭지 않다. 그 오해는 사회구성원들의 의식과 행동에 투영된 공공권력의 헤게모니이자 사회적 재생산체제의 힘을 반영하고 있다. 사회구성원 스스로 법과 제도의 정당성을 쉽게 부여하는 것이다. "첫째, 사회질서를 위해 법질서가 필요하다는 의식이다. 둘째, 법체계는 권력체계의 한 형태가 아니라 자율적이고 독립적이라는 의식이다. 셋째, 법에 의한 지배만이 정당하다는 의식이다."[2] 그런데 이러한 이데올로기적 오해는 공공적 생활세계에 대한 지배-피지배 관계를 전도시키는 주요 요인을 작용한다. 국민은 공공적 생활세계의 실질적 지배주체임에도 불구하고 지배적 권력을 국가에게 위임하고 만다. 그런데 이러한 오해는 공공적 권력주체의 개별적인 욕구와 이해를 사회적인 욕구와 이해로 전도시키는 현상, 즉 사회적인 욕구와 이해를 사적으로 전취하는 힘으로 작용한다. 공공적 권력주체들은 법과

---

2) H. Collins, Marxism and Law, Oxford Univ. 1982, pp. 27-28.

제도를 유지하거나 새롭게 변화시키면서, 자신의 이해에 맞추어 공공재화나 공공적 생활영역의 성격을 변화시킨다. 물론 공공적 권력주체들은 이 과정에서 서로 경쟁을 하거나 갈등을 보이기도 하지만, 자신에게 유리한 공공적 생활영역을 재구성한다.

국가는 공공적 생활영역에서 생활세계의 주체들에 대한 개입을 위해 법과 제도를 독점적으로 지배하였다. "국가는 지배세력의 이해를 추구하기 위해 법과 제도를 동원하여 사회구성원들의 일상적 생활영역에 대한 개입을 더욱 강화한다. 또한 국가의 역할이 분화되고 전문화됨에 따라 법적 ·제도적 체계는 더욱 복잡해진다. 이로부터 초래되는 것은 관료제의 팽창뿐만 아니라 문화적 빈곤, 그리고 생활세계에서의 의미상실을 야기한다."[3] 또한 법과 제도는 지배세력들의 이해를 은폐하기도 하였다. "근대국가의 현저한 특징은 법체계, 특히 형식적 평등이라는 가면 뒤에 존재하고 있는 계급지배를 위장하고 있다. 이는 근대국가가 그 이전의 사회구성체들에 비해 지배계급의 직접적 조종이 덜하다는 점과 자율성의 외관은 국가기구의 권력들에 대한 심층적인 구조적 제약들을 은폐하고 있다. 그 제약들이야말로 국가기구로 하여금 지배계급의 이익을 충실하게 구축하도록 보장해 주는 것이라는 점을 내포하고 있는 것이다."[4] 이것은 사회구성원들을 권력과 권리로부터 소외시키는 것을 공공영역에서 구조화하는 것이었다.

---

3) G. Edwards, 「하버마스와 사회운동 : 무엇이 새로운가?」, 『실천』, 사회실천연구소, 2011.8, 90쪽.
4) H. Collins, 앞의 책, 1982, p. 76.

공공적 생활세계와 철도

일상생활의 공간에서는 인간의 욕구를 실현할 수 있는 재화가 제한되어 있어서 욕구를 둘러싼 투쟁이 발생한다. 이스턴(D. Easton)이 정치라는 개념을 '가치의 권위적 배분'으로 규정한 것도 한정된 재화와 인간의 욕구 사이에서 발생하는 '갈등적 관계'와 연계되어 있다. 욕구를 실현하기 위한 물질적 조건을 자연에서 획득한다 하더라도, 자연이 그러한 조건을 무제한적으로 제공하지 않는다. 일정한 한계상황에 다다르면, 자연은 인간에게 각종의 재해로 경고한다. 그런데 사회적 관계에서 욕구를 실현하기 위한 물질적 조건을 획득해야만 한다면, 그것을 획득하기 위한 과정은 곧 투쟁과 경쟁의 장을 만들지 않을 수 없다. 제한되어 있는 물질적 조건을 획득하기 위한 경쟁관계가 보편화되지 않을 수 없고, 힘을 보유한 사람에 의해 조종되는 노동관계가 강요되지 않을 수 없다. 사람들 간의 사회적 공동체 관계가 무너지게 되는 주요 원인이었다. 그래서 사람들이 갈등과 경쟁의 관계를 상생과 협조의 관계로 변화시키려 했던 것도 사람들 간의 사회적 공동체 관계와 연계되어 있을 것이다.

생활세계의 공동체적 정체성(identity)은 사회의 모든 사람들을 중심으로 한 생활의 조건 및 규범 등을 반영하지 않을 수 없다. 사회구성원들의 의식과 행동, 즉 생활세계에서 추구하고 있는 욕구와 욕망이 사회의 모든 사람들을 중심으로 한 정체성에서 형성되고 재형성된다는 의미이다. 그래서 사람들은 사회적 공동체를 위해 공공적 생활영역을 만들어 낸다. 공동체적 공유지나 공유재산 등의 영역을 만들면서 자신의 생활세계를 유지하였던 것이다. 사람들이 자신의 생존을 보존하기 위한 공공적 생활세계의 영역이었다. 공공적 권력주체들은 그 영역을 지배와 관리하였다.

국가 및 준국가기관은 역사적으로 공공적 생활세계를 유지하고 관리하였다. 국가 및 준국가기관은 비용을 지불하지 않거나 저렴한 비용으로도 누구든지 자유롭게 소비할 수 있는 공공적 생활세계의 영역, 즉 공공재화의 생산영역과 소비영역을 지배하고 관리하였다. 공동체 사회는 이러한 공공적 생활영역과 사적인 생활영역이 융합되는 과정에서 형성·유지되었다. 그래서 일상적인 생활세계는 평범하면서도 소박하지만, 견고하고 당연하게 여겨지는 세계이며, 사회구성원들 간의 공동체적 관계에서 단일하고 지속적인 개인의 정체성을 형성하는 세계로 표현할 수 있다.

도로나 수로는 대표적인 교통운송재화이다. 사람들은 각종의 도로나 수로를 이용해서 타인과 관계를 형성하거나 혹은 자신의 다양한 이해를 추구한다. 공동체 사회의 구성원들은 교통운송재화를 이용하면서 자신의 이해에 조응하는 일상생활을 유지한다. 개인의 일상적인 생활세계가 공동체 사회의 타인과 관계를 형성하기 위해 공공적 교통운송재화를 이용하지 않을 수 없는 것이다. 교통운송재화가 사적인 시공간을 연결시키는 공동체적 관계의 네트워크로 존재하는 이유이고, 공공권력이 공공적 생활영역의 주요한 요소로 관리하거나 지배하는 이유이다.

그런데 철도는 교통운송재화의 다양한 형태 중에 하나로 등장하였다. 육로를 이용하는 교통운송재화가 발달하지 않은 상황에서, 철도는 혁명적인 교통운송재화로서의 역할을 담당하였다. 철도는 교통운송의 속도와 양, 그리고 거리에서 혁명적인 재화였던 것이다. 철도가 자본주의적 근대산업사회의 시원적 요소로 간주되는 이유이다. 공공권력은 이러한 혁명적 재화를 주체적으로 부설하거나 관리하면서 공동체 사회구성원들의 일상적 생활세계를 관리하였다.

우리나라 철도도 공공권력의 주체들을 중심으로 부설되고 운영되기 시작하였다. 조선 왕조는 일본의 권력과 자본의 힘을 빌어서 철도를 부설하여 운영하였다. 그리고 식민지시기의 공공권력은 철도를 부분적으로 국유화[5]

---

5) 철도청, 『한국철도 100년사』, 1999, 514쪽 참조.

한 상태에서 운영하고 또한 철도산업을 대대적으로 확장하였다. 국민들은 이 과정에서 동원되었다. 해방이 되고 난 이후, 미 군정청은 식민지시기의 사설철도들을 국유화시켰다. 미 군정청은 법령 제75호(1946.5.7)를 공포하여, 조선철도주식회사, 경남철도주식회사, 경춘철도주식회사, 그리고 삼척철도주식회사를 국유철도에 합병시켰다. 당시 사설철도 회사들이 보유한 총연장거리는 500km였다. 조선철도주식회사, 경남철도주식회사, 경춘철도주식회사에 고용되어 있었던 2,000여 명의 노동자들의 고용이 승계되었다. 철도산업의 공공성은 바로 여기서부터 부여되었다. 철도를 부설하는 공공적 주체들과 공공적 자금은 철도산업이 보유하고 있는 공공성의 본원적 요인이었다.

철도의 공공성은 혁명적인 교통운송재화를 소비하는 사람들과도 연계되어 있었다. 조선시대의 사람들은 처음 접하는 철도를 모습의 괴이함과 소리의 굉음, 그리고 급증하는 사고 때문에 철도 및 전차의 부설에 반대하는 투쟁을 전개하기도 했었다. 하지만 철도는 점차 많은 사람들에게 그들의 꿈을 실현해 줄 수 있는 수단으로 변화되었다. 자신의 시공간에서 벗어나기가 쉽지 않았던 조선의 교통운송재화를 고려한다면, 철도는 모든 사람들에게 새로운 시공간을 접하게 해주었다. 또한 많은 사람들은 자신의 재화를 보다 많은 사람들과 교환할 수 있는 시공간의 주체로 변화되었다. 철도를 이용하는 것 자체가 규제의 대상이 아니었던 만큼, 철도는 비경쟁적인 공공재화로 존재했었던 것이다. 식민지 공공권력은 철도라는 공공재화를 지배하고 관리했던 것이다.

일본 식민지 제국은 교통운송재화, 특히 철도를 식민지적 착취의 수단으로 이용하였다. 대표적인 경우는 강제로 공출하거나 값싸게 구매한 쌀을 수송하는 것이었다. 그러나 철도는 자본주의적 근대화의 시원적 수단이었다. 식민지 시기의 일본인 자본과 조선인 자본은 혁명적인 물류운송의 혜택을 보면서 기업의 생산성을 높였고, 동시에 생산된 상품을 소비공간으로 옮기는 수단으로 활용하였다. 조선의 농민과 상인들도 이 과정에서 근대적인 상품교환의 시장을 경험할 수 있게 되었다. 또한 조선 사람들은 철도를 부설하거나 운영하는 노동의 주체로 참여하였다. 근대적인 의미의 노동관계가 형성되기 시작한 것이다. 식민지 시기의 철도 공무원노동자들은 신분적으로 차별화되고 폐쇄적이었던 전근대적 노동관계에서 신분차별에서 해방된 관업종사자로 존재할 수 있는 근대적 노동관계의 주체로 변화되었다. 조선의 철도는 공공적 생활영역의 혁명적 변화를 이끌었다. 조선의 철도 공무원노동자들은 그러한 변화의 중심에 존재하는 한 주체였다. 조선의 철도 공무원노동자들은 공공권력의 주체들과 함께 공공적 교통운수재화를 생산하여 공급하는 주체로 존재하였다. 조선의 공공적 생활영역을 새롭게 재구성하는 주체들이었던 것이다.

철도 공무원노동자의 공공적 정체성

노동자들의 공동체 정체성은 갑작스럽게 형성되는 것이 아니라 노동자들의 역사적인 생활세계와 연계되어 있다. 노동자들의 공동체 정체성이 생활세계의 공동체의식과 연계되어 있다는 것을 규명해야만 하는 이유인 것이다. 노동자들은 생활세계에서 능동적 주체로서의 자유와 수동적 주체로서의 자유를 동시에 추구한다. 생활세계는 능동적 주체성이 상대적으로 강하게 투영되어 있는 사적 생활영역과 수동적 주체성이 상대적으로 강하게 투영되어 있는 공공적 생활영역으로 구성되어 있기 때문이다. 그런데 "역사를 만드는 '주체'로서의 대중들은 주체화(subjectivation)의 효과로서 역사적 과정 속에서 구성"[6]되는데, 이 '주체화'는 노동자 스스로 자기의식을 획득하는 과정의 양면성, 즉 행위자의 능동적인 측면만을 고려하는 자유로운 주체화가 아니라 개인들에 대한 이데올로기의 호명으로 이루어지는 주체화—복종화(assujettissement)의 양면성이라고 할 수 있다. 그래서 공공권력의 주체는 공공적 생활세계에 대한 지배의 정당성을 매개로 노동자들에 대한 이데올로기적 지배력을 강화한다. 이는 노동자들이 공공권력과 관계에서 능동적 주체로서의 정체성보다 수동적 주체로서의 정체성을 보다 많이 보유하게 하기 위한 것이다. 주요한 수단은 공공권력의 물리적 장치 혹은 이데올로기적 장치들이다. 이러한 장치들, 즉 국가의 물리적·이데올로기적 국가장치들은 공공적 생활영역에 대한 지배를 정당화하는 세 가지의 힘을 보유하고 있다. "첫째, 규제와 통제의 정당성을 강화하는 집단의식이다. 둘째, 경험을 바탕으로 공포를 조장하는 집단

---

6) 서관모, 「계급과 대중의 변증법: 계급의식과 이데올로기」, 충북대학교 사회과학연구소, 『사회과학연구』 23(2), 2006.12, 207쪽.

의식이다. 셋째, 공공권력에 대한 순응을 내면화하는 집단의식이다."[7] 국가장치의 힘은 생활세계를 구성하는 주체들 간의 계약으로 만들어진 공공권력이 그 주체들을 억압하거나 동원할 수 있는 법적, 제도적 정당성을 확보하게 하였다. 반면에 그러한 정당성을 거부하는 주체들에 대해 물리적 장치를 억압적으로 동원할 수 있는 정당성을 부여하였다. 사회구성원들이 제공한 사회적 계약의 모순이자, 공공적 생활영역에 투영되어 있는 공공권력의 모순이다. 생활세계의 주체들이 보유하고 있는 '이중성의 함정', 즉 주체적인 종속성과 종속적인 주체성의 딜레마인 것이다. 개별적 생활세계의 공동선을 추구하는 공공권력의 정당성이 공공적 생활영역에서 표상되지만, 개별적 생활세계를 억압하는 정당성도 공공적 생활영역에서 표상되기 때문이다.

생활세계는 기본적으로 개별적 주체만의 시간과 공간으로 현상된다. 그렇지만 개인의 생활세계는 끊임없이 변화된다. 삶의 장은 사회적 관계의 변화에 조응하면서 다양한 형식과 내용으로 재구성된다. 철도 공무원노동자들의 생활세계도 마찬가지이다. 철도 공무원노동자들은 미시적인 차원에서는 자신과 가족의 삶을 생산하지만, 거시적인 차원에서는 공동체와 사회체제를 생산한다. 철도 공무원노동자들이 각종의 노동으로 자신의 삶을 생산할 뿐만 아니라 다른 사람들의 공공적 삶, 즉 교통운수재화로 구성되는 공공적 생활영역을 생산하여 국민들에게 공급하였다.

그렇지만 철도 공무원노동자들의 이러한 노동은 철도 공무원노동자들을 주체성의 딜레마 상황에 빠지게 하였다. 철도 공무원노동자들은 공공권력의 법·제도적 정당성을 강화하는 공공권력의 한 주체이면서 동시에 공공적 교통운수재화를 생산하는 노동자의 정체성을 보유하고 있다. 공공권력은 철도 공무원노동자들에게 법·제도적인 차원에서 국가정책을 집행하는 공무원의 정체성과 현업에 종사하는 노동자의 정체성을 동시에 부여하였다. 그래서 철도 공무원노동자들은 공공권력의 정책적 동원전략이나 이데올로

---

7) 에티엔 발리바르, 윤소영 옮김, 『마르크스의 철학, 마르크스의 정치』, 문화과학사, 1995, 130쪽.

기적 동원전략 및 정치적 군신관계의 형식으로 철도 공무원노동자들의 이해를 관철시키는 철도노동조합에 대해서도 순응적이었다. 공공권력은 철도의 노동력을 공공적으로 양성하는 과정에서부터 철도 공무원노동자들의 수동적이고 종속적인 주체성을 형성시켰다. 노동현장의 다양한 정책들도 철도 공무원노동자들에게 순응적이고 종속적인 의식과 행동을 강요하였다. 철도 공무원노동자들은 공공권력과의 관계에서 공무원의 정체성에 조응하는 의식과 행동을 드러냈던 것이다. 철도 공무원노동자들의 수동적이고 종속적인 주체성이 공공적 교통운송재화에 투영될 수밖에 없었다.

그런데 철도 공무원노동자들은 노동현장의 열악한 노동조건을 개선하거나 혹은 공공권력의 성격을 변화시키는 투쟁의 주체로 존재하기도 하였다. 식민지시기의 사회주의 정치세력은 철도의 노동현장에서 대중적이고 선진적인 활동가들을 조직하였다. 이러한 활동가들은 해방정국에서 철도 공무원노동자들을 산업별 노동조합으로 결집시켜, 조선노동조합전국평의회의 핵심적인 조직주체이자 투쟁주체로 나서게 하였다. 철도 공무원노동자들이 공공권력과의 관계에서 노동자의 정체성에 조응하는 의식과 행동을 드러냈던 것이다. 철도 공무원노동자들은 조선노동조합전국평의회와 함께 교통운송재화의 공공성을 국민들의 생활세계에서 실현하려는 국가권력의 한 주체가 되고자 했다. 해방정국의 철도 공무원노동자들은 능동적이고 주체적인 정체성을 공공적 교통운송재화에 투영시키려 하였다.

물론 미 군정청과 이승만 정부가 조선노동조합전국평의회를 와해시키기 위한 탄압정책을 구사하자, 철도노동조합의 지도부들은 다시 대한노총의 주요 세력으로 변신하였다. 철도 공무원노동자들이 철도노동조합을 실질적으로 관리하고 통제할 수 없는 상황에서, 철도 공무원노동자들은 의지와 무관하게 정치적 공공성, 즉 정치세력의 의도에 맞게 반공국가를 재건하고 독재 정치권력을 옹호하는 주체로 존재하였다. 하지만 철도 공무원노동자들은 1987년 정치사회의 민주화 패러다임을 노동현장에서 실질적으로 구축하려는 주체로 등장하였다. 철도 공무원노동자들은 1988년과

1994년의 파업투쟁, 2002년의 파업투쟁, 그리고 그 이후에 지속되고 있는 파업투쟁으로 노동조건의 개선 및 철도산업의 공공성을 유지하는 주체로 존재하고 있다.

2002년 2월 25일, 발전·철도·가스 노동자들이 '국가기간산업 해외매각 반대 및 사유화 저지'를 공동으로 요구하는 투쟁을 전개하였는데, 국민들은 이 투쟁을 계기로 국가기간산업 사유화 정책의 사회적 역기능들을 인식할 수 있게 되었다. 이러한 투쟁은 국가기간산업의 공공성에 대한 인식이 전환되는 계기이자, 철도산업의 사회공공성 문제를 사회적으로 인식시키는 계기였다. 특히 철도산업의 경우, 이 투쟁을 계기로 민영화하려는 정부와 탈시장적이고 탈수익적인 사회공공성 전략을 강화시키려는 노동조합 간의 갈등이 전면화되었다. 철도노동조합은 2013년 12월 '수서발 KTX 운영회사'의 민영화를 저지하기 위해 전면적인 파업투쟁을 전개하였고, 국민들은 2002년과는 다르게 철도노동조합의 파업투쟁에 적극적으로 동조하였다. 2013년 철도 공무원노동자들의 총파업투쟁을 이끌었던 김명환 철도노동조합 위원장은 "이번 투쟁의 가장 큰 성과는 철도산업의 민영화 문제에 대해 국민들이 인지하였고, 수서발 KTX의 민영화를 저지하기 위한 우리들의 투쟁을 물심양면으로 지원하고 지지하였다는 점이다. 민주사회운동진영이 철도의 민영화정책을 저지하기 위해 하나로 단결하여 투쟁한 것 역시 철도산업의 공공성을 부각시키는 계기였다."[8]

국민은 철도 공무원노동자들의 파업투쟁을 계기로 철도산업의 공공성을 자기화하는 주체로 전화되었다. 국민 스스로 철도산업에 대한 주인이라는 자기의식을 보유하기 시작했다. 국민은 철도노동조합이 제시했던 '국민철도'를 자신의 공공적 생활권리로 접근하였다. 철도 공무원노동자들이 철도산업의 공공재화와 공공적 생활영역을 둘러싸고서 정부와 투쟁하는 주체의 정체성, 즉 노동자의 정체성에 조응하는 투쟁으로 철도산업의 공공성을 실현시키고 있는 것이다.

---

8) 김명환, 한겨레, 2013.12.30;경향신문, 2012.12.30.

제 1 장

철도 공무원노동자의
생활세계와 정체성의 다층적 융합

제1절. 철도 공무원노동자의 다층적 정체성

1. 공공성 실현주체로서의 철도 공무원노동자

국가는 '공동선 혹은 공동의 이익' 등의 공공정책으로 공공성을 추구하였고, 공공부문의 노동자들은 공공영역에서 생산된 모든 재화를 국민 모두가 혜택을 누리고자 하는 투쟁, 공공재화의 요금인상에 반대하는 투쟁, 공공기관을 민영화하는 사유화하는 국가의 정책에 반대하는 투쟁 등으로 공공성을 추구하였다. 철도산업은 역사적으로 공공정책의 핵심적인 기제(mechanism)이자 한국 자본주의 발전의 기간산업으로서의 역할을 담당해 왔다. 철도산업은 조선시대 말기에 철도가 개통된 이후, 일본 총독부 및 미 군정청의 통치시기를 거치면서 자본주의 경제발전의 토대이자 국민들에게 공공서비스를 제공하는 국가기간산업으로서의 역할을 담당하였다. 최근 공공성의 대상이나 영역이 의료공공성, 교육공공성, 환경공공성, 에너지공공성, 복지공공성, 정치공공성, 경제공공성 등으로 다양하지만, 철도산업이 국가기간산업으로서 '사회공공성'의 주요 대상이자 영역이라는 점에 대해 이견이 거의 없다.

그렇지만 정부와 철도 공무원노동자들은 철도산업의 공공성이나 노동현장의 노동조건 때문에 적지 않은 갈등을 드러냈다. 철도 공무원노동자들이 정부와 철도 공무원노동자 간의 갈등은 2000년대에 이르러서 발생하는 것이 아니었다. 해방정국에서도 임금 대신에 공급되던 쌀배급과 인력감원의 문제로 철도노동조합의 전면파업이 있었고, 한국정부가 수립되고 난 이후에도 다양한 형태의 갈등이 존재했다. 철도산업이 1960-70년대에도 구조개편을 지속적으로 추구해 왔다는 점을 고려하면, 정부의 철도산업 구조개편정책들은 정부와 철도 공무원노동자들 간의 갈등으로 작용하였다. 철도산업에 종사하는 공무원노동자들은 1988년, 1994년, 2002년, 2003년, 2004년, 2009년, 그리고 2013년에 노동조건의 개선 및 철도산업의 사회공공성을 주장하면서 대규모 파업투쟁을 전개하였다. 정부가 철도 노동자들에게 노동자로서의 권리를 보장하지 않았을 뿐만 아니라 국유철도를 공공철도로 혹은 민영철도로 개편하려는 정책을 추진하려 하였기 때문이다. 철도노동조합이 요구했던 핵심적인 내용은 철도시설의 사유화(민영화)정책의 반대, 인력의 감축을 중심으로 하는 구조조정정책의 반대, 그리고 노동현장의 노동조건을 개선 및 인력충원 등이었다. 이러한 문제는 현재까지 지속되고 있는 것들이다. 철도 공무원노동자들이 역사적으로 철도산업의 공공성을 유지하고, 또한 공공성을 유지하기에 적정한 노동자로서의 권리 및 노동관계를 노동현장에서 확보하자는 것이었다.

철도 공무원노동자의 투쟁들은 철도산업의 사회공공성 문제를 사회적으로 인식시키는 계기였다. 철도산업의 공공성을 둘러싼 국가와 철도 공무원노동자 간의 갈등이자, 생활세계에 투영되어 있는 공무원으로서의 정체성과 노동자로서의 정체성이 충돌하는 현상이었다. 생활세계는 보통 인간의 삶이 구성되는 일상적 세계라는 의미로 규정할 수 있다. 하지만, 인간의 욕망은 생활세계에서 주체들의 내부적 힘과 외부적 힘에 의해 끊임없이 조작되고 변형된다. 그 힘은 욕망실현의 조건을 개인화하거나 개인적으로 두려움에 중독되는 생활세계 주체들의 관계였다. 사회적 관계의 지배세력들은 욕망실현의 조건을 장악하고 있다. 그 힘은 자본주의 사회체제에서 욕망을 실현하기 위한 물질적 조건의 형성 및 노동능력의 소비와 재생산을 지배하는 것이다. 그래서 철도 공무원노동자들도 생활세계에서 자신의 정체성을 실체화할 수 있는 시공간의 주체로 존재하면서, 중층적이고 총체적인 관계를 변화시키려 하였다. 철도 공무원노동자들은 역사적으로 철도산업의 구조개편정책과 공공성이 접합하기도 했고 또는 충돌하기도 했던 시공간의 주체로 존재할 수밖에 없었다.

물론 정부나 철도 공무원노동자들은 구조개편정책과 공공성의 융합을 동시에 강조한다. 정부는 국가의 공공이해를 내세우면서 철도산업의 정책을 사회발전의 수준에 조응시키려 하였다. 철도산업은 '자본축적을 촉진시키기 위한 사회적 생산과 사회구성원 모두의 생활에 필수적으로 요구되는 공공재화의 사회적 소비를 연계시키는 시원적 산업'으로서 역할, 즉 "조직적으로 정치적 이해와 긴밀하게 연계, 경제위기의 경우 경제적 구조조정(합리화)의 주요한 주체, 사기업에 대한 수입 및 수출의 보조수단, 고용안정을 유지하는 수단, 국가기간산업의 전략적 육성, 거시적인 경제정책을 수립하기 위한 도구"[9] 로서의 역할을 담당하였다. 하지만 철도 공무원노동자들은 공공적 교통서비스 재화를 생산하여 공급하는 철도산업의 공공성, 즉 철도산업의 실질적인 소유와 운영의 정당성을 국민의 세금과 권리로 규정하면서, 국민에게 양질의 교통서비스 재화를 값싸게 공급하는 것이 철도산업의 역할과 의무라고 간주하였다.

이처럼 정부와 철도 공무원노동자들은 철도산업의 공공성이나 공공이해에 대한 가치의 차이를 가지고 있다. 그 차이는 철도산업의 존재가치를 자본주의 산업구조에서 찾느냐, 아니면 국민에게 제공하는 양질의 공공서비스에서 찾는가에 달려 있었다. 철도 공무원노동자들은 철도산업에 종사하면서 자신의 생활세계를 유지하고, 자신의 이해 및 국민들의 이해와 직접적으로 연계되는 국가의 구조개편정책에 대항하면서 철도산업의 공공성을 유지시켜 왔다.

2. 철도노동조합의 다양한 정체성

철도노동조합은 1945년 11월 2일 창립되었다. 철도노동조합은 해방정국에

---

9) A. Ferner, 1998, Government, Managers and Industrials, 한국노동이론정책연구소, 『공공부문 노사관계』 -유럽을 중심으로-, 세미나 자료집.(A. Ferner, 1988)

서 조선노동조합전국평의회(이하 전평)를 만들고 운영하는데 중추적인 역할을 담당하였다. 철도노동조합은 전평을 결성하는 준비위원회의 실질적 주체로 존재하면서, 철도산업의 산별노조의 건설뿐만 아니라 다른 산업의 산별노조를 건설하기 위해 조직적인 활동을 전개하였다. 전평이 조선공산당과 함께 인민정권의 수립을 위한 활동에 주력했던 점에 비추어 본다면, 철도노동조합도 그러한 정치활동을 집중적으로 전개하였다. 그래서 1946년 9월 23일, 철도 노동자들은 총파업을 단행하여 10월 인민항쟁뿐만 아니라 다양한 투쟁의 디딤돌을 만들었다. 전평은 1946년 10월 인민항쟁과 1948년 3.22총파업을 전개하면서 미군정과 전면적으로 대립하였다. 철도노동조합도 이러한 투쟁들을 주체적으로 전개하였다. 하지만 미군정은 노동조합운동을 탄압하면서 동시에 전평을 와해시키려 하였고, 또한 전평을 대체할 수 있는 노동조합을 양성하였다. 그것은 1946년 3월 10일에 결성된 대한독립촉성노동총연맹(이하 대한노총)이었다. 그리하여 대한노총은 철도 내부에 존재하는 전평의 조직적 기반을 와해시키면서 철도산업의 노동자들을 조직하는데 주력하였다.

이러한 철도노동조합은 1948년 이후에 조합원들의 이해를 추구하는 활동보다 정부의 정책을 실현하는 활동에 주력하였다. 철도 공무원노동자들은 물류이동 및 인력이동을 담당하는 중추기관으로서 국가의 산업정책에 동원되었다. 철도 공무원노동자들은 노동자로서의 권리를 누렸던 것이 아니라 공무원으로서의 책임과 의무만을 강요받았던 것이다. 철도노동조합은 이승만 정권의 장기집권, 박정희 정권의 유신체제, 전두환 정권의 4.13호헌조치 등을 지지하면서 관제시위까지 했다. 그래서 철도노동조합이 주도적으로 참여하였던 대한노총이나 한국노동조합총연맹에 대한 논의(임송자, 2004; 허천, 1970; 이창우, 1990; 이상훈, 1996, 최희정, 1999)는 그동안 많이 제기되었다. 주요한 지점은 국가권력이나 자본과 유지했던 협력적 관계, 정치권력의 힘에 의존하면서 조합원들의 제반 이해를 추구했던 전략, 그리고 조합원들을 노동조합의 대상으로 존재하게 했던 조직운영의 문제

등이었다. 이러한 문제들은 곧 철도노동조합의 대중권력을 형성하고 유지했던 조직 내부의 파벌(김준, 2007)로 드러났다. 철도노동조합의 지도부를 선출하는 과정과 방식, 노조 지도부들이 대의원들을 관리하는 방식, 그리고 조합원들을 상대로 발현되었던 지도부나 대의원들의 각종 권한 등이 비민주적으로 이루어졌다는 것이다.

그렇지만 철도노동조합은 정치권력이나 자본과 협조적이고 정치적인 관계를 유지하면서도 조합원들의 이해를 추구하는 활동을 포기한 적은 없었다. 철도노동조합이 제작했던 '20년의 역사 혹은 50년 역사'(철도노동조합, 1997; 이영달, 2007), 철도노동조합의 활동(성부현, 1966; 신근호, 1992) 등이 그것을 보여주고 있다. 철도노동조합은 철도 공무원노동자들이 보유하고 있는 공무원으로서의 정체성을 내세우면서 활동을 전개하였고, 또한 노동조합으로서의 조직체계에 조응하는 활동으로 조합원들의 각종 이해를 추구했다는 것이다. 그러한 활동은 단체교섭 및 단체협약으로 표출되었다. 일반직 공무원들은 1962년 12월 26일에 개정된 헌법의 내용, 즉 '공무원인 근로자는 법률로 인정된 자를 제외하고는 단결권, 단체교섭권 및 단체행동권을 가질 수 없다.'는 제29조 2항 때문에 노동3권을 보유하지 못하였다. 반면에 철도산업의 '기능직 공무원이나 고용직 공무원과 같이 사실상 노무에 종사하는 공무원'들에게는 단결권과 단체교섭권이 보장되었다. 철도노동조합은 사실상의 노무를 담당하는 노동현장의 철도 공무원노동자들을 대표하는 노동조합으로서의 권리를 인정받았고, 그러한 권리의 일환으로 정부와 단체교섭을 하였던 것이다. 물론 철도노동조합의 역사적 활동이 지도부 중심의 조직체계, 의제별 중심의 내용, 그리고 사회적으로 이슈화된 내용 등으로 이루어져서, 철도조합원의 일상적인 생활세계를 소개하지 못하고 있다.

3. 철도 공무원노동자의 다층적 관계

철도 공무원노동자들은 지금까지 자신의 생활세계를 유지해왔고 앞으로
도 유지해 나갈 것이다. 그 힘은 철도 공무원노동자들의 생활세계를 구성
하고 있는 다양한 관계들이다. 그런데 생활세계는 구조의 대상이자 주체
이다. 생활세계를 구성하는 주체들의 입장에서 볼 때, 생활세계는 객관적
대상의 영역이면서도 주관적 현상의 공간인 것이다. 생활세계는 모든 현
실적인 삶을 포함하는 세계이자 지각이 가능한 것으로 인정되는 경험의
세계, 그리고 익명으로 남아 있는 주관적 현상의 왕국[10] 으로 간주되기
때문이다. 철도 공무원노동자들도 생활세계가 형성하고 있는 다층적 관
계에서 자신의 정체성을 이중적으로 규정할 수 있다. 문제는 객관적 대상
이자 주관적 공간인 생활세계에서 인간의 주체성과 객체성을 실질적으로
좌우하는 것이 사회적 관계이고 또한 그러한 관계를 유지시키려는 공공
적 힘이라는 점이다. 철도 공무원노동자들은 그러한 공공적 힘의 실질적
인 주체이자 대상으로 존재하고 있다.

아래 〈그림〉은 철도공무원노동자들의 다층적이고 복합적인 관계를 도식
적으로 패러다임화 하였다. 생활세계의 주체인 철공 공무원노동자들은
자신의 노동공간을 지배하고 관리하는 국가권력 및 자신의 노동으로 생
산되어 공급되는 공공서비스의 주체이자 대상으로 존재하는 복합적 관계
를 형성·유지하고 있는 것이다.

---

10) 이종훈, 1993 「후설의 생활세계 개념 연구」 『철학과 현실』 16 (철학문화연구소), 147-156쪽 참조.

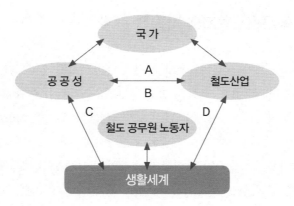

〈그림〉 철도 공무원노동자의 복합적 상호관계

철도 공무원노동자는 위 그림에서 보는 것처럼 공공적 권력주체인 국가가 주도적으로 만들어낸 노동공간에서 공공서비스 재화를 생산하여 공급한다. 국가는 공공철도정책으로 그러한 과정을 지배하고 관리한다. 주요 대상은 철도 공무원노동자들이다. 그래서 A영역에 구축되어 있는 국가−공공성−철도산업의 관계, 즉 '철도산업의 공공성과 국가'의 관계는 철도 공무원노동자들을 공공성의 주체로 간주하기보다 국가 및 공공권력을 공공성의 주체로 내세우려 한다.

반면에 철도 공무원노동자들은 철도산업의 형성과 운영의 토대를 국민의 공공적 권리와 세금에서 찾으려 한다. 철도산업의 공공성을 국가가 독점적으로 관리하고 지배할 수 없다는 가치가 반영되어 있는 것이다. 그래서 철도 공무원노동자들은 B영역에 구축되어 있는 공공성−철도산업−철도 공무원노동자의 관계, 즉 '철도 공무원노동자의 형성과 공공성'의 관계에서 철도산업의 공공적 역할과 기능을 찾으려 한다.

그런데 철도 공무원노동자들도 생활세계의 주체이자 대상으로 존재한다. 철도 공무원노동자들은 철도산업 및 공공성과 이중적인 관계를 형성하면서 자신의 생활세계를 유지하고 있다. 철도 공무원노동자들은 공공적 교통서비스 재화를 생산하여 공급하는 주체이면서 동시에 그러한 재화를 소비하는 주체라는 점이다. 철도 공무원노동자들은 C영역으로 구축된 공공성-철도 공무원노동자-생활세계의 관계에서 정체성의 딜레마 현상, 즉 공공적 교통재화의 생산자로서의 정체성과 소비자로서의 정체성이 서로 출동하는 현상을 경험하지 않을 수 없다. '철도 공무원노동자와 공공적 생활세계'의 관계가 공공적 정체성의 딜레마 현상을 내포하고 있는 것이다.

이러한 딜레마 현상은 자신의 노동공간인 철도산업과도 발생한다. 철도산업의 구조개편이 공공성의 실현과 연계되어 있을 경우, 철도 공무원노동자들은 그러한 구조개편정책과 자신의 생활세계 간에 발생하는 다양한 충돌현상에 직면하게 된다. 그래서 D영역으로 구축된 철도산업-철도 공무원노동자-생활세계의 관계, 즉 '철도 공무원노동자의 노동현장과 생활세계'는 철도노동조합운동의 내포적 딜레마를 포함하기도 한다.

철도 공무원노동자들은 '존재기반의 모순성, 즉 주체들의 주체적인 종속성과 종속적인 주체성의 관계'[11] 의 구조 속에서 자신의 생활세계를 유지하였던 것이다. 철도 공무원노동자들은 공공권력과 생활세계 간의 관계에서 사회적 관계의 주체임과 공시에 종속되거나 대상화되는 관계의 딜레마에 처해 있었다.

---

11) E. O. Wright, 1993,"Class Analysis, History and Emancipation", New Left Review, Vol. 34, no. 202, p.45

제2절. 생활세계의 주체성과 철도 공무원노동자

1. 역사적 주체로서의 철도 공무원노동자

인간은 역사적으로 생활세계를 위해 물질적 조건을 형성·유지·발전시켜
왔다. 그 힘은 생존을 위한 본능적 욕망과 욕망을 실현하기 위한 노동으로
표출되었다. 인간의 본능적 욕망은 물질적 조건의 변화를 지속적으로 요구
한다. 욕망의 형식과 내용이 사회적으로 변화되기 때문이다. 이러한 변화의
과정은 두 가지의 의미를 내포하고 있다. 한편으로는 사회적으로 존재하는
물질을 구매하여 자신의 생활세계를 보다 윤택하게 하고자 하는 인간의 주
체적인 욕망이 실현되는 과정이자, 다른 한편으로는 인간의 본능적 욕망과
생활세계를 지배하는 외부적 힘이 작동하는 과정이다. 그런데 인간은 생활
세계를 유지하기 위해 공동체적 관계든 탈공동체적 관계든 사회적 관계와
단절하지 않은 채 다양한 관계의 주체이자 대상으로 존재한다. 이러한 현
상은 생활세계를 구성하는 주체들에게 펼쳐져 있는 객관적 현상이자 주체
들의 주체성과 객체성을 중첩적으로 내포하고 있는 사회적 관계이다.
그래서 철도 공무원노동자들의 생활세계 속에 투영되어 있는 다층적 관계
의 딜레마를 규명하려는 시도도 있었다. 철도 공무원노동자들의 노동자 형
성, 노동조합과 노동현장, 그리고 국가의 지배이데올로기에 대한 의식(성공
회대, 2003, 2004, 2005) 등을 철도 공무원노동자들의 생활세계와 연계시
키는 것이었다. 이것은 철도 공무원노동자들이 기억하는 일상생활의 모습
을 재현하려 한 것이다. 집단적 기억(collective memory)' 또는 '사회적 기억
(social memory)'은 다양한 사람들의 생활세계를 일반화하기 위한 과정이자
'개인의 사적인 기억'을 '공식적인 역사'의 위치로 올라서게 하는 장치이다.

물론 철도노동조합운동과 관련된 다양한 역사는 보관되고 기억되는 공식
적 '기록'을 중심으로 구성되어 있다. 소위 해방정국(1945-1953)의 노동조합
운동을 좌우했던 철도노동조합운동, 철도노동조합을 민주화하기 위해 투
쟁했던 1980-90년대 철도노동조합운동, 그리고 2000년대에 들어서고 난
이후 민주노조로서 투쟁했던 철도노동조합운동의 기록들은 상대적으로
잘 정리되었다고 할 수 있다. 그러나 시대별로 보면, 한국전쟁이 종결되고
난 이후부터 1970년대 말까지의 기억과 기록들이 미약한 편이고, 철도 공
무원노동자들의 구술로 드러내는 생활세계의 모습은 전무하다고 할 수 있
다. 역사들이 대부분 노동조합의 간부나 투쟁을 중심으로 기록되었기 때
문이다. 그래서 철도노동조합도 2010년을 전후로 조합원의 기억으로 재구
성되는 자신의 역사를 새로 기술하기 위해, 철도노동조합의 역사적 전환
기에 투쟁의 주체로 존재하였던 그들의 기억을 다시 살려냈다.

그런데 어떤 역사이든 조직과 함께 명멸해 간 수많은 지도부나 영웅들을
그려낸다. 문제는 그러한 지도부나 영웅들과 함께 했던 조합원들은 역사
속에서 쉽게 기록되지 않는다는 점이다. 특히 노동조합의 역사가 공식적
인 자료를 중심으로 기술되기 때문이고, 조합원들의 일상생활을 노동조
합의 역사에서 주변화하기 때문이다. 미시적인 생활세계의 의제들이 노동
조합의 투쟁으로 전화되어 왔다는 점을 고려한다면, 조합원들을 기록과
역사의 중심으로 내세울 필요가 있다. 철도노동조합의 역사적 주체는 지
도부나 간부를 노동현장에서 떠받치고 있는 조합원들이기 때문이다.

2. 구술로 재현하는 자신의 생활세계

철도 공무원노동자들의 생활세계는 다양한 매체를 통해 간접적으로 접할
수 있다. 특히 철도노동조합이 지속적으로 발행했던 『철로』는 조합원
들의 일상적 생활세계의 모습을 각종의 수필이나 좌담의 형식을 빌어 적

지 않게 담고 있다. 철도 공무원노동자 개개인의 취미활동이나 집단적 동아리의 활동이 잘 드러나기도 했다. 그러나 그 모습은 철도의 노동현장과 쉽게 연계되지 않는 생활세계에 머물러 있었다. 또한 『철로』가 철도 공무원노동자들의 다양한 생활세계나 노동현장을 재구성한 것이었다. 철도 공무원노동자들의 미시적인 생활세계가 구체적으로 드러나지 않았다.

본래 구술은 생활세계에 투영되어 있는 개인과 구조 간의 관계를 규명하는데 유리하다. 구술에 참여했던 철도 공무원노동자들은 구술과정에서 자신의 생애사적인 조건과 환경의 차이를 정형화하거나 일반화하는 자기 훈련을 경험하였고, 현재 존재하고 있는 철도와 자신의 존재기반을 돌아보게 되었다. 물론 구술은 자신의 직·간접적 경험을 기억으로 드러나게 하는 과정이기 때문에, 구술하는 사람의 현재 조건(social positioning)이 과거의 생활세계나 생애사를 주관적으로 변형시키거나 왜곡할 수 있다. 하지만 구술은 기억으로 과거를 (재)구성 하는 노력임과 동시에 이전에 존재하거나 작동하는 것으로 보이는 환경·과정·사건들 사이의 상호관계를 드러내는 것이다. 이러한 방법은 자신의 생애사나 생활세계를 개인의 삶의 공간에 머무르게 하는 것이 아니라 사회체제의 구조적인 삶의 공간으로 확장시켜 나가는 계기였다.

철도 공무원노동자들의 구술은 복합적인 관계를 역사의 한 부분으로 만들었다. ①역사적 기록으로 확인할 수 없는 사람들의 의식과 생활세계를 기록하여, 자신이 철도산업과 철도노동조합운동의 역사적 주체로 등장하게 되었다. ②공식적 자료에서 밝혀지지 않은 생활세계의 사실을 생생하게 드러내 철도 공무원노동자들의 의식과 생활세계를 또 다른 시각으로 정립할 수 있게 하였다. ③일상생활의 면면에 존재했던 다층적 관계의 이면을 역사의 한 부분으로 끌어올렸다. 구술에서 드러난 철도 공무원노동자들의 생활세계가 개인의 생애사에 머물지 않고 철도산업과 철도노동조합운동의 중요한 영역으로 배치된 것이다.

그렇지만 구술도 적지 않은 문제점들을 내포하고 있었다. 개인의 경험 속에 투영되어 있는 가치와 규범이 또 다른 왜곡의 진원지일 수 있었고, 또한 개인의 가치와 규범 자체가 너무나 다양한 사회적 가치와 규범에 의해 구속될 수 있었다. 이러한 요인들이 구술의 대상을 선정하고 질문의 내용을 결정하는데 큰 어려움으로 작용하였다. 그래서 철도 공무원노동자를 선정하는 어려움과 함께 이들이 생활을 통해 경험하고 체험하면서 내면화한 가치와 규범이 과연 시대적인 가치와 규범과 얼마나, 어떠한 차별성과 공통성을 지니는지 구체적으로 증명하기가 어렵다는 점에 대해서는 범주를 제한하는 방법으로 극복할 필요가 있다. 예를 들면, 철도 공무원노동자들의 생활세계에서 중요한 요소라고 간주할 수 있는 노동현장의 노동관계와 탈노동현장의 가족관계만으로 제한하는 것이다. 이러한 관계들은 한 개인의 특성보다는 집단적이고 보편적인 특성을 반영할 수 있기 때문이다. 이러한 방식은 '민족과 국가가 주체가 되는 중앙 중심적, 국가전체사적(national history) 역사연구에서 가려지는 개인들의 경험을 드러내는 강점인 것이다.'[12)]

철도 공무원노동자들은 구술을 통해서 구조와 개인의 선택이라는 상호작용을 드러낼 수 있다. 그것은 곧 구조적 조건이 개인의 의식을 형성한다고 보는 것이 아니라, 개인들이 자신의 행위성을 통해서 노동자로서의 의식과 생활세계의 주체로 등장하는 것을 말한다. 개인의 주관적 의식과 생활세계의 경험이 사회와 구조와 긴밀하게 연계되어 있다는 점들을 또는 자기 스스로 자신의 생활세계를 새롭게 밝혀내는 과정인 것이다.

3. 철도 공무원노동자의 복합적이고 모순적인 주체성

철도 공무원노동자도 사회구조의 대상이자 주체로 호명되었고, 이 과정에

---

12) 윤택림 「기억에서 역사로: 구술사의 이론적 방법론적 쟁점들에 대한 고찰」, 『한국문화인류학』, 25집, 1993, 290쪽.

서 공무원임과 동시에 노동자였던 사회적 상징체계를 자신의 생활세계에 반영하였다. 한국사회의 철도 공무원노동자들은 식민지시기 이전부터 형성되기 시작하여, 식민지시기와 해방정국의 시기를 거쳐 근대적인 사회체제의 다양한 상징체계들을 역사적으로 체화하고 있다.

철도 공무원노동자들 스스로도 공무원으로서의 정체성을 가지느냐 노동자로서의 정체성을 가지느냐에 따라, 생활세계에서 드러나는 '존재기반의 모순성'[13] 처럼 의식과 행동의 차이를 드러내지 않을 수 없다. 철도 공무원노동자들의 노동자 의식과 생활세계는 '역사적으로 존재기반의 이중적 모순과 긴밀하게 연계되어 있다. 공무원으로서의 정체성과 노동자로서의 정체성이 서로 갈등을 드러내기도 하고 혹은 서로 융합하기도 하였다.

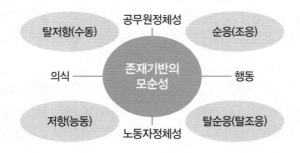

〈그림1〉 철도 공무원노동자의 모순적 존재기반

철도 공무원노동자들의 의식과 행동은 위의 〈그림1〉처럼 존재기반의 모순성을 반영하면서 매우 중층적이면서도 다양하게 나타날 수 있다. 특히 노사관계에서 철도 공무원노동자들의 사용자가 국가라는 점을 고려할 때, 국가에 대한 의식과 행동은 전통적 수준에 해당하는 공무원으로서의 순응(조응)과 탈저항(수동), 그리고 탈전통적 수준에 해당하는 노동자로서의 탈순응(탈조응), 저항(능동) 등의 복합적 관계를 형성하고 있다.

---

13) E. O. Wright, "Understanding Class: Toward and Integrated Analytical Approach," New Left Review, Vol. 60(Nov/Dec), 「계급 이해하기─통합적인 분석적 접근을 위하여」, 사회실천연구소, 「실천」, 2009.를 참조하시오.

철도 공무원노동자들의 복합적 정체성은 철도산업 노동현장의 생활세계와 연계되어 있다. 철도산업은 공공적 생활영역의 주요한 대상이어서 공공권력과의 관계를 중심으로 철도 공무원노동자들의 정체성을 형성시켰다. 철도 공무원노동자들은 식민지시기에 '관업종사자'로서의 정체성에 조응하는 주체이면서도 식민지 공공권력과 근대적 노동관계를 형성하는 주체였다. 철도 공무원노동자들의 복합적 정체성이 철도산업 노동현장의 의식과 행동을 규정하는 힘으로 작용하였다. 이러한 복합적 정체성은 해방이 되고 난 이후에도 지속되었다. 공공권력이 철도산업의 국유화체제를 유지하였기 때문이다. 그런데 공공권력은 '현업'에 종사하는 철도 공무원노동자들의 노동자 정체성을 법률적으로 인정하였다. 철도 공무원노동자들은 스스로 노동조합을 결성하고 정부와 단체협약을 맺을 수 있는 권리를 확보하였다. 철도 공무원노동자들이 자신의 제반 이해를 추구할 노동조합운동의 주체로 인정되었다.

철도 공무원노동자들은 존재기반의 이중적 모순에서 비롯되는 노동자 의식의 전근대성과 근대성을 보유하고 있는 것이다. 공무원으로서의 노동자는 전통적인 가치와 규범에 몰입되지 않을 수 없고, 노동자로서의 공무원은 탈전통적인 가치와 규범을 추구하지 않을 수 없었다. 따라서 철도 공무원노동자의 의식과 생활세계는 생애사의 미시적 요소와 국가정책이라는 거시적 요소를 동시에 내포하고 있다.

제**2**장
철도산업의
역사적 공공성과 국가

제1절. 철도산업의 역사적 시원성과 사회체제

1. 들어가는 말

철도산업은 근대화의 시작을 판단하는 다양한 지표 중에 하나였다. 철도
는 육상에서 여객 및 물류의 유통혁명을 동반해 왔고, 사회적 기간망의
역할을 하면서 산업구조의 급진적 변화를 유인하였다. 그런데 세계적으로
철도가 제국주의적인 자본의 진출과 함께 이루어졌고 근대화의 초석으로
작용했듯이, 조선의 철도도 일본의 제국주의적 자본 및 식민지 공공권력
과 함께 근대화의 서막을 알리기에 충분했다.

조선의 철도는 일본 제국주의 자본으로 부설되고 식민지시기에 일본 총
독부 권력으로 국유화되었다. 그런데 조선 왕조는 철도를 일본의 자본만
으로 부설하려 한 것이 아니었다. 비록 철도를 부설하려 했던 조선 왕조
의 주체적인 시도는 자본의 부족으로 실패하고 말았지만, 조선 왕조도 근
대적 지표 중에 하나인 철도의 부설에 적극적이었다. 철도는 곧 산업구조
의 혁명적 변화를 가져올 수 있었기 때문이다.

조선의 산업구조도 철도의 부설과 동시에 변화되기 시작하였다. 물론 조
선의 철도가 식민지체제의 형성과 맞물려 있어서 조선의 독자적인 산업구
조의 변화를 파악하기 어렵지만, 철도는 식민지시기의 산업구조에 큰 영
향을 미치지 않을 수 없었다. 조선의 산업은 식민지체제에서 급속하게 성
장하기 시작하였고, 철도산업도 역시 다른 산업의 발전에 조응하는 수준
에서 확장되었다. 철도산업은 식민지 근대화론[14] 의 시원성을 제공한다고

---

14) 식민지 근대화론과 관련된 논의들이 다양하게 전개되고 있기 때문에, 그에 대한 논의는 이 책의
　제3장에서 철도산업의 식민지 공공성론 혹은 철도산업의 공공성론에서 다루고자 한다.

해도 과언이 아니다. 왜냐하면 식민지 자본이 조선의 노동자들을 '장시간 저임금 노동'으로 착취하면서 산업을 발전시켰다 하더라도, 사회체제의 측면에서 볼 때, 식민지시기의 산업구조는 자본주의적 체제로 급속하게 변화되기 시작했고, 조선의 노동자들은 식민지 철도자본과 근대적 노동계약의 주체로 등장하였기 때문이다.

철도산업의 공공성은 철도를 부설하고 운영했던 공공적 권력주체 및 산업구조와 연계되어 있다. 이러한 연계성은 공공적 지배와 관리로 표상되는 철도산업의 공공성의 시원적 요인인 것이다. 철도 공무원노동자들도 공공적 권력과 자본을 중심으로 하는 공공성의 패러다임 속에서 교통운송재화를 생산하는 주체로서의 역할을 담당하였다.

2. 식민지 권력에 의한 철도산업의 부설과 운영

조선왕조는 1894년 7월 농상공부 공무아문에 철도국[15]을 설치하고, 1896년 7월 17일 국내철도규칙을 제정하여 공포하였다. 철도국은 도로를 측량하여 철도가설에 대비한 사무관장, 참의 1명, 주사 2명의 인원으로 구성되었다. 이후 1899년 7월 6일에 철도사(鐵道司)관제를 공포하였고, 1900년 4월 1일에 궁내부에 철도원을 설치하였다.

그런데 조선왕조는 철도건설에 필요한 법과 제도를 구축하기 이전부터 조선의 철도건설을 주도적으로 추진하였다. 일본의 자본은 한국을 강점하기 이전에 이미 경부철도를 건설하는데 필요한 부지를 조선왕조로부터 공급받았다. 조선왕조는 일본으로부터 차관을 빌려 민간인의 부지를 사서 일본에게 제공하였고, 또한 경의선 마산선 등을 건설하는데 필요한 부지를 매우 저렴한 가격으로 구입하게 하였다. 일본은 1899년 9월 18일 인천과 노량진 간 철도를 부설하여 철도교통시대의 막을 열었다. 이 과정에

---

15) 철도청, 『한국철도 100년사』, 1999, 10쪽

서 철도건설에 반대하는 운동이 전개되기도 했다. 철도건설 노동자의 강제동원과 살인적인 사역, 일본인 노동자들의 잔악한 횡포로 주민들은 일본인들을 증오하고 철도건설에 반대하는 운동을 전개하기도 하였다.[16]

하지만 조선왕조는 1899년 9월 궁내부의 내장원에 서북철도국을 새롭게 설치하고 조선의 자본으로 경의선을 직접 건설하기로 하였다. 조선왕조는 1902년 3월에 서울-개성 간 철도건설공사를 시작하였지만, 이것 역시 자금 부족이라는 상황을 맞이하여 일본 자본에게 부설권을 넘겨주었다. 이처럼 일본 식민지 자본뿐만 아니라 조선왕조도 철도를 주체적으로 부설하려 했다. 그러나 일본은 러일전쟁의 승리를 바탕으로 1906년 7월 통감부 철도관리국을 설치하여 조선철도를 통일적으로 관리하고 지배하기 시작하였다. 즉 일본은 경부선을 매수하고 또한 군용철도인 경의선과 마산선을 통감부로 이관하여 조선의 철도를 모두 국유화하였다."[17]

그리고 1948년 8월 15일, 대한민국 정부가 수립되면서 미 군정청의 운수부를 교통부로 개편되었고, 9월 7일에 남조선 과도정부 운수부 및 그 부속기관의 행정 일체를 교통부장관이 인수하였다. 하지만 한국전쟁이 발생하자 또다시 UN군이 한국철도의 운영권을 가져갔다. 한국정부가 철도운영권을 완전하게 인수한 시기는 한국전쟁이 끝나고 난 이후인 1955년 6월 1일이었다. 1910년 한일합방이 이루어지고 난 이후 45년 만에 철도운영의 자주성을 획득하게 된 것이다.

1899년 경인선 철도가 개통된 이후, 일제 식민지시기에 국내 철도산업이 발전하기 시작하였다. 철도업무도 농상공부에서 궁내부의 철도원으로 이관되었다. 철도원의 총재는 농상공무대신을 겸임하고 있었던 민병석(閔丙奭), 감독 2명, 기사 3명, 주사 3명, 기수 2명으로 구성되었다. 철도원은 경인선과 경부선의 모든 업무를 처리하였다., 이후에는 궁내부의 서북철도국(1900년 9월 13일) 및 통감부의 철도관리국(1906년 7월 1일) 등을 설치

---

16) 보다 구체적인 내용은 박천홍의 책을 참조하시오. 박천홍, 『매혹의 질주, 근대의 횡단』, 산처럼, 2004.
17) 김민영·김양규, 『철도, 지역의 근대성 수용과 사회경제적 변용-군산선과 장항선-』, 선인, 2006, 66쪽.

하며 철도건설 및 철도운영 등의 업무를 처리하였다. 1909년 3월 16일에는 통감부의 철도관리국 제도가 폐지되고, 대신 통감부 철도청이 설치되었다. 전문적으로 철도업무를 관리하는 부서나 국이 설치되었다가 폐지되곤 하였다.

일제식민지 통치가 시작되기 직전인 1909년 12월 16일에는 한국철도의 설치 및 운영이 일본으로 이관되었다. 통감부 철도청이 폐지되고, 일본 철도원에 한국철도 관리국기 설치되었다. 당시 일본 철도원 한국철도 관리국에는 서무, 영업, 운전, 공무, 건설, 공작, 계리 등의 7과를 운영하고, 용산에 운수사무소 및 보선사무소를 두었다. 한국철도 관리국은 경부선, 경인선, 마산선을 관장하였고, 신의주 압록강 교량공사를 담당하였다. 그러나 1910년 8월 29일 한일강제병합이 되고 난 이후, 10월 1일에 철도원 한국철도관리국이 폐지되고, 조선총독부 철도국이 설치되었으며, 1943년 2월 1일에는 세관업무·해사업무·항공업무 등을 동시에 담당할 수 있는 교통국으로 개편되었다. 1945년 8월 15일, 해방되기 이전까지 한국철도를 건설하고 운영하는 국가부처로서의 기능을 담당하였다.

1945년 해방이 되고 한국에 진주한 미군은 교통국장에 미 육군 중령을 임명하였다가 12월 1일에 김진태(金鎭兌) 초대 한국인 교통국장으로 교체하였다. 그러나 미 군정청은 조선차량주식회사를 상공부 직할로 발족시켰다. 1946년 1월 1일 이후, 미 군정청은 교통국을 운수국으로 개칭하였다가 다시 운수국을 운수부로 개편하였다. 운수부 산하에 해상운수국, 비행운수국, 공로운수국으로 설치하였는데, 이는 분단이라는 상황에 직면하여 철도정책의 변화를 도모한 것으로 볼 수 있다. 그러나 정부수립 이후에는 철도운영권을 회복하였지만, 한국전쟁이 발발하자 또다시 철도운영권을 UN군에게 이관해야만 했다. 대한민국은 한국전쟁이 끝나고 난 이후에야 자주적인 철도운영권을 회복하였다.

따라서 철도산업은 한국전쟁 기간은 물론이고 전쟁 이후에도 상당기간 국가, 특히 군대의 통제 하에 있었다. 한국전쟁 기간에 철도운영권은 유엔군

사령부에 있었으며, 1954년 4월부터 철도 시설관계 자재 운영권이 한국정부의 교통부로 이관되었고, 이후 기관차운영권을 비롯한 철도운영권의 한국정부로의 완전한 이양은 1956년에야 완결되었다.[18] 1954년 3월 8일 한국의 교통부와 유엔사는 협의를 갖고 철도기관차 운영권의 한국정부로의 이양문제를 논의하였으나, 즉시 이관을 희망하는 한국정부와 이에 반대하는 유엔사의 입장이 맞서 합의를 보지 못했기 때문이고, 또한 앞서 서술하였듯이 철도가 유일한 대량물자수송 수단이었으며, 대부분의 원조물자와 배급물자들이 철도를 통해서 수송되었기 때문에 1950년대에 철도는 국가기간산업이라는 말로는 부족한 전략적 위치를 차지하고 있었다. 이러한 이유로 철도는 정치적인 관점에서도 매우 중요한 산업일 수밖에 없었다.

3. 식민지 산업의 발전과 철도 공무원노동자
1) 식민지 산업구조와 철도산업

(1) 식민지 산업구조와 철도
철도산업은 자본주의 발전의 기간산업으로서 조선왕조나 일제총독부가 직접 관리하였고, 자본주의 산업경제의 토대를 구축하는 기간산업으로서의 역할을 담당하였다. 일본은 식민지 지배체제에서 조선을 봉건주의 사회체제에서 자본사회체제로 변화시키고, 자국의 자본주의 상품경제를 발전시키기 위한 수단을 확보하려 하였다. 그래서 일본은 "철도의 건설이 몇 개 사단의 군대보다도 긴요하다고 인식하였다."[19] 철도는 상품을 유통시키는 사회적 네트워크 기능을 담당할 수 있고, 이를 토대로 조선의 자본주의 산업이 점진적으로 발전할 수 있었기 때문이다. 일본 자본의 입장에서 보면, 새로운 생산과 소비의 기지가 필요했던 것이다.

---

18) 철도청, 『한국철도 100년사』, 1999, 87; 『동아일보』, 1954. 3. 11.
19) 철도청, 『한국철도 100년사』, 1999, 162쪽

아래의 〈표1〉에서 확인할 수 있지만, 1911년 식민지 조선의 200개 공장에 14,600명의 노동자들이 고용되어 있었다. 그런데 1921년부터 1943년까지의 통계를 보면, 식민지 조선의 공장과 노동자의 수가 기하급수적으로 증대되었다.

〈표1〉 일제하 공장수와 노동자수[20]

	공장(개)	노동자(명)	총생산액
1911	200	14,600	1900여 만원
1921	2,384	49,302	
1926	4,293	83,450	
1936	5,927	188,250	
1937	6,298	207,002	
1938	6,624	230,996	
1939	6,954	270,439	16억 4500만원
1940	7,142	294,971	
1941	10,889	301,752	
1942	12,669	331,181	
1943	13,293	362,953	

※자료 : 조선은행조사부, 「조선경제통계요람」, 1949, pp.69-70 및 133
※참고 : 노동자수와 공장의 수는 공장공업에 한하며, 또한 관영공장부분은 제외된 것임.

1921년 2,384개에 불과했던 공장은 1943년에 13,293개로 확장되었고, 이 기간 동안 노동자는 49,302명에서 362,953명으로 증가하였다. 22년 동안 공장은 년 평균 약 500개씩 총 10,909개가 증가하였다. 노동자도 49,302명에서 313,651명이 증가한 362,953명으로 년 평균 14,256명씩 증가하였다. 그리고 1911년 당시 조선의 총생산액이 1,900여 만 원에서 1939년에 16억 4,500만 원으로 증가되었다는 점을 고려하면, 약 18년 만에 약 87배 정도의 생산액이 증가한 것이다. 이러한 현상은 철도산업의 발전과 긴밀하게 연되었을 것이다. 1899년에 철도가 처음 운행되기 시작했는데, 1925년에는 철도의 연장거리가 총 2,092km로 늘어났고, 231개의 역이 만들어져 운영

20) 김기원, 『미군정기의 경제구조』, 푸른산, 1990, 182쪽.

되고 있었던 것이다. 이는 철도가 근대적 공업의 발전과 상호 조응적인 관계를 형성하고 있다는 의미이다.

1941년부터 1945년 8월 직전까지, 식민지시기 공업의 주요 업종별 현황을 다시 구성하면 아래의 표와 같다. 1899년 철도가 처음 부설되고 난 이후 해방 직전까지, 다시 말해 47년 동안 식민지 조선의 공업은 급격하게 성장한 것으로 볼 수 있다.

⟨표2⟩ 일제하 업종별 공장수와 노동자수[21]

	1941년		1943.6 (남조선)		1945.8.15직전		1947.3(남조선)	
	공장	노동자	공장	노동자	공장	노동자	공장	노동자
섬유공업	1,301	54,050	1,683	61,210	2,603	78,069	537	37,353
식품공업	1,863	25,182	1,704	19,584	1,190	26,517	643	12,506
요업 및 토석	366	6,345	1,172	20,616	1,818	35,961	700	10,686
기계공업	585	14,825	944	27,331	1,346	38,074	874	20,510
금속공업	408	9,393	416	12,578	645	36,161	262	6,118

※자료 : 1) 한국산업은행 월보 46호(1959.6), p.10, 조선은행조사부, 「조선경제연보」, 1948, p.Ⅰ-102.
　　　　 2) 조선총독부, 「소화 18년 조선노동기술통계조사결과보고」, pp. 4-9
※참고 : 1) 관영사업체는 소재가 불분명하여 제외
　　　　 2) 경기도는 남조선에 황해도는 북조선에 포함시키고, 강원도 7할을 남조선에 포함시킴
　　　　 3) 노동자는 조선인만의 통계임

1941년의 경우를 보면, 전체 공장이 10,889개였는데, 이 중에서 섬유공업과 식품공업이 3,163개로서 약 29.054%를 차지하고 있다. 그러나 전체 노동자 30,1752명 중에서 섬유공업과 식품공업에 종사하는 노동자는 약 26.25%에 해당하는 79,232명이었다. 해방되기 직전인 1943년 6월 혹은 1947년 3월의 경우에도 섬유공업과 식품공업을 중심으로 산업이 발달했었다는 것을 표에서 확인할 수 있다. 특히 섬유공업의 공장은 1941년에 1,301개였는데 1945년 8월경에는 2,603개로 증가되었고, 조선인 노동자의 수도 54,050명에서 78,069명으로 증가하였다. 섬유공업에서 공장의 수는

---

21) 김윤환 외, 『한국경제의 전개과정』, 돌베개, 1981, 77쪽, 김기원, 『미군정기의 경제구조』, 푸른산, 1990, 200쪽과 211쪽 재구성.

약 100% 이상 증가하였고, 노동자는 약 24,000여 명이 증가하였다. 요업 및 토석공업에서도 마찬가지 현상이 나타났다. 공장은 366개에서 1,452개의 공장이 증가되어 총 1,818개였고, 노동자도 6,345명에서 29,616명이 증가해서 총 35,961명이었다.

기계공업이나 금속공업은 공장이나 노동자의 수로 볼 때, 식민지 조선의 산업구조에서 큰 비중을 차지하지 못하고 있었다. 하지만 기계공업이나 금속공업에서도 섬유공업이나 요업 및 토석공업에 비해 그 증가량이 떨어졌지만, 1941년 이후 공자의 수와 노동자의 수가 지속적으로 증가하였다. 물론 기계공업과 금속공업은 제2차 세계대전이 발발하고 난 이후에 급속도로 발전하게 되었다. 1941년에 비해 해방직전에 기계공업의 공장은 585개에서 1,346개로, 노동자는 14,825명에서 38,074명으로 급증하였다. 금속공업의 공장도 408개에서 645개로, 노동자는 9,393명에서 36,161명으로 증가하였다. 1910년대의 기계공업이나 금속공업과 비교하면, 증가량이 더욱 많았을 것이다.

급속한 산업화의 과정은 철도의 발전과 상통한다. 1943년 민간부분의 공장에 362,953명의 노동자들이 고용되어 있었던 사실에 비추어 본다면, 해방 이전 철도에 종사하고 있었던 노동자가 약 100,000명이었는데, 이는 전체 민간부문 공장노동자들의 약 27.5%에 해당한다. 물론 제2차 세계대전의 시작과 함께 철도 공무원노동자들이 급증했지만, 1943년의 철도 공무원노동자는 총 42,300명이었다. 식민지시기의 산업구조에서 철도산업의 비중이 매우 높았다는 사실을 보여주는 것이다. "일제시대 때는 철도에 입사하기가 정말 쉬웠다. 사람이 없어서 일을 하지 못하는 경우가 많았다. 장시간 일을 했지만, 다른 노동자들에 비해 보수도 상당했다. 먹고 사는데 지장이 없었다."(고석봉, 2003) 철도에 고용되어 있었던 전체 철도 공무원노동자 중에서 조선인 노동자들의 비중은 1939년 41.7%에서 1944년 70.2%로 증가하였다. "이러한 현상은 식민지 시기의 사회·경제구조가 재편되고, 조선인 노동자들의 노동능력이 성장한 측면도 없지 않지만, 기본적으로 전쟁이 확대되는 과정에서 조선인 노동자들의 취업이 쉽게 이루어졌다."[22]

(2) 발전하는 식민지 철도산업

조선의 철도가 1906년 7월에 설치된 통감부 철도관리국으로 모두 이관되고 난 이후, 일본은 통감부 철도관리국을 관리하면서 조선의 철도를 실질적으로 지배하였다. 그러다가 식민지 총독부는 조선의 모든 철도를 국유화시킨 상태에서 철도산업을 발전시키기 위한 정책에 매진하였다. 이러한 정책은 식민지 산업의 발전에 토대가 되었고, 전쟁 물자를 원활하게 수송하는 기반이었다.

1925년 이후의 철도총량과 해방 당시의 철도총량을 아래의 표에서 살펴보면, 식민지 총독부가 추진했던 철도산업 진흥정책을 파악할 수 있다.

〈표3〉 식민지시기와 해방정국의 철도 총량 [23]

| 년도
내용 | 1899 | 1915 | 1919 | 1925 | 1935 | 1940 | 1945.8.25 | |
							남북한	남한
연장거리(km)		1,600	1,856	2,092				3,738
영업거리(km)						4,145	6,362	2,642
기관차(대)	4						1,166	488
객차(량)	6						2,027	1,280
화차(량)	28						15,352	8,424
역수(개소)				231		608	762	300
철도 공무원노동자(명)				13,000	20,500	42,300	100,527	55,960

1925년 철도 연장거리가 2,092km에 불과했지만, 해방 당시 남한의 철도 연장거리는 3,738km에 달했다. 또한 열차가 정차하는 역도 231개에서 762개로 증가하였고, 남한만 해도 역이 300개에 달했다. 철도 연장거리는 1899년 처음 철도가 부설되고 난 이후 약 25년 동안에는 2,000km이상의 연장거리가 증가되었다. 그리고 철도의 영업거리는 해방 당시에 남북한 합

---

22) 철도청, 『한국철도100년사』, 1999, 243쪽
23) 철도청, 『한국철도100년사』, 1999, 584쪽

쳐서 6,362km였고, 남한만의 영업거리도 2,642km였다.

해방 당시 남한의 철도 영업거리가 2,642km였고, 1988년 영업거리가 3,124km였다는 사실을 감안하면, 남한 철도의 대부분이 식민지시기에 부설되어 운영되었다고 해도 과언이 아니다. 1899년 조선의 철도가 기관차 4대, 객차 6량, 그리고 화차 28량으로 출발해서, 1945년 8월 25일 현재 기관차 1,166대, 객차 2,027량, 그리고 화차 15,352량으로 증대되었는데, 이는 식민지 총독부가 철도산업의 발전에 역량을 집중했다는 의미이고, 또한 식민지 공업의 발전의 토대를 철도가 제공했다는 의미이다.

철도 노동자의 수도 급격하게 증가하였다. 1925년 당시 13,000명이었지만, 1940년에 42,300명으로 증가하였고, 제2차 세계대전이 발발한 이후에는 100,000명 이상으로 증가하였다. 1925년에서 1940년 사이에 29,300명의 노동자가 증가하였지만, 1940년에서 1945년 동안 44,567명의 노동자가 급격하게 증가한 것이다. 역설적이지만 제2차 세계대전이 진행되는 동안에 철도산업이 급격하게 발전된 것도 사실이다.

2) 식민지 철도산업과 철도 공무원노동자

(1) 식민지 관업종사자의 정체성

식민지 지배체제는 역사적으로 인종차별 혹은 민족차별을 강화하고, 그러한 차별정책을 토대로 제국주의적 자본의 축적체제[24]를 강화한다. 인종자본주의 축적체제가 인종차별구조(apartheid)를 정착시켰듯이, 일본 식민지 총독부도 민족차별에 기반한 저임금구조를 유지하기 위해 조선의 노동자들을 보호하기 위한 공장법이나 노동관계법 등을 제정하지 않았

---

24) 남아공의 사례를 개략적으로 설명하면 다음과 같다. 남아공의 백인들은 자본의 축적과 축적위기의 극복을 위해 인종차별체제를 이용하였다. 남아공의 백인자본 및 초국적 자본은 흑인, 유색인, 인도인 등을 대상으로 노동조건의 인종적 차별을 심화시켰다. 보다 구체적인 내용에 대해서는 김영수(『남아공의 사회변혁운동과 노동조합』, 현장에서미래를, 1999.)의 책을 참조하시오.

다. 물론 식민지 총독부는 1930년대 초반에 일본에서 시행되고 있는 공장
법을 조선에 적용할 것인가를 논의하였다. 하지만 일본의 자본은 저임금
장시간 노동의 구조를 식민지 조선에서 유지하기 위해 공장법의 적용을
거부하였고, 조선의 노동자들이 보호받을 수 있는 법·제도적 장치를 마
련하지 못하게 하였다. 특히 전시체제에서 군수생산력을 증강시키기 위한
정책을 추진해야만 했기 때문에, 일본과 조선의 자본은 노동자들의 권리
보다 노동생산성에 집중하였던 것이다.[25]

그런데 조선의 노동자들은 1920년대 이후부터 임금 및 노동조건의 개선
을 위한 파업투쟁을 전개하였다. 법·제도적인 차원에서 본다면, 조선의
노동자들은 파업의 권리가 없는 상태에서 파업투쟁을 전개하였던 것이다.
철도 관업노동자들도 역시 임금인상이나 후생복지의 개선을 요구하면서
파업투쟁을 전개하기도 하였다.

하지만 식민지 총독부는 조선의 철도를 국유화한 상태였기 때문에, 식민
지시기 철도노동자들도 식민지 권력의 관업 종사자로 존재하였다. "원산
의 철도노동자들은 기구편제상 조선총독부 산하 철도국의 고원(雇員)이
나 용인(傭人)이었다. 형식적으로는 총독부의 산하기관에 소속된 일종의
관리로 규정되었다."[26] 식민지 총독부는 철도 관업노동자들에게 공공적
관리로서의 정체성을 강화시켰다. 식민지 총독부가 철도 관업노동자들을
신규로 충원하는 과정에서 공공적 정체성을 가속화시켰다. "예컨대 1938
년 하반기 철도국의 종업원 신규채용과정을 보면, 8월말까지 각급 학교로
부터 응모자의 지원을 접수받고 동시에 신체검사까지를 시행하여 10월 중
에는 명년도 예산안을 고려하여 대체로 확정하고 있는데, 이때 채용인원
은 1,300여 명의 지원자 가운데 65%인 850명이었다고 한다."[27] 신규로 채
용된 철도 관업노동자들은 이중적인 경쟁구조, 즉 학교 내에서의 경쟁과

---

25) 보다 구체적인 내용은 곽건홍의 논문을 검토하시오. 곽건홍, 「일제하 조선의 전시 노동정책 연구」,
   고려대 사학과 박사학위 논문, 1998, 23~29쪽.
26) 한국역사연구회 1930년대 연구반 지음, 『일제하 사회주의운동사』, 한길사, 1991, 322-323쪽.
27) 한국역사연구회 1930년대 연구반 지음, 위의 책, 323쪽.

철도국 임용과정에서의 경쟁이라는 구조에서 선택되었다는 의식을 갖지 않을 수 없었다. 철도 관업노동자들이 총독부 산하의 철도국 직원이라는 관리자 의식을 보유하게 되는 것도 자연스러웠다. 철도 관업노동자들은 식민지 지배체제에서 고등교육을 거쳐 철도관리로 출세하게 된 것이고, 자신의 생활세계를 유지하는 물적 조건을 확보할 수 있었던 것이다.

1930년대 사회주의 운동가들은 관업종사자의 정체성을 보유한 철도 관업노동자들의 특성에 대해 다음과 같이 규정하였다. "현재 철도노동자의 대다수는 자신을 관리인 양 여기고 나는 노동자가 아니라고 공언하면서 소부르주아적 환상에 사로잡혀 있다. 그들은 승진과 승급을 유일한 희망으로 생각하며 그 쥐꼬리만한 영광의 희망을 품고서 직접 자기들의 요구를 내걸고 투쟁하려고 하지 않는다."[28] 그렇지만 당시의 사회주의 활동가들도 철도 관업노동자들의 생활조건이나 근로조건이 다른 산업부문의 노동자들보다 상대적으로 양호하였다는 점을 인정하고 있었다. "경제적인 조건은 양호하다 하더라도, 철도노동자의 과연 다른 노동자보다 노동조건이 다소나마 유리한가? 그들의 생활상태를 보라! 그날, 그날 생활하기에도 곤란하지 않은가? 특히 하도급 노동자들은 아내와 동거할 경제가 허락되지 않기 때문에 친가나 부형에 맡겨두고 하숙집에서 홀아비 생활을 하고 있다. 이것이 노동조건이 유리하다는 철도노동자들의 생활현상이다."[29] 사회주의 활동가들은 철도 관업노동자들의 경제적 조건보다 노동과정의 고통과 어려움 등을 근거로 철도노동자들의 노동자 정체성을 강조하였다.

(2) 안정적 생활세계를 추구했던 철도 공무원노동자

1920년대 후반의 세계공황과 1930년대 군수산업 중심의 중화학공업화를 배경으로 미숙련노동자와 실업노동자의 수가 급속하게 증대되었다. 그렇지만 식민지 철도산업은 세계적인 경제공황에도 불구하고 급속하게 성장

---

28) 한국역사연구회 1930년대 연구반 지음, 앞의 책, 323쪽.
29) 한국역사연구회 1930년대 연구반 지음, 위의 책, 323-324쪽.

하고 있었다. 조선의 철도노동자가 1925년에 13,000명이었는데, 1935년에는 20,500명으로 증가하였다. 1930년을 전후로 한 세계적 공황에도 불구하고, 10년 동안 7,500명의 철도 관업노동자가 증가한 것이다. 그리고 식민지 조선의 철도노동자들은 자신의 일상생활을 안정적으로 유지할 정도로 경제적인 보상을 받고 있었다고 할 수 있다. "일제 식민지시대 때는 조금 안정적이었죠. 양은 적지만도 쌀배급을 받았거든요. 철도에서는 뭐 월급은 적지만, 특별배급으로 생활면에서는 안정적이었지요."(유병화, 2004)

철도 관업노동자들은 식민지시기에 다른 노동자들에 비해 파업투쟁을 거의 하지 않았다. 이것은 철도 공무원노동자들이 자신의 노동조건에 대해 큰 불만이 없었다고 추측할 수 있는 현상이다. 1920-30년대 주요 지역, 특히 서울, 평양, 부산, 대구, 그리고 목포의 파업투쟁은 총 429건인데, 그중에서 철도 관업노동자들의 파업투쟁은 9건에 불과하고 참여인원도 소수였다.[30] 아래의 표는 1920-30년대 철도 관업노동자들의 파업투쟁의 사례들이다.

주체	일시	지속기간	참여인원	요구조건	결과
전차종업원	1922.2.18		30여 명	인금인상,월급제,숙사료지불,전차속도감속	
전차종업원	1925.1.15	10일 (추산)	500여 명	현 승무원을 雇員으로 승격할 일 승객대합소 및 승무원의 휴게소 설치를 완전히 할 일 출근시간은 8시간제로 하여 급료는 일급으로 변경할 일 전차의 브레이크를 개량하여 줄 일 전차 내에 동절이면 난로를 장치할 일 공휴일을 변경할 일 출근시간을 개정할 일 교대제도를 확정하여 줄 일 교대원을 증치할 일 교외선의 요소에는 전등을 달아줄 일 전차 내에 기차시간표를 게시할 일 금주저축장려회의 책임은 회사에서 부담할 일 승무원의 교양과 오락을 위하여 도서실, 오락실, 욕실, 숙박소 등을 설치하여 줄 일	
전차종업원	1925.2.10	5일		금주저축의 배당문제 가급금문제 신원보증금 문제 과태금 문제 전차 내 분실물 경매수입과 운수공제회비의 내역 공개	

---

30) 당시의 파업일지에 따르면, 서울-186건, 평양-111건, 부산-81건, 대구-36건, 목포-15건 등이었다. 김경일, 『일제하 노동운동사』, 창작과비평사, 1992, 530-567쪽

전차종업원	1925.3.4	2일	400여 명	노동단체간부검속 항의, 임금인상	관철
용산공작소	1927.10.30	3일	90여 명	임금지불 요구	관철
용산공작소	1928.7.7	9일	72명	임금인상, 일급제 반대 등	거절
용산공작소	1930.3.26	1일	350여 명	4개 조항 요구	관철
부전승무원	1928.6.20	4일	108명	8시간 노동제 실행 최저임금 확정과 임금 5할 증가 복무규정 개정 오락기관의 설비 주임 차석의 경질 현재 감독 4인 경질 해고의 경우 1개월 퇴직수당 지급 채점의 전폐 사택료 증액(현재 6원-가족-을 10원, 3원-독신-을 5원) 감독 임용의 때 상호 선거(승무원으로부터)	
대구역구내 운반인부	1925.10.18		465명	임금인상요구	

그렇지만 철도 관업노동자들은 임금인상 및 노동조건의 개선을 내세우고 있다. 특히 전차종업원과 부전승무원들이 요구했던 8시간 노동제의 실행 문제, 교대제의 문제, 그리고 해고 및 평가의 문제 등을 고려하면, 식민지 시기의 철도 관업노동자들도 임금 이외의 노동조건을 개선시키기 위해 투쟁하였다. 이러한 요구사항들은 단위 사업장의 문제를 넘어서는 것들이었고, 노동자들의 권리를 보호할 수 있는 법·제도적 장치가 없는 상황에서 정치적인 투쟁의 성격을 내포하고 있었다.

그래서 1920-30년대 사회주의 활동가들은 철도 관업노동자들을 단일한 조직, 즉 산별노조를 결성시켜 노동자들에 대한 식민지 자본의 공세에 대항하려 하였다. 특히 "1930년대 후반 원산 지역을 중심으로 했던 혁명적 노동조합운동의 활동가들은 산별노조의 건설에 집중하였는데, 주요 대상 중에 하나가 철도였다."[31] 철도 노동현장의 선진 노동자들이 조직화의 주요 대상이었다. 일제 식민지시기, 철도의 노동현장에는 사회주의 활동가들이 철도 관업노동자들을 조직하기 위한 활동을 전개하였다. 이런 활동가들을 중심으로 하는 소규모 모임들이 존재했다. 사회주의 활동가들은 대부분 철도 관업노동자들의 조직화가 필요하다는 점에 공감하고 있었다. 하지만

---

31) 한국역사연구회 1930년대 연구반 지음, 앞의 책, 312-313쪽.

"그러한 조직활동은 쉽지 않았다. 당시의 철도노동자들은 상당히 개량적이었다고 할 수 있었기 때문이다. 하지만, 해방 이후 철도노동조합이 급속하게 건설될 수 있었던 동력은 바로 노동현장에 존재했던 활동가들 때문이었다."(류병화, 2003) 혁명적 활동가들은 철도의 노동현장을 조직하는 과정에서 철도 공무원노동자들의 상태를 보다 정확하게 파악할 수 있었다.

1930년대 철도의 노동현장에는 노동자들 간의 상호부조를 목표로 자연스럽게 조직된 소모임들이 있었다. 대표적인 소모임들은 승무원회, 기우회, 공우회, 그리고 각종의 계모임 등이었다. 그런데 이러한 소모임들은 상호부조와 친목을 넘어서 노동조합운동의 개량화를 유도하는 힘으로 작용하기도 했다. "이러한 소모임들은 종종 친목의 영역을 넘어서 노동자들의 대중적 요구와 지향을 개량주의적으로 인도하는 역할을 합법 공개적으로 담당하기도 했다."[32] 특히 기우회의 경우, "혁명적 노동자의 투쟁제기를 거부하고 일본 제국주의 앞에서 노동자를 분열·이간시키는데 전력을 기울였으며, 노동자의 통일전선 요구를 끝까지 거부하는 태도를 취하였고, 민족감정이 강한 편협한 배외주의적 태도와 아울러 일본 제국주의가 바라는 노동자 분열에 기여해 왔다."[33]

4. 맺음말

식민지 총독부는 철도산업의 발전에 총력을 기울였다. 철도의 연장거리나 영업거리가 식민지시기에 급격하게 증가하였고, 철도 공무원노동자들도 해방 직전에 약 1,000,000명 정도 고용되었다. 철도 공무원노동자들은 관업종사자의 정체성에 조응하는 노동자들이었다. 식민지 총독부의 철도국은 철도 관업노동자들에게 생활세계를 유지할 정도의 임금과 특별배급을

---

32) 한국역사연구회 1930년대 연구반 지음, 위의 책, 324-255쪽.
33) 한국역사연구회 1930년대 연구반 지음, 위의 책, 327쪽.

하였고, 철도 관업노동자들은 철도산업의 생산성을 높이는데 기여하였다. 식민지시기의 철도 관업노동자들은 조선의 자본주의적 공업의 발전에 토대로 작용하였다. 철도 관업노동자들은 식민지 총독부의 철도국 직원이라는 의식과 행동을 보유하였다고 할 수 있다.

1920-30년대 사회주의 활동가들이 철노동자들의 노동현장을 조직하면서 파악했던 내용에서 당시 철도 노동현장의 일상생활을 제시하고 있다. 철도 관업노동자들은 교대노동과 장시간의 운전과 승무, 그리고 위탁회사나 도급회사에 소속된 비정규직 노동 등으로 인해 일상적 가정생활이 불안정하였고, 최저임금이 정해지지 않아 노동자들 간의 임금차별현상을 경험하지 않을 수 없었다.

그렇지만 철도 관업노동자들은 해방되기 이전까지 식민지시기의 공업과 철도산업을 발전시키는 주체로서의 역할을 담당하였다. 식민지시기는 다양한 차원에서 공공적 근대화가 이루어졌다. 철도는 공공적 근대화의 대표적인 사례라 할 수 있다. 그런데 공공적 근대화는 일본과 조선의 자본 및 식민지 지배권력에 의해서 이루어진 것이 아니라 자신의 기본적 권리조차 누리지 못한 상태에서 노동관계를 유지하고 노동의 생산을 담당했던 노동자들에 의해 이루어졌다고 보아야 한다. 노동자들의 기본적 권리를 보장하는 법·제도적 장치가 식민지 지배세력에 의해 거부되었다는 점은 식민지 지배세력을 근대화의 주체로 인정할 수 없는 대표적 근거이기도 하다.

제2절. 국가재건과 철도산업의 정치적 공공성

1. 들어가는 말

1945년 8월 15일 이후, 해방정국은 조선의 자주독립과 민족통일이라는 정치적 민족적 과제가 대두되었던 시공간이었다. 식민지 조선은 남과 북으로 분단된 상태에서 해방되었고, 미국과 소련이 점령군의 자격으로 남한과 북한에 진주했기 때문이다. 그래서 해방정국은 남북한 공히 새로운 국가를 형성하기 위한 갈등의 시공간으로 변화되었다. 식민지시기의 자본과 권력이 공동화된 상태에서, 민족해방운동을 전개했던 다양한 정치세력들은 각자의 정치이념에 조응하는 국가권력을 수립하기 위해 투쟁하였다. 새로운 사회와 국가를 수립하기 위한 정치적 투쟁이 전개되었다.

조선공산당을 중심으로 한 좌파적 경향의 정치세력들도 친일파의 청산, 민족의 자주독립, 인민의 권리와 자치 등의 가치를 내세우면서 새로운 국가를 형성하는데 주력한 반면, 인민들은 자신의 생활세계를 유지하는데 필요한 물적 조건을 확보하는데 주력하였다. 그렇지만 좌파 정치세력이든 인민이든 새로운 국가를 형성하고 재건해야 한다는 점에 대해서는 공유하고 있었다. 인민들은 국가를 형성하기 위한 정치세력의 활동에 주체적으로 참여하였고, 좌파 정치세력 역시 인민들의 생활위기를 극복하기 위한 활동과 국가형성의 활동을 융합시키려 하였다. 미국의 점령군들도 역시 남한에 새로운 국가를 형성하기 위한 활동을 하였다. 친일세력과 정치적 자유주의 세력과 민족적 보수주의 세력은 이 과정에서 미군정과 긴밀하게 결합하였다. 그래서 해방정국은 '4극체제 간의 대립과 경쟁', 즉 조선공산당을 중심으로 한 좌파적 성향의 정치세력, 생활세계의 위기에 빠져있었던 인민, 미국의 점령군과 함께 했던 식민지시기의 조선인 자본, 그리고 미군정과 결합한 정치세력들이었다.

그러나 새로운 국가를 형성하고 재건하기 위한 전략적 활동은 남한정부의 수립, 북한정부의 수립, 그리고 한국전쟁의 발발로 인해 1950년대까지 지속되었다. 한국전쟁은 또다시 국가권력뿐만 아니라 인민들의 생활세계를 다시 위기상황에 빠뜨렸기 때문이다. 철도 공무원노동자들도 해방정국과 한국전쟁, 그리고 4.19혁명이 발생하기 이전까지 국가형성 및 국가재건에 필요한 활동의 주체로 존재하였다. 활동의 형식과 내용은 시기마다 약간의 차이가 존재했지만, 국가를 형성하고 재건한다는 전략적 목표는 거의 동일했다.

2. 해방정국의 국가재건과 철도 공무원노동자
1) 남북분단과 철도산업

해방과 더불어 일본의 자본과 기술이 본국으로 들어갔다. 그 양은 대략 80-90%에 달했다. 일본의 자본과 기술은 해방 이후의 국가권력이나 지배세력의 성격이 불분명한 상태에서 보다 안정성을 보장할 수 있는 본국으로 돌아갔다. 해방이 경제적 측면에 가져온 가장 직접적인 현상은 급격한 생산의 감축과 격심한 인플레이션의 진행으로 나타났다. 특히 공업생산의 급격한 위축현상은 70%에 이르렀다. 일본으로 가지 않고 남아 있었던 자본들도 붕괴된 시장, 자금난, 그리고 경영체제의 불안정 등으로 공장을 유휴상태로 방치하지 않을 수 없었다. 반면에 인민들은 전시체제에서 남발했던 일본의 통화정책, 식량의 수집을 위해 남발했던 미군정의 통화정책, 그리고 해외에서 귀환한 사람들로 인한 수요의 급증 등으로 물가앙등의 고통에 처하게 되었다. 인민들은 일자리의 상실과 생활비용의 급증이라는 이중고에 시달렸다.

먼저 해방정국에서 발생했던 생산규모의 감소량을 생산액수로 정리하면,

아래의 〈표3〉과 같다. 감소의 규모로 볼 때, 일본의 자본과 기술이 공동
화되면서 나타난 현상으로 볼 수밖에 없다.

〈표3〉 해방정국 하에서 주요 산업별 생산액의 감소   단위:환

업종	1939	1946	생산 감소액	감소율(%)
방 직 공 업	170,985	67,855	103,130	60.31
기 계 기 구 공 업	38,405	15,154	23,251	60.54
화 학 공 업	91,171	21,714	69,457	76.18
제재및목재공업	13,746	11,012	2,734	19.89
식 료 품 공 업	213,628	36,457	177,171	82,93
합 계	527,935	152,192	375,743	71.17

※출처 : 한국산업은행, 조사월보, 제46호(1959년 6월호), 10쪽

일제 말과 비교해 볼 때 미군정 하의 남한의 주요 공업부문에서 생산의 위
축현상이 현저하게 나타났다. 1939년과 1946년의 생산액을 비교해 보면,
1946년의 생산액은 1939년의 그것에 비해 총 71.1%가 감소되었다. 기계기구
공업의 경우, 1939년에 비해 60.5%, 화학은 76.1%, 방직은 60.3%, 식료품은
82.9%가 감소되었다. 제재 및 목재 공업의 경우만 19.89%의 감소현상이 나
타났다. 이것은 본국으로 귀환하기 어려운 산업구조의 특성 때문에 나타
난 현상으로 볼 수 있다. 위의 표에는 나타나 있지 않지만, "요업·토석산
업은 82% 정도, 그리고 인쇄·제본 산업은 42.2%가 감소했다."[34] 공장들
이 실질적으로 가동되지 않았던 것이다. 주요 지역의 공장조업률로 파악할
수 있다. "경상남도의 경우, 1945년 12월 1일 현재 중요 공장 200개 중에서
30%인 60개 공장만이 생산활동을 하고 있었으며, 1945년 11월 24일 현재,
인천의 경우에는 130개 공장 가운데 조업하고 있는 곳은 36.9%인 48개소였
고, 12월 5일에는 46%인 60여 개에 불과했다. 1945년 11월 현재, 40여 개의
철공장 가운데서 조업하고 있는 곳은 6, 7개에 지나지 않았다."[35]

---

34) 김무용, 「해방직후 인천지역 사회주의운동」, 『한국 근현대 경기지역 사회운동연구』, 관악사, 1998,
   220-221쪽.
35) 김무용, 위의 책, 1998, 220-221쪽.

이처럼 공장이 가동되지 않으면서 노동자의 수도 급격하게 감소하였다. "민간부문 공업의 경우, 1944년 6월, 총 사업체 수가 9,323개였지만, 1946년 11월에는 5,249개로 줄어들었다. 또한 1944년 6월, 노동자는 총 300,520명이었지만 1946년 11월에는 131,149명에 지나지 않았다."[36] 1946년 11월 15일 현재, 해외에서 귀국한 사람들과 공장의 일자리를 상실해서 발생한 실업자는 거의 100만 명에 육박했다.

1945년 8월 남한의 철도 공무원노동자는 약 56,000여 명이었다. 철도산업은 민간부분의 공업과 다르게 가동을 멈추거나 유휴상태에 내몰리지 않았다. 그런데 미 군정청은 이후에 철도 공무원노동자들을 감원시키고 임금을 동결시켰다. "해방이 딱 되니까, 철도의 월급은 오르지 않아서, 철도노동자들은 사기업에 종사하는 노동자들에 비해 상대적인 박탈감을 느끼면서 생활을 하였다. 미 군정청이 3년 동안 철도 공무원노동자들의 임금인상을 하지 않고 씨레이션을 배급하는 것으로 대체하는 정책을 추진했기 때문이다."(유병화, 2003) 철도 공무원노동자들은 식민시기에 누렸던 자신의 물적 조건과 비교했을 때 발생하는 박탈감, 사기업과 달리 물가앙등과 무관하게 임금이 동결되는 박탈감, 그리고 식민지시기의 고용안정체제가 무너지는 박탈감으로 인해 생활세계의 위기에 빠지게 되었다.

다음으로는 고용되어 있는 노동자들도 실질임금의 하락으로 일상생활을 유지하기가 쉽지 않았다. 식민지시기의 자본과 권력이 공동화되면서 나타난 대표적 현상은 인민들의 생활세계가 무너지기 시작했다. 해방정국은 경제의 80-90%를 점하고 있었던 일본 자본이 물러간 상황, 즉 자본의 공동화 현상을 전제로 노동자들의 생활위기를 말하지 않을 수 없다. 그렇지만 식민지시기에 생활세계의 물적 조건을 구축하고 있었던 조선 자본들은 오히려 재구성되는 산업자본의 주체로 존재하였다. "식민지시기의 경우를 보면, 1933년 말 공업회사의 경영자 1천 19명 가운데서 일본인 사장은 674명이었고, 조선인 사장은 343명으로 약 34%를 차지했고, 1939년 공업회사 6

---

36) 김무용, 앞의 책, 관악사, 1998, 222쪽.

천 530개 가운데서 조선인의 것이 3천 916개로 약 60%를 차지하고 있었다."[37] 식민지시기의 조선인 자본은 일본의 자본에 비해 규모가 작았지만, 중소규모의 수준의 비중이 상당히 높았다는 것을 확인할 수 있다. 조선인 자본은 미군정의 '적산(敵産) 접수정책에 대하여 다양한 형태로 대응하였고, "일본인 기업 중 42개의 회사 및 공장을 접수한 미군정"[38]과 함께 해방정국의 산업자본으로 존재하였다. 반면에 생활세계의 물적 조건이 허약한 인민들은 일상적이고 인간적인 생활조차 하기 어려운 위기상황에 빠져들었다. 아래의 〈표4〉는 1945년 12월부터 1947년 12월까지 나타났던 노동자들의 실질임금 하락률이다.

〈표4〉 해방 3년 동안의 실질임금 하락률

년월	실질임금 하락율(%)
1945.12	37.14
1946.12	42.02
1947.12	30.54
합계	71.17

※자료 : 김무용, 「해방직후 인천지역 사회주의운동」, 『한국 근현대 경기지역 사회운동연구』, 관악사, 1998

해방 이후, 실업자로 전락하지 않고 취업상태로 남아 있었던 노동자들도 실질임금의 하락 때문에 생활세계의 위기를 겪지 않을 수 없었다. 1945년 12월, 노동자들의 임금은 실질적으로 37.14% 하락하였고, 1946년 12월에는 42.02%가 하락하였다. 1947년에는 30.54%가 하락되었다. 그렇지만 철도 공무원노동자들은 임금을 동결하는 미 군정청의 정책으로 말미암아 실질임금의 하락률이 더 높았을 것이다. 노동자들이 해방정국에서 조선노동당이나 조선노동조합전국평의회(이하 전평)와 함께 인민들의 이해가 보장될 수 있는 국가권력을 형성하려 하였는데, 이는 생활세계의 위기를 새로운 국가권력으로 극복하기 위한 인민들의 자연스런 선택이었을 것이다.

---

37) 안태정, 조선노동조합전국평의회연구, 성균관대학교 대학원 사학과, 2000, 15쪽.
38) 안태정, 위의 논문, 2000, 15쪽.

2) 해방정국의 전평과 철도노동조합

일제 말, 식민지 조선의 노동자는 총 212만 여 명이었다. 당시 조선의 인구는 약 2,500만 정도였고, 경제활동 인구가 1천 27만 여 명이었다. 그런데 노동자들은 생활세계의 위기를 조선공산당을 중심으로 한 정치세력과 함께 새로운 국가권력을 만들어서 극복하려 하였다. 노동자들의 조직적 주체는 1945년 11월 5-6일에 결성된 전평이었다. 전평은 17개 전국적 산업별 단일노조, 215개 산업별단일노조의 지부, 1194개의 산업별 단일노조의 분회로 구성되었고, 총 21만 7천 73명의 조합원으로 구성되었다.[39]

전평은 철도나 발전도 등의 산업, 그 중에서도 파업의 효과뿐만 아니라 정치적 영향력을 극대화시킬 수 있는 사업장을 조직하는데 주력하였다. 그 주요 대상은 철도였다. 식민지시기부터 사회주의 활동가들이 철도의 노동현장에서 선진화된 노동자들을 소규모로 조직해 왔기 때문에, 철도에 대한 조직화는 그리 어렵지 않았다. "해방 이전, 철도에 입사했을 때, 선진적 노동자들을 조직하기 위한 활동가들의 모습을 많이 볼 수 있었다. 나도 그런 활동가들을 만나서 노동조합운동 및 정치적 조직활동을 자연스럽게 전개할 수 있었다."(류병화, 2003)

그래서 철도의 노동현장에 존재했던 활동가들과 선진적 노동자들이 전평을 결성하는데 있어서 핵심적인 역할을 담당하였다. 이들은 1945년 8월 15일에서 9월 초순 사이에 철도산업의 산업별노조를 건설하였고, 1945년 9월 11일 '재건된 조선공산당을 축하하는 서울운동장의 대중집회'에 철도노동조합의 깃발을 내세우면서 조직적으로 참여하였다. 철도노동조합이 전평 준비위원회에 적극적으로 참여하였고, 전평 결성대회에서 노조의 현황을 보고할 수 있었던 동력이었다. 당시 철도노동조합은 20개 지부 45개 분회로 구성되었고 15개 도시의 34,728명의 조합원이 참여하였는데, 철도노동조합은 전평 조합원의 약 16%를 차지하고 있었다.

---

39) 보다 구체적인 내용은 안태정의 논문을 보시오. 안태정, 앞의 논문, 2000, 63쪽.

전평은 백미의 가격등귀, 실질임금의 하락, 그리고 실업의 증가 등으로 노동자들의 생활위기를 산업건설운동과 '쌀요구회 조직운동'으로 극복해 나간다는 조직방침을 수립하였다. 그래서 전평은 철도·전기·신문사·출판 등의 노동현장에서 쌀 획득을 위한 공장대표자회의를 개최하게 하였고, 쌀 문제를 이슈로 파업을 전개하도록 하였다. 1946년 9월의 노동쟁의의 격증은 6-7월부터 시작된 곡물, 백미 가격의 폭등과 실질임금의 폭락과 밀접한 상관관계가 있었다.

철도 공무원노동자들도 해방정국에서 생활위기의 상황에 처해 있었다. 그래서 철도 공무원노동자들은 임금 대신에 쌀을 요구하기로 했다. 1946년 10월항쟁을 촉발시킨 철도 공무원노동자들의 9월총파업도 '쌀배급'을 요구하는 투쟁의 연장이었다. 철도 공무원노동자들의 총파업투쟁을 계기로, "쌀을 요구하는 투쟁은 '노동자·소시민·실업자·전재민·돌아온 병사·학생·종교가·회사원' 등 '쌀 없는' 모든 시민이 참여하는 운동으로 발전했다."[40]

철도 공무원노동자들은 1945년 8월 25일 현재 약 56,000명 정도였다. 그중에서 34,728명이 철도노동조합의 조합원으로 가입하였다. 전체 노동자의 약 62%가 노동조합에 가입하였던 것이다. 아래의 〈표5〉는 1945년 11월부터 1948년 2월까지 철도조합원의 증감현황을 나타내고 있다.

〈표5〉 철도조합원의 증감 현황

	지부(개)	분회(개)	조합원(명)
1945.11.4	20	45	34,728
1947.4			30981
1947.9			32,715
1948.2			20,672

※자료 : 안태정, 조선노동조합전국평의회연구, 성균관대학교 대학원 사학과, 2000, 93쪽

위의 〈표5〉에서 확인할 수 있는 것은 철도노동조합 조합원의 수가 급격하

---

40) 김진수, 전평의 산업건설운동의 전개와 성격, 고려대학교 대학원 사학과, 2004, 19-20쪽.

게 줄어들었다는 점이다. 1948년 2월 현재, 1945년 11월 전평을 결성할 당시에 34,728명이었던 철도노동조합 조합원이 20,672명으로 줄어들었다. 1947년 초부터 급격하게 줄어들기 시작해서, 약 14,056명의 조합원이 철도노동조합을 탈퇴한 것이다. 물론 해방 당시 56,000명이었던 남한 철도 공무원노동자의 수도 1950년 12월에 약 30,000명으로 줄어들었지만,[41] 1948년 2월에 이르러서도 10,000명 이상의 철도 공무원노동자들이 노조에 가입하지 않은 상태였다. 철도노동조합을 결성할 당시에도 약 22,000여 명의 노동자들이 노동조합에 가입하지 않았다.

먼저, 이러한 현상은 철도 공무원노동자들이 좌파적 성향의 국가권력을 수립하는 주체로서의 의식보다 생활위기에 대한 두려움을 극복해 나가는 주체로서의 의식, 즉 노동조합운동의 이념적 정체성보다 생활적 정체성이 강하게 존재했다는 것을 의미한다. 다음으로는 우익적 성향의 조직들이 철도 공무원노동자들을 조직하기 시작했다는 점이다. 대한독립촉성전국청년총연맹(이하 독청)의 초대 위원장 전진한은 노동부를 신설하고 홍윤옥을 중심으로 용산공작소, 영등포의 각 공장, 그리고 경전 전차직장 등의 노동자들을 조직하게 하였다. 독청은 이러한 활동의 성과로 1945년 말에 용산공작소 지부연맹을 결성하였다. 마지막으로는 미군정이 1946년 9월 총파업 이후 철도노동조합과 전평에 대한 탄압을 강화하였고, 1946년 3월에 결성된 대한노총도 미군정과 함께 철도의 노동현장을 조직하기 시작하였다는 점이다. 대한노총이 집중적으로 조직한 대표적 사업장은 철도였다. 왜냐하면 해방 직후 전평이 조직화에 가장 주력한 부문이 철도였고, 또한 사업장의 규모뿐만 아니라 영향력이 크게 나타났기 때문이다. 이처럼 새로운 국가를 형성하려는 정치적 주체들은 우익적 성향이든 좌익적 성향이든 철도 공무원노동자들을 조직하려 하였다.

좌익적 성향의 전평과 조선공산당도 당시 노동자들의 현실적인 조건을 고

---

41) 자료의 미비로 구체적인 파악이 쉽지 않지만, 미 군정청은 사설철도의 국유화 정책 및 감원 정책을 실시하는 과정, 그리고 노동조건의 개선을 추진하기가 쉽지 않았다. 철도노동자들은 이 과정에서 많이 감소되었다. 철도청, 『한국철도 100년사』, 513–518쪽 참조.

려하면서 운동의 전략을 채택하였다. 전평의 산업건설운동과 자주관리운동이 대표적인 사례이다. 전평은 당시 노동자들의 생활적 정체성을 이념적 정체성으로 전화시켜 나가는 과정으로 볼 수 있다. 산업건설운동은 노동자들의 생활위기를 산업의 활성화로 극복하기 위한 전략으로 볼 수 있다. 전평의 자주관리운동도 이러한 관점에서 평가될 수 있다. 즉 "자주관리운동은 조선인의 착취와 산물인 일본인 공장을 조선인이 직접 관리한다는 의미 외에도 당시 생활상의 절박함을 극복하기 위한 노동자들의 자구적 전략이었다."[42] 전평은 1946년 노동자의 날을 맞이하여, 노동자들의 생활위기를 해소하는 전략적 요구, 즉 쌀과 직업을 다오, 공장폐쇄 및 해고의 절대 반대, 실업자에게 직업을 다오, 저물가정책을 실시하라 등의 요구를 제시하였다. 전평은 노동자들의 생활위기를 극복하는 차원에서 국가를 형성하고 산업을 부흥시키는 운동의 주체로 존재하였고, 그 중심에 철도노동조합이 존재했던 것이다.

3) 철도산업의 인력감축과 철도 공무원노동자

철도산업은 식민지시기에 고용을 창출함과 동시에 자본주의적 공장을 증가시키는 기간산업으로서의 역할을 담당한 것으로 볼 수 있다. 1943년 식민지 조선의 사적자본의 공장이 13,293개였고 노동자가 362,953명이었다. 제2절에서 지적했지만, 철도산업은 이러한 공업의 발전의 실질적인 기반으로 작용하였다. 식민지 총독부는 제2차 세계대전의 발발과 함께 철도 공무원노동자들에 대한 고용을 증가시켰지만, 1945년 8월 15일 당시 남북한의 철도 노동자는 100,527명이었다. 1925년 당시 13,000명이었지만, 1940년에 42,300명으로 증가하였고, 제2차 세계대전이 발발한 이후에는 100,000명 이상으로 증가하였다. 1925년에서 1940년 사이에 29,300명의

---

42) 안태정, 앞의 논문, 2000, 380쪽.

노동자가 증가하였지만, 1940년에서 1945년 동안 44,567명의 노동자가 급
격하게 증가한 것이다. 식민지시기 남한 지역의 주요 산업은 섬유산업과
고무산업[43]이었지만, 국가기간산업으로서 고용을 창출할 수 있는 주요
산업은 철도였다.

그런데 해방과 동시에 철도도 분할되었다. 식민지 공업이 남한지역보다 더
집중되어 발전했던 북한지역의 철도총량이 더 많게 분할되었다. 아래의
〈표6〉은 해방 당시와 1950년 12월의 철도총량을 통계로 처리한 것이다.

〈표6〉해방정국의 철도총량과 그 변화

	1945.8.15		1950.12.31
	남북한	남한	남한
연장거리(km)		3,738	
영업거리(km)	6,362	2,642	2,799.80
기관차(대)	1,166	488	626
객차(량)	2,027	1,280	674
화차(량)	15,352	8,424	11,117
역수(개소)	762	300	397
철도 공무원노동자(명)	100,527	55,960	29,652

해방이 되고 난 이후, 미 군정청과 이승만 정권은 인력의 감축정책 뿐
만 아니라 임금동결 정책을 추진하였다. 남한의 철도 공무원노동자들은
1945년 8월 15일 이후 55,960명에서 1950년 12월 31일 29,652명으로 감축
되었다. 총 26,308명의 노동자가 줄어든 것이다. 이는 년 평균 5,260명이
감소되었다. 미 군정청과 이승만 정부는 정부예산을 내세우면서 임금동
결과 철도 노동자들의 수를 지속적으로 감축시켰다.

그런데 남한의 철도산업은 인력감축을 중심으로 하는 구조개편을 1963년
까지 지속하였다. 1950년 12월 당시 29,652명이었던 남한 철도산업의 노동

---

43) 1950년대 종업원 2,000명 이상의 거대기업은 7개의 면방직(적) 기업뿐이었다. 종업원 1,000이상의 거
대기업도 대부분 섬유업종이다. 고무산업에서 1개의 기업만이 1,000명 이상의 종업원을 고용하고 있었
다. 종업원 300명 이상을 고용한 대기업 89개 중에서 섬유산업과 고무산업이 51개였다. 공제욱, 「1950
년대 한국 자본가의 형성과정」, 서울대학교 대학원 사회학과, 박사학위 논문, 1992, 118–119쪽.

자가 1963년에는 오히려 26,218명으로 축소되었고, 1966년에 이르러서야 30,783명으로 증가하였다. 1962년 경제개발 5개년 정책이 추진되면서 철도 산업도 많은 고용을 창출하였지만, 실질적으로는 16년 만에 1,131명이 증가한 것에 불과하다. 그러나 철도청은 1960년대 후반 이후로 1970년대 말까지 철도산업의 구조개혁을 단행하였다. 물론 1998년 12월 31일 당시 철도 노동자는 33,270명이었다. 1950년 12월 31일 당시와 비교하면, 48년 동안 3,618명의 철도 공무원노동자가 증가하였다. 연평균 75명 정도 증가하였다. 그나마 1980년대 초반부터 고속전철사업이나 고속철도사업과 같은 신규 사업[44]이 등장하면서 인력이 증가한 것이다.

철도산업은 국가의 기간산업인 만큼 정부의 교통정책으로 다양한 구조개편이 이루어졌다. 1960년대 이후 도로를 중심으로 한 교통정책은 철도산업의 정체현상을 초래시켰지만, 1980년대 초반 이후 철도사업의 재편으로 정체현상을 극복할 수 있었다. 그런데 철도 공무원노동자들은 이 과정에서 신규인력을 충원하지 않거나 인력을 감축하는 정부의 정책 때문에 노동강도를 감수해야만 했다. 1960-70년대 철도노동조합이 철도 공무원노동자들의 이해보다 국가의 공공적 이해를 고려하는 전략으로 노동조합운동을 전개했기 때문이다. 철도노동조합과 정치권력 간의 정치적 공공관계가 구축되었던 것이다.

3. 1950년대 국가재건과 철도산업의 정치적 공공성
1) 국가재건과 철도노동조합

식민지시기의 철도가 자본주의적 근대화의 초석이었다면, 해방과 한국전쟁 이후의 철도는 새로운 국가의 건설과 재건을 일궈내는 기간산업이었

---

44) 1981년부터 1985년까지 고속전철사업기획단 실무 인력의 증원, 철도청 운수국에 전철운영과의 신설, 서울지방청에 전기차과의 신설, 서울차량정비창에 전기차보강, 공사감독요원, 승무원, 차량보수원, 과의 신설인력 등으로 572명이 증원되었다.

다. 철도 공무원노동자들의 역할도 국가의 재건이라는 차원에서 규정되었다. 해방 직후, 미 군정청과 지방의 교통국위원회는 〈수송의 사명은 크다. 종업원은 복귀하라〉라는 제목의 성명서에서, 새로운 국가의 건설에 매진해야 하는 철도노동자들의 위상과 역할을 규정하였다. "신국가건설의 수송동맥을 떠메고 있는 부산지방 교통국위원회에서는 중대한 임무를 하루 속히 완수코자 각 관내에 있는 조선인 종업원들의 총궐기를 요망하고 있는데, 종업원 가운데는 아직 직장으로 돌아오지 아니한 사람이 많으므로, 위원회에서는 새로운 대책으로서 본부위원의 권위자 수십 명을 선발 각 지방으로 파견시켜, 조국재건의 위대한 사명과 철도가 떠맡고 있는 중대한 임무를 그들에게 자각시키는 동시 위원회의 취지를 널리 알리고 있는데, 종업원은 이와 같은 사명을 충분히 자각하고 즉시 직장으로 돌아오기를 요망하고 있다."[45]

이러한 역할은 한국전쟁이 종료되고 난 이후에 더욱 강조되었다. 전쟁으로 폐허가 된 국가를 재건하는 과정에서 대두된 철도의 역할, 즉 도로의 포장률이 극히 낮고 육상운송의 발달이 뒤늦은 상태에서 효율적인 대량운송의 수단이자 국가경제의 '대동맥'이라는 위상을 철도가 보유하고 있었기 때문이다. 정치적 공공성에 대한 A. Ferner(1988)는 "공기업이 정치권력과 긴밀하게 연계된 상태에서 정치적 지배세력에게 유리한 공공적 기능을 조절할 수 있는 공공적 관계"[46]를 정치적 공공성의 개념으로 인식하고 있다. 즉 국·공영 기업이 조직적으로 정치적 이해와 긴밀하게 연계된 상태에서 정치적 공공성을 실현하는 도구, 즉 경제위기를 극복하기 위한 역할을 담당하거나 고용의 안정을 유지하는 수단, 또는 거시적인 경제정책을 수립하기 위한 도구로서의 정치적 역할을 담당하는 것인데, 역사적으로 대표적인 국·공영 기업의 역할을 담당한 것은 철도산업이었다. 철도산업은 공공적 교통운수서비스 재화를 매개로 여타 산업이 활성화될 수

---

45) 미군정청·교통국위원회, 민주중보, 1945년 10월 6일자.

46) A. Ferner, Government, Managers and Industrials, 1988, 한국노동이론정책연구소, 『공공부문 노사관계』 −유럽을 중심으로−, 세미나 자료집을 참조.

있는 조건을 제공한다.

물론 국·공영 기업이 종종 관료주의적 부패 및 정치권력과 유착하여 불법적인 정치자금을 조성하는 등 사회적 부정부패의 진원지로 존재하기도 했다. 국·공영 기업이 담당하는 정치적 공공성의 부정적인 측면이다. 이런 현상은 주로 국·공영 기업의 자율적으로 책임을 지는 경영체제보다 권력으로 통제되거나 관리되는 경영체제에서 비롯된다.

1950년대 철도노동조합은 국가재건이라는 공공적 역할을 요구받으면서 지배적 권력과 긴밀하게 유착되어 있었다. 1950년대의 국가권력과 철도노동조합은 정치적 공공관계를 토대로 국가재건의 주체로 존재하였다. 이승만 정권의 이종림 교통부 장관은 1956년 '철도노동조합 10주년에 즈음하여'라는 메시지에서 "철도노동조합을 반공과 국토재건의 3만 전위대"[7]로 규정하였다. 철도노동조합은 정부의 이러한 요구에 대해 창립 10주년 기념대회에서 〈이대통령 각하에게 보내는 메시지〉형식으로 호응하였다. "국가의 만년대계와 민족의 자유평화를 위하여 심려하시는 대통령각하의 존체금안하심을 축복드리는 바입니다. 대통령께서 철도노동조합연맹의 노동조합운동은 지속하여야 한다는 특별담화에 의하여 오늘의 역사가 이루어졌다는 것을 명심하고 있습니다. 10년을 맞이한 역사를 초석으로 하여 닥쳐올 남북통일의 대과업과 국가동맹의 발전을 위하여 노동자가 지닌 책임을 완수하기 위하여 노력을 경주하는 것이오니 사회정의를 위하여 싸우는 철도 공무원노동자에게 튼튼한 생활보장의 길을 열어주시기를 희망하옵니다."[48]

이승만 정권은 철도노동조합에게 생활보장의 조건을 제공하는 대신에 정치적 공공성의 실현을 요구하였다. 즉 철도노동조합은 각종의 대의원대회 결의 및 위원장의 신년담화 등의 형식으로 국가의 산업발전과 그것을 이루기 위한 철도 공무원노동자들의 긴밀한 협조를 이끌어 냈다. 대표적인

---

47) 전국철도노동조합,「철로」, 1956년 11월 6일.
48) 전국철도노동조합,「철로」, 단기 4290(1957)년 4월 29일

사례를 들면, 전국철도노동조합연맹 위원장 김주홍은 1960년 1월 27일 기관지인 「철로」에서 '3만 동지들에게 드림'이라는 신년사를 통해 우리의 지침을 제시하였다. 그것은 "성의 있는 협조, 명분 있는 투쟁, 보람 있는 승리, 산업발전에 기여 등을 실현하는 주체"[49]가 되어야 한다는 것이었다.

2) 이승만과 철도노동조합

대한독립촉성전국청년총연맹(이하 독청)은 1945년 11월 21일 결성에 결성되었다. 이 조직에는 좌익 노동조직인 전평의 확대강화를 저지하고 반공투쟁의 일익을 담당하기 위해 민족진영의 청년조직 약 40여개가 참여하였다. 독청은 1946년 3월 10일에 결성된 대한독립촉성노동총연맹의 실질적인 모체라 할 수 있는데, 결성과정에서 총재는 이승만, 부총재는 김구, 위원장은 전진한이 참여하였다. 독청은 이처럼 결성과정부터 이승만과 정치적 관계를 형성하면서 조직되었다. 그래서 1946년 3월 10일 대한독립촉성노동총연맹도 김구, 안재홍, 조소앙, 엄항섭 등 우익계 정치인들을 내빈으로 한 상태에서 창립대회를 개최하였다. 이승만은 이 자리에서 대한노총의 고문으로 추대되었다. 이날 결성대회에 참가한 대표는 용산공작소, 경성철도공장, 경성전기회사 등 15개 직장에서 48명이 참가하였다.

대한노총이 결성되고 난 약 2개월이 지난 1946년 5월 13일, 대한노총 조직준비위원 40여 명은 3,000여 명의 종업원을 가진 운수부 경성공장(철도공장)에서 경성공장 분회를 결성하기 위한 준비위원회를 조직하였다. "이것이 철도에 있어서는 최초의 우익노조로서 오늘의 전국철도노동조합의 전신인 것이었다."[50] 물론 대한노총의 조직화 활동이 쉽지 않아서, 1946년 9월 총파업 직전에도 경성공장 3,700명 중 800명 정도만이 가입하였다. 그

49) 전국철도노동조합, 「철로」, 단기 4293(1960)년 1월 27일
50) 한국노동조합총연맹, 「한국노동조합운동사」, 한국노동조합총연맹, 1979, 283쪽.

러나 9월 총파업을 거치면서 전평조직의 근간이 노동현장에서 와해되자, 대한노총은 철도국 산하의 각 직장에 대한노총의 분회들을 설치하기 시작하였다. 이리하여 대한노총은 1947년 1월 18일 분회를 총망라하는 단일 산별노조를 결성하였다. "1947년 1월 18일 용산 부운회관에서 김구 주석을 위시한 많은 우익 인사들이 참여한 가운데 대한노총 운수부연맹 창립대회가 개최되었고, 당시 미국에 외유 중이던 이승만 박사에게 노력에 감사하고 또한 성공을 바란다는 축전을 보내기로 결의하였다."[51]

정부 수립 이후 교통부는 공무원법에 따라 국영철도의 종업원을 공무원으로 간주하여 그 집단적 행동을 규제하고, 그 대신 현업조합이라는 어용적 성격의 노동조합을 만들게 하였다. 부운회관에는 현업원조합 준비위원회의 간판이 걸리게 되었다. 그러나 대한노총 운수부연맹은 1949년 3월 대한노총 철도노동조합연맹으로 개칭하고, 위원장에 주종필을 선출하는 한편 공무원법 수정투쟁과 조직강화에 박차를 가하였다. 철도 공무원노동자들이 두 개의 노동조합으로 분리되어 조직될 상황이었다.

이에 주종필 철도노동조합연맹 위원장과 전진한 대한노총 위원장이 이승만 대통령을 방문하여 철도노동조합운동에 대한 탄압의 부당성과 노조운동의 자율성 보장을 요청하였다. 이승만은 1949년 8월 13일 공보처를 통해 '반공에 공이 큰 철도노동조합은 공무원법 공포에도 불구하고 해산되지 않으며 종전과 같이 계속할 수 있다.'는 담화를 발표하였다. 그러나 교통부와 현업조합은 대통령의 담화가 법률을 능가할 수 없다고 하면서, 조직활동의 정지와 조직의 명패를 철거하라는 지시에 계속 불응하였다. "이승만은 철도노동조합의 갈등이 존재하던 1949년 9월 18일, 철도개통 50주년 기념식에 참석하였다. 전진한과 주종필은 이승만을 면담하여 교통부가 대통령의 담화에 순응하지 않고 있다는 사실을 제기하였고, 이승만은 부운회관 앞에 걸려 있는 현업 조합의 간판을 가리키면서 철거를 지시했다."[52] 이승만이 법률을 위반하면서까지 현업 조합을 폐지시켰다. 그

---

51) 한국노동조합총연맹, 위의 책, 1979, 283-4쪽.

래서 철도노동조합연맹은 철도 공무원노동자들을 대표하는 조직으로 남게 되었다.

철도노동조합연맹이 이승만의 만수무강을 요청하거나 1960년 대통령 선거에 이승만을 추대한 것도 자연스러운 정치적 관계의 연장이었다. 철도노동조합연맹은 1957년 철도 공무원노동자들의 위험수당을 요청하는 진정서에서 이승만의 존체안녕과 만수무강을 빌었다. "국토통일과 국민의 부강을 하루속히 성취시키기 위하시와 주야로 고심하시는 대통령각하께옵서 존체안녕하심을 축복하나이다. 〈중략〉 항상 노동자를 사랑하여 주시는 각하께옵서는 위험작업을 수행하는 저희들 노동자의 애절한 심정을 널리 살피시어 노동의욕의 앙양과 아울러 빈곤한 생존에 도움이 되도록 하루속히 각별하신 선처가 있으시길 진신으로 대양하오며 끝으로 각하의 만수무강을 기원하나이다."[53] 철도노동조합연맹은 대통령의 선처에 매우 익숙한 조직이었다. 조직을 유지하고 확대하는 것 자체가 이승만의 덕택이었기 때문에, 철도노동조합연맹은 이승만과 정치적 군신관계를 맺고 있었던 것이다.

철도노동조합연맹의 정치적 군신관계는 이승만을 제4기 대통령으로 추대하는 취지문에도 잘 드러나 있다. "결의한 이유는 다시 말할 것도 없이 이승만 박사가 항상 이 나라 근로자들을 사랑하시여 우리들의 보다 나은 삶을 염려하시고 보살펴주실 뿐만 아니라 우리들이 어려운 일에 처했을 때마다 각별하신 분부와 정책으로 일을 타개하여 주셨기 때문이다. 〈중략〉 리박사께서는 오랫동안 해외에서 망명하시다가 해방과 더불어 환국 하시여 1945년 당시 공산 분자들에 의해 야기된 정치적 사상적 혼란을 초극 호적 독립촉성 중앙협의회를 비롯하여 국민적인 조직을 강화하고 조국의 진로와 민족의 태도를 뚜렷이 밝혔던 것이다."[54] 철도노동조합연맹은 이러한 취지문을 발표하고 난 이후, 이승만을 제4기 대통령으로 만들기 위해 전

52) 한국노동조합총연맹, 앞의 책, 1979, 357-358쪽.
53) 대한노총 철도노동조합연맹 위원장 대리 강태범, 전국철도노동조합, 「철로」, 〈단기 4290년 3월 25일〉
54) 전국철도노동조합, 「철로」, 단기4293(1960)년 1월 27일

국철도노동조합연맹 선거대책위원회를 구성하였다. "이제 정부통령 선거를 목첩에 두고 우리들 백만 근로자들이 추대한 우리들의 이익을 위해 누구보다 더 보살펴주시는 대통령에 이승만 박사 부통령의 이기붕 선생을 기필코 당선토록 우리들의 총력량을 기우리자."[55]

철도노동조합연맹의 지도부와 간부들은 정치적 배경과 돈으로 모든 것을 해결할 수 있는 자유당 정권의 노동귀족들이었다. 철도노동조합연맹은 대한노총과 함께 '부패정권의 기간단체' 혹은 '3·15부정선거의 전위대'라고 호명되기도 했다. 그래서 철도노동조합연맹 위원장은 이승만의 하야와 함께 했다. 정치적 군신관계가 종말을 고하게 된 것이다. 1960년 4월 26일, 이승만의 하야성명으로 자유당 독재정치가 종말을 고하게 되자, 철도노동조합연맹의 김주홍 위원장은 5월 3일 위원장직의 사의를 표명하였다. 1953년 6월 철도노동조합연맹의 위원장이 되고 난 이후 이승만과 함께 권력을 유지하다가 이승만과 함께 권력의 자리에서 내려왔다.

3) 북진통일과 철도노동조합

이승만과 정치적 군신관계를 맺는 것은 기본적으로 해방정국의 공산주의 운동을 타파하기 위한 정치활동 및 북한에 대한 정치적 관점과 연계되어 있었다. 이승만은 미 군정청과 함께 자유주의 국가를 수립하고 재건하는 차원에서 자신의 권력을 운용하였기 때문이고, 한국전쟁을 거치면서 국민들의 의식과 행동을 반공운동이나 멸공운동의 대열에 동원하였기 때문이다.

철도노동조합연맹은 노동조합의 강령에서도 반공을 채택한 상태였지만, 한국전쟁의 휴전조차 반대했다. 1953년 5월 28일 철도노동조합연맹은 전

55) 전국철도노동조합, "3만철로 조합원들이여 제4기 대통령에 이승만 박사와 부통령의 이기붕 선생을 받들자",「철로」, 단기4293년 2월 20일

국대의원대회에서 전쟁의 힘으로 북한을 진격하여 통일하자는 결의를 채택하였다. 결의한 내용은 "우리는 통일 없는 휴전을 결사반대하며 인류의 공적 공산주구타도에 전력을 다하자!"[56]는 것이었다. 물론 이 결의는 전쟁의 역량을 사회적으로 집결시켜 북한과의 전쟁을 잘 마무리하자는 의도도 포함되어 있었겠지만, 1948년 12월부터 공공연하게 표방했던 이승만의 북진통일론의 연장이라고 보아야 한다. 당시 이승만의 북진통일론은 헌법의 평화가치조차 무력화시키는 민족적 폭력이었는데도 불구하고, 철도노동조합연맹은 이승만의 반공사상을 추종하였다.

그런데 1960년 1월 27일 철도노동조합연맹 위원장인 한상규는 〈새해를 맞이한 일꾼들의 포부〉를 밝히면서, 다시 북진통일론을 제기하였다. "북진통일의 역군이 되자. 회고컨대 우리의 노동운동은 발족 당시에는 전평을 타도하기위한 조직이었으며, 공산당에 대항하는 기관으로써 정치적 필요에 의하여 조직되었든 감이 적지 않았었습니다. 그러나 노동운동 10년이란 경험을 통하여 오늘에 민족의 최대 과업인 멸공통일을 이룩하지는 못하였으나 과거의 동란 속에서도 굳건히 뭉치여서 국내 질서의 안정과 국토재건의 최고의 발족을 가져왔음은 진실한 노동자들의 눈부신 공적임을 부인할 수 없다."[57] 당시 철도노동조합연맹 위원장인 한상규의 개인적 생각이자 이승만을 향해 정치적 충성을 선언하는 것으로 평가할 수 있지만, 철도노동조합연맹은 이승만과 함께 멸공통일의 한 주체로 존재했던 것이다.

그래서 철도노동조합연맹은 자신의 상급조직인 대한노총의 성격도 정치적인 반공노동단체로 규정하였다. 1956년 7월 18일, 대한노총 사무총장 겸 철도노동조합연맹 부위원장이었던 이강연의 사망원인을 규명해야 한다는 취지의 성명서를 발표하였다. "고 이강연 동지는 해방 후 파괴분자 적색전평세력이 전국을 휩쓸고 있을 때에 대한노총 창설자의 한사람으로 최전선에서 싸웠으며, 대한민국 수립의 위대한 공로자요 이 나라 민주주

---

56) 전국철도노동조합, 철로」, 63-64쪽.
57) 전국철도노동조합, 철로」,단기 4293년 1월27일(1960년)

의 발전의 기틀이며, 한국의 유일한 반공노동단체인 대한노총의 사무총장으로서 가히 노동운동의 총 지휘자였던 것입니다."[58] 북한과 공산주의를 응징하는 것 자체가 국가의 형성 및 재건에 기여하는 노동운동의 정치적 공공성으로 간주되었다. 철도노동조합연맹이 반공궐기대회를 주체적으로 개최했던 것도 마찬가지였다.

철도노동조합연맹이 북한 및 일본을 규탄하기 위한 반공궐기대회를 주도하는 것도 정치적 군신관계의 연장이었다고 할 수 있다. 철도노동조합연맹은 1959년 6월 12일에 〈재일교포 북송반대 전국철도 공무원노동자대회〉를 개최하였다. 이 대회는 전국에서 처음으로 재일교포의 북한 송환을 반대하는 권리대회였다. 철도노동조합연맹은 대회에서 "북한괴뢰에 무조건 굴복한 일본의 친공정책을 규탄한다. UN은 친공 일본을 철저히 응징하라."[59]고 결의하였다. 제4기 대통령선거가 1960년 3월 15일로 예정되어 있는 시점에서, 철도노동조합연맹은 사회적으로 반공선거의 분위기를 만드는 주체로 존재하였다.

4. 맺음말

해방 이후, 미 군정청과 이승만 정부는 철도의 역할과 기능을 국가재건에서 찾았고, 조선공산당과 전평은 철도 공무원노동자들의 힘을 새로운 국가의 형성으로 집중시켰다. 그런데 철도산업은 식민지시기뿐만 아니라 해방 이후에 국가재건을 위해 국가기간산업으로서의 역할을 담당하였고, 철도 공무원노동자들도 이러한 역할을 수행하는 주체로 존재하였다.

해방정국에서는 철도노동조합이 철도 공무원노동자들을 대표하였고, 한국전쟁이 휴전하고 난 이후에는 철도노동조합연맹이 철도 공무원노동자

---

58) 전국철도노동조합, 「철로」, 단기 4288년 9월 1일, 80-81쪽.
59) 전국철도노동조합, 한포 강송 반대 전국철도 공무원노동자 궐기 대회 , 「철로」, 단기 4292년 6월 12일.

들을 대표하였다. 물론 해방정국에서는 철도노동조합과 철도노동조합연맹의 전신인 운수부연맹이 철도 공무원노동자들을 조직하기 위해 서로 경쟁하거나 갈등하기도 했다.

그러나 철도 공무원노동자들은 이념적 정체성보다 생활적 정체성에 조응하는 의식과 활동의 주체들이었다. 철도 공무원노동자들은 사회적이고 정치적인 힘의 관계에 따라 노동조합의 정체성을 변화시켰던 것이다. 철도노동조합연맹은 한국전쟁 이후에 이승만 정권과 정치적 군신관계를 더욱 강화시키면서 조합원들의 이해를 관철시키려 하였다. 주요 수단은 이승만의 개인적인 권력에 의존하는 경향성이었고, 반공에 기초하는 국가를 재건하는 전략이었다.

제3절. 철도산업의 구조개편과 철도 공무원노동자

1. 들어가는 말

박정희 체제는 제2차 경제개발계획(1967년-1971년)을 추진하는 첫 해인 1967년 4월 1일 관세무역일반협정(GATT)체제의 회원국가로 정식 가입하였고, GATT의 주요 요구사항이었던 국제무역의 확대를 위한 관세제도의 변화와 세계 자유시장 경제체제에 능동적으로 편입하였다. 이 과정에서 조선공사, 인천중공업, 대한항공 등이 민영화되었고, 다른 공공적 산업의 구조조정도 추진되었다. 철도산업도 그 대상이었다. 철도산업의 기술력과 자본의 규모가 발전함에 따라 운영구조의 개편이 이루어졌다.

철도산업은 1960년대 경제개발계획과 함께 한국의 산업구조를 변화시켜 나가는 동력이었다. 2차 산업 및 3차 산업의 비중이 높아지기 시작했고, 철도산업의 구조도 이러한 산업의 구조에 조응하는 차원에서 개편되었다. 철도 공무원노동자들도 구조개편정책의 영향을 받지 않을 수 없었다. 철도 공무원노동자들은 1950년대 1차 산업의 비중이 높았던 산업구조에서 자신의 생활세계를 안정적으로 유지할 수 있었다. 그런데 철도 공무원노동자들의 생활세계도 산업구조의 변화와 함께 변화되었다. 철도 공무원노동자들은 인력문제를 중심으로 하는 철도산업의 구조개편정책으로 생활세계의 위기상황을 맞이하였던 것이다. 철도산업의 구조개편은 고용정체정책, 저임금정책, 인력감축정책, 그리고 비정규직 확대정책으로 구체화되었다.

물론 철도 공무원노동자들도 구조개편정책에 조응하는 수준에서 자신의 생활세계를 변화시키면서 생존하였지만, 그 과정은 철도 공무원노동자들에게 노동현장의 억압적이고 순응적인 노동관계를 강요하는 것이었다. 철도노동조합도 그러한 노동관계를 형성하고 유지하는데 큰 역할을 담당하였다. 철도 공무원노동자들은 정부와 철도노동조합을 상대로 노동자 정체성보다 공무원 정체성에 조응하는 의식과 행동의 주체로 존재하였다.

역사적으로 정치적 공공권력은 전체 산업 및 철도산업의 구조가 변화될 경우, 특히 철도산업의 기술력이 발달할 경우에 조응하는 개편정책을 인력문제와 효율성문제에 집중하는 비용감축전략으로 구사하려 한다. 그러나 양질의 공공서비스재화는 비용의 문제를 넘어서 국민들에게 '삶의 질'을 높여 나가는 초석이다. 철도 공무원노동자들도 국민의 한 주체라는 점을 고려한다면, 철도산업의 구조개편에 대한 전략적 가치를 전환시킬 필요가 있다. 철도산업의 구조개편과 관련된 역사적 사례들은 그러한 전략적 가치의 디딤돌로 작용할 수 있다.

2. 1950년대 철도산업 구조개편과 철도 공무원노동자
1) 공공적 주체로서의 철도

한국전쟁이 끝난 직후, 한국은 미국의 원조에 의존하면서 국가를 재건해야만 하는 상황에 처해 있었다. 이승만 정권은 전쟁으로 인한 피해를 복구하고, 제조업 및 사회간접자본을 발전시키는 정책을 추진하기로 하였다. 2차 산업의 비중이 7.2%에 불과했던 산업구조가 한국전쟁의 폐허를 재건한다는 국가재건전략으로 변화되기 시작했다. 그러나 대규모 자본이 형성되지 못하고 있었던 상황이었기 때문에, 국가재건의 역할을 철도나 전력과 같은 공공부문이 담당해야만 했다.

철도산업도 1950년대 산업구조의 재편과정에서 공공적 주체로서의 역할을 수행하였다. 1950년대 농·어업을 중심으로 하는 사회체제에서 자본가 계급이 형성되기 시작하고 또한 이농현상이 강화되는 과정에서, 철도산업은 이농하는 노동력을 흡수하고 자본의 형성에 필요한 물류수송의 역할을 강화하였다. 아래의 〈표7〉은 1950년대의 산업구조를 산업유형에 따라 분류한 것이다.

〈표7〉 1950년대 산업구조 추이[60]

	1953	1954	1955	1956	1957	1958
1차산업	47.1	48	46.7	43.8	44.4	44.8
(농업)	45.6	46.7	45.5	42.1	42.5	43.1
2차산업	7.2	7.6	8.7	10.1	10.3	10.6
(제조업)	6.1	6.8	7.9	9.3	9.3	9.7
3차산업	45.7	44.4	44.6	46.1	45.3	44.6
(사회간접자본 및 건설업)	3.5	4.1	4.2	4.7	5	5.1

※참조 : 대 GNP비율
※자료 : 한국은행, 「한국의 국민소득」, 1973, p. 120

위의 〈표7〉에서 확인할 수 있듯이, 한국전쟁이 종료되고 난 이후 1958년까지, 1차 산업은 평균 45.8%, 2차 산업은 평균 9.08%, 그리고 3차 산업은 평균 45.11%였다. 전형적인 농업 중심의 산업구조였던 것이다. 그런데 1953년부터 1차 산업 및 농업의 비중이 점진적으로 축소되었다. 농업의 비중이 1953년 45.6%에서 1958년에 43.1%로 축소된 것이다. 하지만 제조업은 1953년의 6.1%에서 1958년에 9.7%로 상승하였고, 사회간접자본은 1953년의 3.5%에서 1958년에 5.1%로 상승하였다.

산업구조는 6년 동안 급격하게 변화되지는 않았지만, 1차 산업의 비중이 약해지는 대신에 2차 산업의 비중은 높아지는 경향을 보이기 시작했다. 특히 사회간접자본 및 건설업의 비중도 점차 높아지고 있었는데, 이는 공공자본 및 대자본의 점진적 형성을 의미하는 것이다. 그렇지만 자본가 계급이나 노동자계급의 형성이 초기단계에 머물러 있었기 때문에, 사회구성원들이 제2차 산업의 노동자로 진입하기가 쉽지 않았다.

1955년 당시 한국사회의 계급구성을 살펴보면, "농어민층이 67.9%, 단순

---

60) 김대환, 「1950년대의 한국경제의 연구」, 진덕규 외, 『1950년대의 인식』, 한길사, 1981, 173쪽.

사무원 0.8%, 단순판매원 0.5%, 서비스노동자 0.9%, 산업 노동자 4.7%, 주변적 무산자층(개인서비스 노무자, 가사고용인, 실업자) 12.9%, 그리고 나머지가 자본가계급(0.3%)·신중간층(3.9%)·비농자영업자층(7.2%)이었다."[61] 1955년에 비해 1960년에는 비농자영업자층의 비중이 7.2%에서 10.3%로, 산업 노동자계급의 비중이 7.8%에서 10.3%로 증가한 것이다. 1955년에 농어민층의 비중이 67.9%였지만, 1960년에는 64.1%였다. 농민들이 도시로 이농하기 시작하였고, 도시의 비농자영업자나 산업노동자로 흡수되기 시작하였다.

물론 이승만 정부는 산업구조의 재편 및 공공자본의 형성과 직·간접적으로 연관이 되는 양곡관리정책과 농업조세정책을 추진하였다. 정부는 1950년대 초반에 양곡관리법과 임시토지수득세법을 제정하여 직접조세 수입의 56.8%를 임시토지수득세금으로 확보하였고, 미곡 총생산량의 1/3을 평균시장가격으로 강제수매하게 하여 물가상승을 억제하였다. 공제욱은 이 두 가지의 정책이 이농현상을 가속화시켰다고 강조하였다.[62] 정부는 산업화 과정에서 요구되는 노동력의 공급기반과 재화의 소비기반을 형성하기 시작하였다.

그렇지만 공공영역은 산업화의 기반이 약할 경우에 공공적 역할을 보다 강화하지 않을 수 없다. 고흐(Gough, I)는 공공부문의 역할과 기능을 사회적 비용이 증가해야만 하는 이유에서 찾고 있다. 공공부분은 "① 사회적 서비스를 공급하는 비용의 증가 ②국가에 의존해야만 할 인구(dependent population)의 증가 ③생산력의 변화에 따른 양질의 서비스(New and Improved Services)재화의 증가 ④실업이나 빈곤에 따른 사회적 필요의 증가"[63] 등의 사회적 현상에 주체적으로 대응해야 한다는 것이었다. 1950년대의 핵심적인 공공주체는 바로 철도였다. 철도산업이 식민지

---

61) 공제욱, 「1950년대 한국사회 계급구성」, 『경제와 사회』, 제3호, 1989, 42쪽.
62) 공제욱, 위의 논문, 42쪽.
63) Gough, I., The Political Economy of the Welfare State, Basingstoke : Macmillan, 1979, pp.33-34

시기부터 국가건설 및 국가재건의 중심이었고, 소위 산업발전의 대동맥이었다는 점을 고려하면, 정부도 한국전쟁 이후 실업문제의 해결 및 공공적 교통서비스 재화의 강화를 추구하지 않을 수 없었다.

철도산업은 공공적 주체로서 실업문제의 해결과 산업기반의 구축이라는 공공적 역할을 감당할 수 있었다. 먼저, 철도는 한국전쟁 이후 철도의 인력을 감원하지 않으면서 사회적 실업이나 빈곤을 막는 역할을 담당하였다. 인력을 감원하지 않는 정책은 철도노동조합연맹과 이승만 간의 정치적 군신관계, 즉 정치적 공공성의 성격을 내포하고 있었지만, 1950년대 철도 공무원노동자들은 실업자로 전락하지 않은 상태에서 상대적으로 안정적인 생활세계를 유지할 수 있었다. 철도는 1960년대 이전, 특히 한국전쟁이 끝난 1953년에서 1959년 사이에 대도시 사회구성원들에게 상대적일지라도 호구지책의 수단을 안정적으로 보장한 기관은 공공부문이었기 때문이다. 철도산업에 종사하는 것 자체가 사회적 보증수표였다. 1950년대 술집에서는 철도의 작업복만을 믿고 술을 외상으로 주는 것이 보편적이었고, 다른 생활필수품들을 구입하는데도 역시 마찬가지였다. 인터뷰에서 확인할 수 있는 것은 "대부분 중매로 결혼하였지만, 여러 번 선을 본 경우가 거의 없고, 결혼한 여성들의 집안조건도 그리 나쁘지 않다는 사실"(유병화, 2003.2.16.)이었다. 따라서 공식적 자격을 갖추어 철도에 입사한 노동자이든 자격을 갖추지 않은 상태에서 입사한 노동자이든 혹은 가난을 극복하기 위해 도시로 이농했던 빈민들이든지 철도에 입사하여, 사실상 노무에 종사하는 공공기관 노동자로서의 공직생활을 누리고자 했다.

다음으로는 국가재건 및 산업물류의 수송이라는 역할을 담당하면서 산업화의 토대를 구축하였다. 남한의 철도산업은 한국전쟁으로 막대한 피해를 보았지만, 오히려 그러한 피해를 복구하면서 공공철도의 사회적 역할을 담당하였다. 철도는 1953년 한국전쟁 이후 피해를 본 철도를 복구하는 정책만으로도 경제 활성화의 토대였던 것이다. 한국전쟁의 피해상황을 구체적으로 정리하면, 다음의 〈표8〉과 같다.

〈표8〉철도 피해 상황[64]

대상	피해량(율)		대상	피해량(율)	
터널	4,935m	6%	교량	9,351m	12%
궤도	329,480m	7.50%	노반	100,000m	3%
신호 및 보안장치		20%	급수시설	26개소	25%
급탄 설비	38개소	40%	전신전화시설		50%
전기신호장비		56%	전력설비		56%
역 건물	131,471㎡	41%	자재		80%
공장설비		27%	객차		50%
기관차		51%	화차		34%
합계	527,935	152,192	152,192	375,743	71.17

기관차·객차·화차가 평균 45%의 손실을 입었다. 기관차·객차·화차는 자본 및 공업부문의 생산으로 해결해야 할 부분이었다. 이 외에 각종의 시설이나 자재부분도 공업부문에서 해결하지 않으면 안되는 영역이었다. 철도는 노동인력으로 복구할 수밖에 없는 부분, 예를 들면, 터널, 역 건물, 교량, 노반 등은 철도의 인력으로 복구하였지만, 각종의 시설부분에 대한 복구정책으로 공업부문의 활성화에 기여하지 않을 수 없었다.

2) 인력감축정책과 철도노동조합연맹

1950년대 철도 공무원노동자는 약 3만 여 명 정도 고용되어 있었다. 1948년 8월 현재, 남한의 철도 공무원노동자가 약 56000여 명이었던 점과 비교해 본다면, 해방정국과 한국전쟁을 거치면서 약 26,000여 명의 철도 공무원노동자들이 직장을 떠났다. 그런데 철도는 한국전쟁 이후 1959년까지 철도 공무원노동자의 수를 거의 비슷하게 유지하였다.
많은 사람들은 이러한 인력구조에 대해 과잉고용의 상태였다고 하지만,

64) 철도청, 『한국철도100년사』, 1999, 357쪽

이것은 공공부문의 역할과 기능에 대한 인식의 부재에서 비롯된 것으로 보아야 한다. 철도 공무원노동자들은 공무원법의 적용을 받는 공무원으로서의 역할을 담당할 주체였지, 민간자본의 영역처럼 고용조건의 변화에 따라 쉽게 해고할 수 있는 대상이 아니었다. 또한 철도 공무원노동자들의 업무를 한국전쟁 이전과 이후를 단절시켜 판단하는 시각이 변화되어야 하고, 철도를 복구하는 작업도 당시에 고용되어 있었던 철도 공무원노동자보다 더 필요할 수 있었다는 관점의 수립을 요구한다. 단지 철도복구자금이 없거나 미약해서 철도 공무원노동자들의 인력을 가동시키기 어려웠던 것으로 판단할 필요가 있다.

하지만 이승만 정부는 철도 및 공공부문의 고용상태를 과잉고용으로 파악하고 있었다. 1953년 8월 이승만 정부는 행정기구의 축소 및 정부예산의 부족을 내세우면서 철도공무원을 비롯한 전체 공무원의 25%를 감원하기로 결정한 것이다. 철도노동조합연맹 중앙집행위원회는 감원반대대책위원회를 구성하여 반대운동을 전개하였고, 25%의 감원이 아닌 행정직 중심의 10% 정도로 감원하는 성과를 올렸다.[65] 그런데 이승만 정부는 이후에도 철도 공무원노동자들의 감원을 지속적으로 시도하였다. 1956년 10월 이승만 정부는 정부기구의 개편에 맞추어 공무원을 감원하려 하였고, 철도노동조합연맹도 〈철도현업감원반대투쟁위원회〉를 구성하여 다각적인 반대투쟁을 전개하였다. 철도노동조합연맹은 실업자의 문제를 공공철도가 나서서 해결해야 한다는 입장을 제시하였다. 철도노동조합연맹의 감원반대투쟁은 비록 성명서를 발표하고 이승만에게 청원하는 수준이었지만, "실업문제를 해결해야 할 정부가 오히려 실업자를 양성하려는 정책에 대해 전면적으로 비판하는 기조를 내세웠다."[66] 이러한 청원투쟁은 철도현업원의 감원이 거의 이루어지지 않은 상태에서 마무리되었다. 철도노동조합연맹은 교통부의 정책을 수용하더라도 그저 시늉만 하는 수준에 머

---

65) 전국철도노동조합, 철로50년사, 65쪽
66) 전국철도노동조합, 철로50년사, 84쪽

물렀기 때문에, 철도 공무원노동자들이 1959년까지 3만 명 정도 고용될 수 있었던 것이다.

그러나 1950년대 말부터 철도산업의 새로운 운영체제 및 디젤기관차 등의 도입으로 과잉고용의 모순이 가중되기 시작하였다. 1950년대를 통틀어 가장 심각한 고용 위협은 1950년대 후반 증기기관차가 디젤기관차로 대체되기 시작하는 과정에서 발생한 감원파동이었다. 정부는 1958년 9월 디젤기관차 도입을 이유로 10월말까지 2,056명의 감원을 실시하겠다고 공표하였다. 증기기관차는 기관사, 기관조사, 화부, 화부조역 등 5~6명의 인력으로 운행해야 하지만, 디젤기관차는 2명의 승무원만을 필요로 하였기 때문이다. 이에 대해 철도노동조합연맹은 다양한 방식(진정, 청원, 엄포, 쟁의위협)으로 반대투쟁을 전개했지만, 정부는 기존 방침대로 감원을 단행하였다. 다만 구체적인 실시에 있어서는 철도노동조합연맹의 요구를 받아들여서, 현장직 6%, 관리직 15%의 비율로 감원하고,[67] 국·창별 동일비율에 의한 감원을 실시하는 것으로 합의되었다. 정부의 인원감원정책은 결과적으로 1,090명을 감원하는 것으로 종결되었다.[68] 하지만 철도노동조합연맹은 감원정책에 대한 반대투쟁으로 감축하려 했던 인원의 47%의 고용을 유지시킬 수 있었다.

3. 1960년대 이후 철도산업과 철도 공무원노동자
1) 고용정체와 철도 공무원노동자

철도산업의 노동자는 1953년 이후 1966년까지 약 30,000명 내외로 유지되다가, 1970년부터 1985년 사이에 약 34,000명 내외로 유지되었다. 철도산업이 국가기간산업으로서의 역할과 기능을 고려한다면, 철도 공무원노동

---

67) 현장직 600명 대 관리직 1,500명의 오식일 가능성이 높다.
68) 전국철도노동조합,, 『철도50년사』, 1958년 9월~10월.

자의 수가 정체되어 왔다고 해도 무리가 아니다. 아래의 〈표9〉은 1963년부터 1998년까지의 철도 공무원노동자 현황을 직종별로 분류한 것이다.

〈표9〉 1963년 이후 남한 철도 공무원노동자 수의 변화[69]

구분 / 년도	정무직	별정직	일반직	기능직	고용직 특정직	계
1963		7	12,523	11,637	2,051	26,218
1966		6	10,634	15,797	4,346	30,783
1970		9	13,209	16,855	5,410	35,483
1975		9	3,648	29,195	661	33,513
1980		33	6,049	28,846	958	33,886
1985	1	37	16,871	25,805	1,744	34,458
1992	1	22	7,017	29,357		36,397
1998.12.31	1	22	7,536	25,711		33,270

※참조 : 1999년 이후 추진된 구조조정의 과정에서 약 7000명 이상의 철도 공무원노동자가 정리해고되었다.

〈표9〉에서 확인할 수 있듯이, 1950년 12월 당시 29,652명이었던 철도산업의 노동자가 1963년에 오히려 26,218명으로 축소되었고, 1966년에 이르러서야 30,783명으로 증가하였다. 1962년 경제개발 5개년 정책이 추진되면서 철도산업도 많은 고용을 창출하였지만, 실질적으로는 16년 만에 1,131명이 증가한 것에 불과하다. 1998년 12월 31일 당시 철도 노동자는 33,270명이었는데, 1950년 12월 31일 당시에 비해 3,618명이 증가하였다. 경제개발 5개년 정책이 추진되었을지라도, 철도산업의 고용은 크게 증가하지 않았다. 이러한 현상의 원인은 두 가지로 볼 수 있다. 첫째로는 이미 1960년대 이전에 철도의 주요 기간망이 구축되어 신규사업보다는 기존의 노선 자체를 개발하거나 보수하는 사업에 주력하면서 나타난 현상이다. 1970년대에 들어서서 수도권을 중심으로 전동차 사업이 추진되면서 기능직의 신규 인력이 급격하게 증가되었지만, 그 이후에는 인력을 축소시켰다. 새로운 철도노선을 개발하기보다는 기존의 노선을 복선화하거나 시설을 보수, 교체

---

69) 철도청, 『한국철도100년사』, 1999, 623쪽

하는데 필요한 인력만이 필요했던 것이다. 특히 1970년대 고속도로 증설 사업이 추진되면서 철도산업이 사양산업으로 내리막길을 걷게 된 것도 주요 이유이다. 단지 1976년부터 1980년까지는 기획관리관 담당 업무에 영업개발 업무 및 기술담당 업무, 추가 잡급 직원 양성화 등으로 373명이 증원되었다. 철도를 이용하던 물류가 고속도로를 이용하기 시작한 것이다. 그러나 1980년 이후 고속전철사업이나 고속철도사업과 같은 신규 사업이 등장하면서 인력이 증가하였다. 1981년부터 1985년까지 고속전철사업기획단 실무 인력의 증원, 철도청 운수국에 전철운영과의 신설, 서울지방청에 전기차과의 신설, 서울차량정비창에 전기차보강, 공사감독요원, 승무원, 차량보수원, 과의 신설인력 등으로 572명이 증원되었다.

둘째로는 디젤기관차가 도입되어 증기기관차가 축소되거나 정보화와 같은 철도운영의 기술력이 발전하면서 나타난 현상이다. 석탄을 투입해야 하는 승무인력이나 신호관리 등의 역무 인력을 증가할 필요성이 축소된 것이다. 1963년 이후에 철도산업의 일반직 노동자가 축소된 반면 기능직 노동자는 급속하게 증가한 원인이기도 하다. 1963년에 11,637명이었던 기능직 노동자가 1992년에는 29,357명으로 증가하였고, 당시 36,397명의 철도 노동자의 80.65%가 기능직이었다. 1980년 기능직 노동자의 수는 1970년의 기능직 노동자 수에 비해 11,991명이 증가한 것이다. 그러나 철도산업의 전체 노동자의 수는 1,597명이나 줄어들었는데, 이는 일반직 노동자의 수가 7,160명 축소되었기 때문에 나타난 현상이고, 자연적으로 감소되는 인력보다 오히려 적게 충원할 수밖에 없었던 철도청의 인력정책의 결과였다.

그리하여 철도산업은 1960년대 이후 1980년 이전까지 새롭게 고용을 창출하지 못하고, 단지 기능직 인력만을 흡수하였다. 산업예비군에게는 경제개발정책의 추진 과정에서 여타 산업으로 진출할 기회가 부여되었고, 철도산업 역시 산업예비군들을 유인할만한 임금조건을 제시하지 못하였기 때문이다.

2) 저임금과 철도 공무원노동자

식민지시기와 1950년대 철도 공무원노동자들은 물적 조건이 상대적으로 윤택한 상황에서 생활세계를 유지할 수 있었다. 철도 공무원노동자들의 임금은 기본급·직종별 수당·특근수당으로 구성되어 수당의 비율이 매우 높았지만, 1950년대 중반 철도 공무원노동자들의 월 평균임금은 20,000원 내외였다. 1950년대에는 국가의 재정상태가 극히 열악하여 공무원조차도 제때에 임금을 받지 못하는 경우가 허다하였지만, 그럼에도 불구하고 철도 공무원노동자들은 다른 공무원들에 비하여 임금체불이 심각하지 않았으며, 무엇보다도 양곡배급제의 혜택을 받고 있었다. 대규모 사적 자본 및 제조업의 발달이 미약한 상태에서, 철도 공무원노동자들의 노동조건은 여타 산업의 노동자들보다 상대적으로 나은 조건이었다. 철도산업에 종사한다는 것은 그 당사자만이 아니라 그에 속한 가구원들의 생존이 보장된다는 것을 의미했다.

그런데 1960년–70대 경제개발정책과 더불어 산업구조가 변화되기 시작했다. 대규모 사적 자본과 제조업이 성장하기 시작하였다. 이는 곧 공공부문 노동자들의 노동조건보다 상대적으로 나은 노동조건에서 일하는 노동자들이 늘어나는 과정이기도 했고, 정부가 경제개발계획에 조응하는 산업화 정책에 집중하는 과정이었다. 정부는 산업화정책에 조응할 수 있는 철도기반시설이 갖추어져 있다고 판단하였기 때문에, 철도가 아닌 다른 교통시설을 개발하거 확장하는 정책에 집중하였다. 철도 공무원노동자들은 이러한 이중적 딜레마의 구조에서 노동조건이 점점 열악해지는 상황을 견뎌야만 했었다.

1970년대 중반 철도 공무원노동자들의 월 평균임금은 여타 산업의 월 평균임금보다 낮아졌다. 아래의 〈표10〉은 1975년 철도산업과 여타 산업의 월 평균임금을 비교하기 위해 만들었다.

〈표10〉 1975년 주요 산업별 월 평균 임금

	생산직 노동자	철도산업	의류산업(반도상사)	전자산업(한국마벨)
월평균 임금	25,494원	20,000원	28,420원	24,000원
비고	전국 평균	5-7년 근속자 기준	일당 1015원에 28일 노동을 기준	6년 근속자 기준

※자료 : 노동통계연감;허상수, 1970년대 전자산업의 도입과 노동자의 적응-다국적 기업을 중심으로, 한국산업사회학회, 2003, 9, 294쪽;김귀옥, 1960, 70년대 의류봉제업 노동자 형성과정-반도 상사 부평공자의 사례를 중심으로, 한국산업사회학회, 2003, 9, 321쪽.

〈표10〉에서 알 수 있듯이, 철도산업 노동자들의 월 평균임금은 1950년대 중반 수준인 월 평균 20,000원에 머물러 있었다. 반면에 여타 산업의 월 평균임금이 철도산업의 월 평균임금을 추월하였다. 생산직 노동자들의 월 평균임금이 약 25,000원 이상이 된 것이다. 그리고 의류산업에 종사하는 노동자들은 월 평균 28,000원 이상의 임금을 받았다. 월 평균임금으로 비교한다면, 철도 공무원노동자들과 여타 노동자들 간의 물적 조건이 뒤바뀌었다. 철도 공무원노동자들은 1950년까지만 하더라도 여타 산업의 노동자들에 비해 보다 많은 임금을 받으면서, 생활세계를 유지하는데 필요한 물적 조건을 보다 충분하게 확보할 수 있었다. 하지만 1960년대 이후에는 그렇지 못하게 된 것이다. 이러한 조건은 철도 공무원노동자들에게 상대적인 박탈감을 고조시키는 주요 원인으로 작용하였다.

철도기관사들은 4.19혁명 이후 5.16군부쿠데타 이전까지 세 번의 투쟁을 전개하였다. 그것은 열차안전운전 준법투쟁을 전개하면서 '구속기관사 석방 및 사고 시 승무원의 신분보장'을 요구하였고, 1961년 1월 6일 연가보상금의 지급을 요구하는 투쟁, 그리고 1월 27일 임금인상투쟁이었다. 그러나 1961년 5월 16일 군부쿠데타 이후 한국철도기관차노동조합은 해체되지만, 기관차승무원들을 중심으로 한 '한국철도기관차노조'가 1961년 1월 27일 통신파업투쟁으로 30%의 임금을 인상시켰다. 그것은 워낙 낮게 책정되어 있는 기본급을 인상시킨 것에 불과했다. 이러한 현상이 나타난 주요 원인은 타산업의 임금은 생산성에 비례하여 임금이 상승할 수 있었던 반면,

철도산업은 국가예산과 연계된 공무원 임금인상비율에 따라 임금을 인상할 수밖에 없었기 때문이다. 따라서 철도청은 공직사회라는 신분상의 안정성과 노동력의 형성에 필요한 비용의 지불능력을 활용하여 최소한의 인력만을 충원할 수밖에 없었다. 1973년부터 공개채용의 방식으로 모든 직종의 노동자들을 선발한 것도 이러한 인력정책의 일환이었다.

4. 결론

철도산업은 1948년 정부 수립 이후 지속적으로 구조개편을 추진하였다. 그러한 정책의 주요 목표는 철도산업을 전체 산업구조에 조응하는 차원으로 재편하는 것이었다. 철도 공무원노동자들은 이 과정에서 자신의 노동관계를 변화시켜야만 했다. 철도산업 구조개편정책들은 철도 공무원노동자들의 고용문제, 임금문제, 그리고 기타의 복지문제에 영향을 끼쳤다.

철도 공무원노동자들은 1960년대 이후의 산업화 과정에서 고용과 임금이 정체되는 상황에서 쉽게 벗어날 수 없었다. 정부는 철도의 노동현장을 과잉고용이라는 관점에서 인력을 충분하게 공급하지 않았고, 또한 공무원 및 공공부문의 연장에서 철도 공무원노동자들에게도 저임금정책을 지속하였다. 철도 공무원노동자들은 노동강도가 강화되는 노동관계를 유지함과 동시에 생활세계의 위기상황이라는 생활관계를 유지해야만 했다.

그렇지만 철도 공무원노동자들은 자신의 노동이 내포하고 있는 공공성, 즉 산업화의 발전에 기여하면서 국민들에게 공공적 교통서비스를 제공하고 있다는 존재감으로 그러한 어려움들을 극복할 수 있었다. 철도산업의 공공성이 철도 공무원노동자들의 생활세계와 노동 속에 깊숙하게 투영되어 있었던 것이다.

제3장

철도 공무원노동자의
형성과 공공성

제1절. 철도산업의 사회적 공공성과 철도 공무원노동자

1. 문제제기
2. 식민지 공공성과 철도 공무원노동자
3. 근대 국민국가의 공공성과 철도 공무원노동자
4. 철도산업의 공공성과 그 성격
5. 결 론

제2절. 철도 공무원노동자의 공공적 양성과 생활세계

1. 문제제기
2. 공공적 양성기관과 철도 공무원노동자
3. 철도 공무원노동자의 노동현장 진입과 생활세계
4. 노동현장의 인력관리와 철도 공무원노동자
5. 맺음말

제1절. 철도산업의 사회적 공공성과 철도 공무원노동자

1. 문제제기

공공성의 대상이나 영역도 너무나 다양하다. 중앙·주·지방 정부가 소유한 각종 기관의 공공성, 사회공공성, 의료공공성, 교육공공성, 환경공공성, 에너지공공성, 복지공공성, 정치공공성, 경제공공성 등이다. 각각의 사회적 영역에 존재하는 공공재화의 성격도 동일하지 않을 뿐만 아니라 수시로 변한다. 공적자본만이 아니라 사적자본도 사회적 영역에 공공재화를 공급하기도 하고, 공공재화가 사적재화로 탈바꿈하기도 한다. 공공재화로서의 성격을 유지하다가도 소유 및 지배구조에 따라 그 성격을 바꾸기도 하는 것이다. 또한 공적인 소유 및 지배구조가 사적으로 변하더라도 재화의 공공적 성격이 지속되기도 한다. 국민들이 일상생활에 필수적인 재화의 성격상 공공성을 유지해야만 하는 경우도 있다. 재화의 생산과정은 공공재화로서의 성격을 상실하였지만, 그 재화는 공공재화로서의 성격을 유지하면서 소비될 수 있다. 이러한 현상의 정반대 관계가 성립하기도 한다. '공공성'이 사회적으로 보편화된 담론이라 할지라도, 공공성의 의미를 과학적이고 객관적으로 규명하기 어려운 요인인 것이다.

이러한 공공성의 필요성을 제기하는 담론도 마찬가지이다. 자본주의 국가

---

70) 이 글에서는 생산수단의 '사회화' 문제를 논의하지 않는다. 사회화는 공공부문만을 대상으로 하는 담론만이 아니라 독점 자본주의 사회체제의 총체적인 생산영역을 대상으로 하는 담론으로 간주하고 있기 때문이다. "자본주의 생산의 사회화가 보편화된 상태에서 거대 독점기업의 공적 소유로의 전환, 사회적 조절기능을 강화시키기 위한 국가의 민주화, 사회적 기업들을 사회적으로 관리하는 시스템의 강화 등을 추구한다. 사회화를 주장하는 사람들은 사회화라는 담론이야말로 현대 자본주의 체제에서 발생하는 계급투쟁의 접점이라고 강조한다." 김성구 편, 『사회화와 공공부문의 정치경제학』, 문화과학사, 2003.

의 계급성을 부인하는 가치중립적 공공성, 각 영역의 공공성을 총체적으로 구성하고자 하는 '사회공공성', 또한 자본주의 사회체제에서 생산력의 사회화에 조응하여 생산수단의 소유구조와 운영구조를 변화시키고자 하는 '사회화'[70) 담론 등이 제시되기도 한다.

철도산업의 경우도 마찬가지이다. 철도는 역사적으로 건설과 운영이라는 측면에서 공공성을 보유하고 있는 대표적 산업이다. 철도가 일제 식민지 시기에 부설되고 운영되었다는 점을 고려하면, 식민지 공공성의 대표적인 사례는 철도산업이다. 조선의 발전 및 한국 자본주의의 시원적 토대를 구축하고 발전시켜 왔다고 주장하는 식민지발전론[71)과 연계되지 않을 수 없다. 일제 식민지 권력과 자본은 조선인들을 시공간적으로 지배하면서 제국주의적 착취의 수단들을 발전시켰고, 그 중심에 철도산업이 존재한다. 그래서 철도산업을 둘러싼 공공성은 식민지시기의 공공성에 대한 논의부터 근대적 국민국가를 수립하고 난 이후의 공공성 논의를 역사적으로 검토하면서 제기될 필요가 있다.

2. 식민지 공공성과 철도 공무원노동자

일제 식민지는 주권을 상실한 조선의 시공간을 일본 제국주의의 권력과 자본이 지배하던 시기이다. 조선의 산업은 이 시기에 급속하게 형성·발전하였고, 사회체제의 운영과 관리에 필요한 다양한 공공제도들도 이 시기에 새롭게 구축되었다. 그래서 식민지 공공성에 대한 논의는 이 시기에 변

---

71) 2000년 이후, 식민지시기의 한국경제성장의 실증적 사실들은 식민지발전론의 논거, 즉 식민지 개발을 추진한 일제 총독부 권력을 경제성장의 추동력으로 주목하면서 식민지 발전의 다양한 근거로 활용되었다. 식민지시기의 권력과 자본은 사회간접시설을 건설하고, 근대적 제도를 도입함으로써 식민지를 개발했고, 조선인들도 일제의 개발에 자극을 받아 근대적 기술과 제도를 적극 수용하였다. 한국은 그 결과 근대적 역량을 축적하여 주체적으로 자기 성장을 도모했다. 그리고 식민지 시기의 개발경험과 성과들은 1960-70년대 경제발전의 역사적 기반이 되었다. 정연태, 『한국 근대와 식민지 근대화 논쟁』, 푸른역사, 2011, 22-52쪽 참조.

화된 다양한 시공간의 변화현상을 어떻게 인식하고 평가하느냐의 문제이기도 하다. "식민지기의 공공성 영역을 사회적 실체로 간주하면서 전개되는 이론적 논쟁의 지점은 식민지기에 공공성이 실재했다는 실재론과 그것은 단지 환상에 지나지 않는다는 환상론, 그리고 식민지기에 '공' 개념이 확산되었을 뿐만 아니라 이를 통하여 공공영역이 형성·재구성되었다는 논의도 제기되었다."[72]

조선이라는 전근대적 국가나 조선 사람들의 입장에서 서면, 식민지 권력이나 자본이 어떤 정책을 수립하고 집행하였다 하더라도, 공공적인 권력이나 재화를 논의하는 것 자체가 많은 오해를 불러일으킬 수 있다. "식민지를 보는 전통적인 입장에 서면, 식민지 공공성은 논의할 가치조차 없는 것으로 타매된다. 식민지기의 '공'을 둘러싼 논의는 국가에 대한 무조건적인 충성과 헌신을 '공적인 것'으로 미화하려는 정치적 의도 또는 사적 영역을 이른바 공공성을 명분으로 국가영역으로 포섭하려는 의도가 개입된 이데올로기적 언설에 지나지 않는 것이 된다."[73] 그래서 윤해동은 식민지 인식의 회색지대, 곧 저항과 협력이 교차하는 지점에 존재하는 '정치적인 것'을 식민지 공공성이라고 해석하려는 논의를 전개하였다. "저항의 정치만으로 식민지 정치를 나아가 식민지 자체를 이해할 수 없다는 전제에서, 또한 식민지 공공성은 식민국가 또는 저항세력에 의해 이념으로 제기된 공공성과도, 나아가 일정한 법적·정치적 형식을 갖추고 만들어져 있던 제도로서의 공공성과도 무관하게 이해하려 하였다. 공공성은 하나의 공동체 혹은 사회를 위해 절박한 문제를 서로 교환하기 위해 필요한 가치이며, 이는 사회구성원의 자유로운 일치를 가능하게 한다. 공공성은 절박한 문제와 부차적인 문제를 구분하고, 사회에 부딪힌 위험을 공동으로 극복하기 위해 적과 동지를 구분하는 과정을 거쳐 공공성을 의식할 있게 하

---

72) 윤해동, 「식민지 근대와 공공성:변용하는 공공성의 지표」, 윤해동·황병주 엮음, 『식민지 공공성-실체와 은유의 거리』, 책과함께, 2010, 19~25쪽.
73) 윤해동, 위의 글, 책과함께, 2010, 21쪽.

는 것이기 때문에, 공공성은 사회의 자유를 확대하기 위한 적극적 지향이자, 공간이 영역과 같은 고정적인 대상과 관련된 가치라기보다는 유동성을 본질로 하는 가치라고 할 수 있다. 그러므로 공공성은 실체로서가 아니라 식민국가(또는 국민국가) 비판을 위한 은유로써의 성격을 가진다. 공공성을 식민지뿐만 아니라 근대사회 일반의 정치적인 것을 상징하는 은유로 사용하고 있다."[74]

그런데 전근대적 국가나 조선 사람들의 입장이라고 하는 것이 조선의 지배세력을 옹호하는 의도가 아니라면, 식민지시기의 조선은 이전 시기에 비해 상대적으로 근대적인 변화, 특히 조선 사람들의 일상생활 속에 '공공 혹은 공중'이라는 요소들이 급격하게 등장하기 시작하였다. 일제 식민지 지배체제는 조선인들의 삶을 서구의 근대화와 접합시키면서 급격하게 변화시켰다. 대표적인 변화 중에 하나가 '공'의 확산이었다. "식민지 시기 '공'은 가히 전 방위적으로 등장했다. 공립, 공설, 공중, 공민, 공권, 공직자, 공안, 공창, 공연, 공원, 공익, 공리, 공덕, 공유, 이외에 공립학교, 공설시장, 공설운동장, 공익사업, 공공단체, 공중위생, 공중도덕, 공중변소, 공민학교, 공공심, 공덕심, 공권력, 공공대부 등 이루 헤아리기 어려울 정도로 수많은 '공'들이 구성되었다."[75] 공공부문을 "민간부문과 대비되는 개념으로서, 중앙(또는 연방), 주, 지방정부를 포함하는 모든 수준에서의 공공행정, 공공교육, 우편, 공공보건서비스분야 등을 포함한다."[76]는 것으로 이해한다면, 공공부문(PublicService Sector)의 영역이 대중적으로 확산되기 시작한 것이다.

근대적인 산업도 식민지시기에 이루어지기 시작했으며, 그러한 산업의 노동자로 취업해서 살아가는 노동자의 노동관계도 출현하였다. 그 중심에

74) 윤해동, 위의 글, 책과함께, 2010, 26-27쪽.
75) 황병주, 「식민지 시기 '공' 개념의 확산과 재구성」, 윤해동·황병주 엮음, 『식민지 공공성 실체와 은유의 거리, 책과함께, 2010, 61쪽.
76) 전국금융노동조합연맹, 전국전문기술노동조합연맹, 「공공부문 노사관계 재정립을 위한 토론회 자료집」, 1993.9.1, 63쪽.

국영철도가 존재했다. 근대성과 공공성을 압축적으로 내포하고 있는 대표적인 산업은 '공공적 교통'이었는데, 전차와 철도는 전근대적 교통체계를 근대적인 것으로 변화시키는 시발점이었다. 전차와 철도는 사회적 기간망을 토대로 하는 근대적 산업의 시발점이기도 하고, 공·사적 소유지를 매입하지 않으면 안되는 산업이라서 공공적 권력이나 자본과 함께 성장하지 않을 수 없었다.

이 책의 제2장 '식민지 권력에 의한 철도의 부설과 운영'에서 지적하였듯이, 조선의 철도산업은 일본의 제국주의적 권력과 자본으로 시작하였다. 물론 조선의 권력과 자본도 이 과정에서 철도의 부설과 운영에 필요한 것들, 특히 돈과 기술을 주체적으로 만들려 했지만 실패하고 말았지만, 조선의 철도는 식민지시기의 권력과 자본[77]에 의해 부설되고 운영되기 시작하였다. 공공적 주체들은 근대적 산업구조에 조응할 수 있는 교통망을 구축하였던 것이다.

그런데 조선의 노동자들은 철도산업을 매개로 근대적인 의미의 공공적 노동계약을 체결하기 시작하였고, 또한 관업노동자로서의 정체성을 부여하는 철도산업에 진입하였다. 공공적 노동계약은 전근대적인 신분제 사회체제에서 사회의 영역과 개인의 영역이 출현시켰던 것이다. 한나 아렌트(H. Ardent)는 사회가 근대적 현상임을 지적하고 있다. "사적인 영역도 공적인 영역도 아닌 사회적 영역의 출현은 근대의 출현과 일치하며 민족국가에서 그 정치적 형식을 발견한다."[78] 황병주는 이러한 현상을 원인을 세 가지로 압축하고 있다. 첫째, 국가, 사회, 개인이라는 3분할을 통해 근대 국민국가, (시민)사회, 근대적 주체를 구성하고자 했던 서구 근대의 영향임이 분명했다. 둘째, 국가 또는 근대적 관료제의 확산과 밀접한 관련을 가질 것이다. 1914년 지방행정제도의 개편으로 전국적인 수준에서 체계적

---

77) 식민지 시기의 권력과 자본은 일본 제국주의 권력과 자본만을 의미하지 않는다. 식민지 권력과 자본에 밀접하게 결합되어 있었던 조선의 권력과 자본도 포함되어 있다.
78) H. 아렌트, 『인간의 조건』, 한길사, 2002, 80쪽.

이고 효율적인 관료제가 구축되었다. 셋째, 신분제 철폐와 모든 구성원이 평등한 개인으로 구성되고 그들이 동등한 자격으로 참여하는 것으로 설정된 사회의 형성과 연관된다.[79]

그렇지만 식민지시기는 전근대성과 근대성이 중층적으로 접합되기도 하고, 또는 양 측면의 모순이 심화되어 갈등으로 폭발하기도 하였다. 특히 일상생활 속에서 나타났던 전근대적 문화와 근대적 문화 간의 '모순적 접합현상'이나 접합적 모순현상'이 지속되면서 일상생활의 다양한 문화가 주체적으로 융합되었다. 윤해동은 '이러한 현상을 식민지성의 중층화'로 설명[80]하기도 하지만, 식민지시기에 근대적인 개인과 사회의 영역이 출현하기 시작했다는 점을 고려하면, 식민지성으로 설명하기보다는 '주체적 갈등의 융합'으로 설명하는 것이 더 적절하다고 생각한다.

철도 공무원노동자들은 식민지시기에 형성되었다. 철도 공무원노동자들의 입장에서 볼 때, 공공적 노동계약 자체가 전근대적 관계를 혁명적으로 변화시킨 경우이다. 조선의 철도 공무원노동자들은 계약을 기반으로 노동을 공급하면서 임금을 받는 근대적 노동관계의 주체로 변화되었다. "일제시대 때 철도에서 근무했던 사람들은, 제복을 입거나 철도모자 쓰고 나가면 어깨가 들썩일 정도로 자부심을 가지고 근무했었다고 하였다. 사회에서 인정을 해주는 것이 가장 큰 요인이었다. 저 사람 철도공무원인데 하면서, 좋은 직장에 다니고 있다고 인정하였다. 나도 마찬가지이다."(임동락, 2003) 그런데 이러한 노동관계를 형성했던 그 대상은 식민지시기의 권력과 자본이었다. 철도 공무원노동자들은 식민지 권력의 공공성과 식민지 자본의 근대성을 갈등적으로 융합시킨 주체들이었다.

---

79) 황병주, 앞의 글, 책과 함께, 62-65쪽.
80) 윤해동, 위의 글, 책과 함께, 21쪽.

3. 근대 국민국가의 공공성과 철도 공무원노동자
1) 노동조합과 공공성의 성격

역사적으로 '공공성'의 헤게모니를 둘러싼 투쟁이 지속되어 왔다. 국가-자본은 '공동선 혹은 공동의 이익' 등을 내세워 자본을 축적하거나 자본축적을 촉진하기 위한 국가-자본의 공공성을 추구하였던 반면, 노동자들은 국가-자본의 공공성에 대항하는 투쟁을 전개하면서 노동자들 생활과 연계된 공공성을 지향해 왔다. 소위 노동자들의 이해가 투영되는 공공영역을 확장하는 투쟁, 공공영역에서 생산된 모든 재화를 사회구성원 모두가 혜택을 누리고자 하는 투쟁, 공공재화의 요금인상에 반대하는 투쟁, 공공기관을 사적자본에게 민영화하는 정부정책에 반대하는 투쟁 등이 그것이다. 노동조합을 중심으로 한 사회운동은 공공영역의 '공공성' 문제를 사회적 화두로 삼았다. 특히 한국 공공부문의 노동조합운동은 1997년 외환위기 이후에 본격적으로 추진되기 시작한 공공부문의 민영화정책에 저항하면서 공공부문의 사회공공성을 확보하기 위한 공공성 쟁취투쟁을 전개해야 한다고 주장한다. '공공부문의 노동운동이 경제적 요구를 중심으로 하는 틀을 벗어나 탈시장적이고 탈수익적인 공공성 확보투쟁을 사회 전체 영역에서 전개해야 한다.'(오건호 2003, 장상환 2003, 황하일 2003, 임성규 2003, 신광영 2002) 노동운동의 사회공공성 쟁취투쟁, 즉 환경, 여성, 농업, 정치, 복지, 교통, 빈곤 등의 문제들을 공공성의 차원에서 해결해 나가는 투쟁을 전개해야 한다는 것이다. 문제는 공공성을 이야기하는 사람마다 혹은 공공성을 추구하는 주체마다 그 의미를 서로 다르게 사용하고 있다는 점이다. 공공영역의 '사회공공성' 투쟁이 정당하다고 역설하고 있는 노동운동 내부에서도 그 의미가 통일되어 있지 않다. 오히려 그 의미와 성격이 다양해서, 공공성 쟁취투쟁의 전략적 목표가 애매한 상태이다.
또한 국가의 공공적 역할이 강화된다고 해서 공공영역의 사회공공성이 강화되거나 실현된다고 규정할 수 없다. 국가가 운영하고 관리하는 공공영역이 오히려 국민이 누려야 할 공공적 권리를 침해할 수도 있기 때문이다. 즉 독재체제가 공공적 권력을 독점한 상태에서 공공영역의 역할과 기능을 사적 개인이나 자본에게 유리하게 하는 것으로 규정할 수 있는 것이다. 1930년대 이후, 자본주의 국가는 자본주의 체제의 성장과정에서 발생하는 다양한 위기상황을 극복하기 위해 금융이나 조세 등의 수단으로 경제에 개입하거나 공공부문을 확장시킨다. "모든 공공정책들은 자본주의적 생산의 지속을 위한 선결조건들과 관련하여 이해되고 예측될 수 있다. 국가의 기능은 자본주의를 재생산하는 것이고, 이것이 바로 공공정책의 목표이다."[81] 예를 들면, 영국이나 스웨덴 등 선진 자본주의 체제는 국가를 중심으로 하는 복지정책으로 국가의 공공적 역할과 기능을 강화시켰다. 하지만 이러한 자본주의 체제는 자본축적의 위기를 맞이하여 공공복지를 시장의 활성화에 조응하는 시장복지로 변화시켰다.

그래서 공공부문의 노동자들은 탈시장·탈수익적인 공공서비스를 쟁취하기 위한 투쟁을 전개하였다. 유럽의 노동자들은 1968년 유럽 전역에서 전개했던 혁명적 투쟁의 성과로 각종의 복지를 확보했지만, 공공적 국가권력은 자본축적의 위기상황에서 복지의 후퇴를 전면에 내세우거나 공공부문의 구조조정이나 민영화를 적극적으로 추진하였다.

한국에서도 1998년부터 2001년 12월까지 추진된 공기업 6개의 민영화를 시작으로 2013년 12월 말까지 공공부문의 민영화정책을 지속하고 있다. 정부가 당시에 공공부문의 경영혁신이라는 정책적 기조 하에서 정책적 정당성의 근거를 다음과 같이 밝혔다. "①공공부문이 오랜 권위주의 통치과정에서 방만하고 비효율적으로 운영되어 왔다. ②자원 및 인력의 집적으로 시장경제의 질곡으로 작용하고 있다. ③공기업 매각 등을 통해서 구조조정에 소요되는 재정의 확보가 필요함은 물론 공공부문의 혁신이 외환위기 상황에서 외국자본에 대한 한국경제에 대한 신인도 제고였다."[82]

---

81) 아담 쉐보르스키 지음, 박동, 이종선 옮김, 『자본주의 사회의 국가와 경제』, 일신사, 1999, 150쪽'
82) 기획예산처, 「2000년 업무계획-새 천년의 웅비와 화합을 위한 4대 목표, 10대 과제, 30대 실천계획」, 2000.2.12.

김대중 정부는 공공부문의 민영화와 함께 1998년부터 1999년까지 공공
부문의 구조조정을 단행하여 약 9만여 명의 공공부분 노동자, 즉 중앙정
부에서 17,000명, 지방정부에서 28,000명, 공기업에서 32,000명, 공공부문
산하단체에서 14,000명, 그리고 출연기관에서 3,000명을 감축하였다. 김대
중 정부는 공공부문의 민영화정책으로 수많은 실업자들을 양산하였다.
김대중 정부는 그동안 공공부문이 담당해 왔던 공공서비스 기능을 시장
경제의 기능으로 대체함과 동시에 해외 초국적 독점자본들이 한국의 공
공부문에 자본을 보다 쉽게 진출할 수 있는 토대를 강화시켰다. "국·공영
기업이 담당하는 하부구조라는 것은 한편에서 불변의 어떤 것이 아니라
자본주의 생산력의 진보에 따라 변화하게 되며(즉 과거에는 주로 도로, 항
만, 교통, 전력, 통신 등이었다면, 현대에는 통신, 우주, 군수산업 등 첨단
산업이 그 중심이다.) 다른 한편에서는 사적 자본의 생산과 자본의 집적에
의해 거대 독점자본이 성립하면서 국가자본이 담당하던 일정한 부분이 독
점자본들의 이윤증식의 대상으로 전화되고, 그것에 대한 민영화요구가 제
기된다."[83] 그런데 "공공부문의 사유화에는 하나의 근본적인 조건이 있다.
그것은 사유화한 기업이 이윤을 획득해야 한다는 점이다. 사유화는 결국
수익성 있는 국영기업과 공익사업에 국한될 수밖에 없었고, 아니면 정부가
수익성을 보장하기 위해 헐값에 매각하든지, 어떤 형식의 독점적 지위를
보장해야 했다. 영국의 경우, 사유화된 공익사업 독점체는 가격을 인하해
소비자들에게 이익을 주기보다는 이윤, 배당, 주식가격을 올리는데 더욱
큰 관심을 가지게 되었다."[84] 그래서 자본주의 사회체제에서 국가와 자본
이 주장하는 공공성, 시민사회단체에서 제기하는 공공성, 노동자·민중이
지향하는 공공성 등을 서로 다르게 사용하고 있다. 공공성의 개념이 매우
포괄적이어서 누구나 인정할 수 있을 정도의 객관적 의미를 규정하지 못
한 것도 그 원인이지만, 공공성의 의미에 다양하게 투영되어 있는 계급적

83) 김성구, 「김대중정권의 민영화와 개방정책 비판」, 한국노동이론정책연구소, 『현장에서 미래를』,
1998.5월호, 19쪽.
84) 김수행, 『위기와 자본주의 경제의 공황』, 서울대학교 출판부, 2006년 9월, 428-429쪽.

성격과 사회적 관계를 간과하고 있기 때문에 나타날 수 있는 현상이다.
NGO로 불리는 시민운동단체들은 국가의 가치중립적인 공공성을 지향해
왔다. 계급적인 이해당사자들을 배제한 상태에서 사회구성원의 몰계급적
인 이해, 즉 자본의 이해나 노동현장의 이해로 구성되는 일상생활의 계
급적 이해를 추구하는 것이 아니라 계급적 이해가 반영되지 않은 추상화
된 국가공공성이나 사회공공성이었다. 공공산업의 사유화 정책에 반대하
는 노동자들의 투쟁을 노동자들의 이기주의적인 행동으로 치부하려는 입
장, 공공적인 서비스 재화를 공급하는 국가의 재정적자를 문제시하는 입
장, 국가를 관리하고 운영하는데 있어서 효율성만을 추구하려는 입장, 국
가 및 사회의 공적자금을 운용하는 주체를 국가나 전문가 세력으로만 제
한하려는 입장 등이 그것이다. 국가를 계급간의 이해를 공정하게 조화시
키는 중립적 주체로 간주하면서 국가–자본의 계급적 공공성과 노동자들
의 계급적 공공성을 부정하고 있다.
시민운동단체와 같이 공공성의 계급적 성격을 배제하는 논의에 대해서는
구체적으로 비판하지 않지만, 시민사회의 이해가 공공성에 투영되어 있는
계급적 이해로부터 자유롭지 않다는 점을 지적하지 않을 수 없다. 누구
든지 공공성이나 공공이해를 자신의 가치나 이해와 무관하다고 하면서도
그렇게 행동하지 않는다. 자신의 이해를 공공적 이해에 반영하기 위해 혹
은 공공적 이해를 자기 세력의 이해로 전유하기 위해 투쟁한다. 조직적으
로 세력화된 경우에는 더욱 그러하다.
자본가계급이든 혹은 노동자계급이든 사적인 이해를 토대로 하는 계급적
이해를 공공의 이해에 반영시키려 한다. 두 계급은 자본주의 사회에서 공
공의 이해를 자신의 계급적 이해로 전유하기 위해 노력한다. 이 과정은 곧
계급 간의 투쟁과 갈등으로 표출된다. 물론 자본가 계급과 노동자 계급
의 사이에 모순적으로 존재하는 중간계급도 역시 공공재화나 공공적 생
활영역의 계급적 헤게모니를 확보하려 한다. 국가의 중립성을 강조하는 시
민운동세력이나 시민들도 그러한 계급적 갈등의 범주에서 벗어나지 않는

다. 그들도 역시 공공적 이해에 시민사회를 구성하는 구성원들의 일상적인 생활이해를 반영하려 하고 또한 일상적인 생활이해를 공공적 이해에서 전유하지 않을 수 없다. 일상적 생활의 이해라고 하는 것 자체가 계급적인 이해당사자들의 이해나 사회구성원 각각의 계급적 성격을 배제시킬수 없기 때문이다. '공공선' 혹은 '공공의 이해'는 내용적으로는 사적 이해를 근간으로 하는 계급적 이해로 구성되지만, 현상적으로는 사회구성원 각각의 계급적 이해와 무관한 듯이 추상화된 공공적 주체의 이해로 표명될 뿐이다. 예를 들면 사회구성원들의 구체적인 계급적 이해를 배제하면서 이데올로기적 힘을 동원하면서 가치중립적이라고 포장되는 국가이해나 사회이해가 대표적이다.

2) 공공적 소유와 운영대상으로서의 사회공공성

공공부문(public sector)을 중앙·주·지방정부를 포함하는 모든 수준에서의 공공행정, 공공교육, 그리고 국영기업·지방공기업·공기업·정부출연기관·정부출자기관·정부재투자기관·정부재정지원기관(특수기관 및 각종의 법인) 등의 기관으로 규정하고, 이들 기관의 업무 및 생산물을 공공재화로 인식한다.[85] 소유 및 운영의 주체를 근거로 공공부문과 민간부문을 대비시켜 인식하고 있다.[86] 기본적으로 이러한 기관들의 공공업무(public affairs)가 사회구성원들의 일상적인 생활이해와 긴밀하게 연계되어 있는 것으로 간주한다.(Tibor Machan, 1995)[87] 정부 및 정부기관 그 자체만을

---

85) 정원호, 「공공부문 노사관계의 정립방향」, 전국금융노동조합연맹·전국전문기술노동조합연맹, 『공공부문 노사관계 재정립을 위한 토론회 자료집』, 1993.1. 40~52;박태주, 「공공부문 노동조합의 현안 및 대응방향」, 공공부문 노동조합 대표자회의·노동조합기업경영분석연구상담소, 『공공부문 노동조합운동의 방향 모색을 위한 대토론회 자료집』, 1995.1.36~41쪽.

86) 전국금융노동조합연맹·전국전문기술노동조합연맹, 「공공부문의 노사관계 : 외국사례」, 『공공부문 노사관계 재정립을 위한 토론회 자료집』, 1993.1. 63쪽.

87) Tibor Machan, Private Rights and Public Illusions, Transaction Publishers, New Brunswick(U.S.A.) and London(U.K.), 1995, pp.39~40.

공공부문으로 규정하고 있다. 소유론적 접근에 비추어 본다면, 철도산업
은 공공부문으로서 소유 및 운영, 그리고 생산되는 재화의 공공성을 보
유하고 있다.

세계의 모든 철도산업은 역사적으로 공공적 소유와 운영의 대상으로 존
재했다. 그런데 많은 국가에서 철도산업의 소유체계 및 운영체계를 변화
시켜 왔다. 대표적으로 영국이나 일본이 전면적으로 민영화시켰듯이, 혹
은 한국의 철도산업이 철도청이라는 정부기관으로 운영되다가 2002년 이
후에 철도공사로 재편되었다. 한국철도공사는 정부기관이었다가, 자본금
전액을 정부가 출자하지만 특별법으로 조직되고 운영되는 독립적 법인체
로 변화된 것이다. 또한 한국 정부는 2013년 12월 수서발 KTX를 또 다른
독립적 법인체인 정부투자기관으로 설립하였다.

공공부문의 소유 및 지배구조만을 근거로 본다면, 이들 기관에서 생산
되는 재화들은 공공재화이자 공공적 성격을 내포하고 있다. 공공권력이
법·제도적으로 지배하고 관리하는 주체이다. 사적자본이 아닌 공공적 자
본이 생산하여 공급하는 재화들이고 공공적 생활영역인 것이다. 철도산
업 및 철도 공무원노동자들은 교통운송서비스라는 공공재화를 생산하여
공급하고 있다. 하지만 그러한 재화를 소비하는 측면에서 본다면, 소비자
들이 소비하는 과정에서 가격의 차별을 받거나 혹은 가격의 가치에 미치
지 못하는 양질의 재화가 아닌 경우도 존재한다. 공공기관이 공공성을 실
현한다고 규정하기 어려운 경우이다. 공공기관이 공공재화의 생산과 공급
을 독과점적으로 추구하면서 나타나는 공공영역의 불합리한 현상들이다.
첫째, 민간부문의 경쟁적 수익과는 달리 독·과점적인 수익을 추구하면서
자본주의 발전의 촉진제 역할을 담당하는 경향성이 존재한다. 한국에서
는 전력산업, 가스산업, 수도산업, 방송통신산업, 금융산업, 철도산업 등
이 대표적인 경우이지만, 이들 산업의 공공기관은 두 가지 측면에서 공공
재화의 공공성을 악용해 왔다. 먼저 소비가격을 차별하는 정책이다. 자본
에게는 아주 저렴한 가격으로 공공재화를 공급한 반면에 일반 소비자들

에게는 자본에게 공급하는 가격보다 비싸게 공급해 왔다. 일반 소비자들의 희생을 전제로 자본의 생산력을 향상시키는데 공헌하였다.

둘째, 자본주의 생산력의 수준이 낮은 상태에서 거대한 초기 투자비용이나 수익을 보장받지 못하는 재화를 이들 기관이 생산한다. 소위 국가기간산업에서 생산하는 재화, 예를 들면 전력·통신·철도·가스 등이다. 이러한 재화들은 국민들의 일상생활과 자본의 생산시설을 작동하는데 필수적인 것들이지만, 생산시설을 구축하는 비용이 거대하다. 예를 들면, 철도산업의 경우, 철로와 기관차 등의 기반시설을 구축하는 비용이 거대하기 때문에, 대부분 국가가 이러한 설비들을 구축하거나 설비유지에 필요한 비용을 공공자금으로 감당한다. 문제는 이러한 산업의 설비가 구축되고 재화의 수익이 보장되면, 이들 산업을 사적자본에게 사유화시켜 왔다는 점이다. 자본주의 산업구조를 조정하는 정책의 일환인 민영화정책은 자본주의 생산력의 역사적 국면, 즉 자본축적의 변화에 상응하면서 지속되어 왔고, 앞으로도 자본주의 체제의 위기에 대처하는 수단으로 유지될 수밖에 없다.

셋째, 민간부문에서도 각종의 재단이나 전시관 등을 매개로 공공적인 서비스 재화를 생산할 수 있다. 사적자본에서 생산하는 모든 재화가 시장을 매개로 수익을 추구하는 것은 아니다. 사적자본이 무료로 혹은 아주 저렴한 비용으로 서비스 재화를 공급할 수 있다. 물론 이러한 재화들이 사회적 총자본의 잉여가치를 창출하는 역할을 포기하지 않을 것이다. 서비스 재화를 공급하는 자본의 추상적이고 상징적인 이미지가치(Brand Value)를 증가시키면서 결국에는 중·장기적으로 자본의 총 잉여가치를 창출시킬 수 있다. 하지만 사회구성원들에게 공급되는 서비스 재화 그 자체가 공공적 성격을 보유하지 않는다고 할 수 없다. 사회구성원들은 그 재화를 소비하기 위해 다른 소비자들과 경쟁할 필요도 없고, 그것을 소비할 권리를 박탈당하지 않는다.

2) 공공적 서비스영역으로서의 사회공공성

사람들은 살아가면서 다양한 재화를 필요로 한다. 인간은 기본적으로는 생물학적 욕구에 조응하는 재화뿐만 아니라 사회적 욕구에 조응하는 재화까지 확보하면서 살아간다. 개별적 인간으로서의 욕망과 사회적 인간으로서의 욕망이 동시에 존재한다. 사회가 모든 사람들의 욕망을 실현할 수 있는 조건으로 구성되어 있다면, 욕망의 실현을 둘러싼 갈등이 발생하지 않을 수 있다. 문제는 그렇지 못한 경우이다. 욕망을 둘러싼 갈등이 생활세계를 지배할 경우, 공공권력은 그러한 갈등의 조정자로서의 역할을 담당하거나 욕망을 실현할 수 있는 사회적 조건을 제공하려 한다. 공공권력은 이러한 과정에서 공공적 주체로서의 정당성을 확보하게 된다.

그런데 인간의 욕망도 사회적 조건의 변화와 함께 변화된다. 이는 인간의 욕망과 관련된 공공권력의 역할과 기능도 변화된다는 것을 의미한다. 인간이 생물학적 욕망을 넘어서서 사회적 욕망을 필요로 한다면, 공공권력은 또한 그러한 욕망의 조건을 확보하는 차원에서 자신의 정체성을 새롭게 재구성해야 한다. 공공적인 재화의 영역이 사회적 조건에 맞게 변화되어야 한다는 것이다. 그래서 "사회공공성을 자본주의 체제의 핵심기제인 시장과 이윤에 대항하는 관점, 즉 탈시장·탈수익성이라는 관점을 가지고 모든 국민에게 필요한 공공서비스를 제공하는 영역으로 규정하고, 그 영역을 의식주, 의료와 교육, 교통, 정부의 각종 정책, 환경, 농업, 여성, 사회복지 등으로 확장시켜야 한다고 주장한다."[88] 또한 이러한 관점은 공공적 역할과 기능을 사적부문의 영역으로까지 확장시키고 있다. 재벌해체 및 민주적 참여기업으로의 전환 등 기업경영의 공공성 강화를 포함한 사적부문 뿐만 아니라 정치영역의 공공성을 강화해야 한다는 것이다. 이러한 주장의 핵심은 사회체제를 구성하는 주요한 영역의 재화를 공공재화로 규정하고, 값이 싸면서도 질이 좋은 그러한 재화를 사회구성원들에게 공

---

88) 오건호, 「공공부문 노동운동의 새로운 화두, 공공성」, 『공공연맹』, 제32호, 2003.5.

공적으로 제공하자는 것이다. 즉 시장과 이윤의 논리가 투영되지 않는 재화를 사회적으로 보다 많이 확대해 나간다는 관점이다.

공공적 서비스 영역을 확장해야 한다는 관점은 노동조합운동의 전략도 변화되어야 한다는 점도 제시하고 있다. 사회체제의 다양한 영역에서 사회공공성을 확보하기 위한 투쟁이 곧 시장과 이윤의 공격에 대항하는 운동이기 때문에, 노동조합운동도 투쟁의 의제를 노동현장 밖으로 확장시켜 나가는 전략적 노선을 추구해야 한다. 신광영은 그러한 노선을 사회운동노조주의로 규정하고 있다. 신광영도 "사회 전체의 변혁을 위해 노사관계를 벗어난 이슈들, 즉 제도 틀 내의 경제적 요구 중심의 전통적인 노동운동과 달리, 공공서비스, 교통, 빈곤, 여성차별, 환경, 복지, 인종차별 등을 사회운동과 연대하여 해결해 나가는 사회운동노조주의(Social Movement Unionism)야말로 노동운동이 지향해야 할 공공성의 성격이라고 한다."[89] 이러한 투쟁은 "직접적 생산의 영역을 넘어 전사회적 재생산의 영역에까지 걸쳐 있다. 그러나 이는 점점 더 국가개입과 조절에 의해 규정되기 때문에, 노동조합의 투쟁과 요구도 또한 국가를 향하게 되고 자본의 이해에 복무하는 국가정책에 대항하게 된다. 이러한 운동은 주체적 사회화의 표현"[90]이기도 하다.

1999년 이후에 전개된 대표적인 투쟁을 예로 든다면, 다음과 같다. "서울지하철노동조합을 중심으로 한 1999년 4.19총파업에 공공연맹 산하 노조 중 20개 노조 25,000여 명이 공공연맹의 지침에 따라 파업에 돌입,[91] 한국노총의 공공부문노동조합협의회와 공동으로 전개했던 연대투쟁[92] 2001년 경영혁신의 강요와 예산배정 유보, 임금가이드라인 철폐 등을 위한 정부지침 분쇄·구조조정 민영화 저지·상시적 개혁체제에 저항하는 투쟁,

---

89) 신광영, 「노동운동과 공공성」, 『문화과학』, 제23호, 문화과학사, 2002.

90) 외르크 후프슈미트, 박종완 옮김, 「국가소유와 민주적 국가―진보적인 사회화 구상의 전망을 위해」, 김성구 편, 앞의 책, 163쪽.

91) 공공부문 구조조정 정리해, 임금 삭감, 복리후생제도 축소, 단체교섭과 단체협약 무시, 부당노동행위 등 총체적인 신자유주의 공세에 맞서는 공공투쟁이었다.

철도·발전·가스산업의 2002년 국가기간산업 민영화 저지투쟁, 2003년 대구지하철 참사를 계기로 도철, 인천, 대구, 부산지하철 노조를 중심으로 한 궤도연대의 6.24공동투쟁, 2004년 철도노동조합을 제외한 궤도연대 소속 지하철노조가 전개했던 7월 21일의 공동파업[93] 등이었다." 철도노동조합은 2013년 12월에도 정부의 민영화정책에 반대하는 총파업투쟁을 전개했지만, 공공부문의 다양한 투쟁의 중심에 서 있었다. 이러한 투쟁들은 현상적으로는 공공부문 노동자들의 노동조건과 관련된 것으로 치부되지만, 실질적으로는 사회공공성을 쟁취하기 위한 것, 즉 환경, 여성, 농업, 정치, 복지, 교통, 빈곤 등의 문제들을 공공성의 차원에서 해결해 나가고자 하는 사회적 조건과 관련된 것들이다.

물론 공공적 서비스영역으로서의 공공성은 탈시장·탈수익성의 관점이나 사회 전체의 변혁이라는 관점에서 노동운동의 의제를 사회의 각 영역으로 확장시키고, 노동자 계급이 사회의 제반 영역을 투쟁으로 쟁취해야만 할 공공의 영역으로 규정하고 있다는 점에서 매우 큰 의미를 내포하고 있다. 시장의 논리로 수익만을 추구하는 사회적 영역을 탈수익적인 공공의 영역으로 변화시켜 나가는 투쟁의 정당성이 제기되고 있다. 그러나 이러한 영역론적 접근 역시 공공적 재화를 생산하고 소비해야만 하는 노동자의 입장에서 볼 때, 적지 않은 한계를 지니고 있다.

첫째, 자본주의 사회체제에서 자본가 계급과 노동자 계급 간의 사회적 계급관계를 벗어난 사회의 제반 영역 그 자체를 모두 공공영역으로 규정하기 어렵다는 점이다. 물론 각각의 영역이 노동자 계급의 현실과 직결되어 있는 문제들이다. 하지만 현실적으로 의식주, 의료와 교육, 환경, 농업, 사

92) 2000년 하반기에, 한국의 공공부문 노동자들은 정부의 공공부문 노동조건 개악, 무분별한 공공부문 축소, 기간산업 민영화와 해외매각 저지 등을 위한 연대투쟁을 전개하였다.
93) 지하철 노동자들은 인력충원을 핵심요구로 하는 공동투쟁본부를 꾸려 공동요구, 공동교섭, 공동타결의 원칙을 세우면서 총파업을 전개하였다. 그러나 지하철공사의 관리감독기구인 지방자치단체의 거부로 집단교섭이 성사되지 못하였다. 인천지하철, 서울메트로, 도시철도에 대한 직권중재 회부를 통한 탄압과 노조내부 역량의 취약함 때문에 파업을 철회한 다음에 개별적으로 타결하였다. 다만 대구지하철 노동자만이 장기적인 투쟁을 전개하였다.

회복지 등의 영역에 존재하는 각종의 재화는 생산하여 공급하는 주체나 재화의 성격에 따라 공공재화일 수도 있고 아닐 수도 있다. 각종의 영역에서 공공재화를 생산하여 공급하는 주체 및 그 성격이 매우 불분명하다. 각 영역에는 공공재화와 사적재화가 혼재되어 있기 때문이다. 그리하여 각종의 영역 그 자체만으로는 공공성의 계급적 성격을 규명하기가 쉽지 않다. 각 영역의 공공재화가 자본주의 국가의 이해만을 반영하는 성격을 보유할 수도 있고, 노동자·민중의 이해를 반영하는 성격을 보유할 수도 있다. 예를 들면, 양질의 공공재화가 아주 많이 공급된다고 해서 노동자·민중의 공공성이 현실화되는 것은 아니다. 자본은 그러한 공공적 구조를 '사회임금체제(social wage system)'로 전화시켜 노동자에 대한 착취구조를 보다 더 강화시킬 수 있다.

자본주의 체제에서 국가권력의 성격이 바뀌지 않는 한, 노동자들이 탈시장·탈수익적인 공공영역을 확보하는 것 자체가 국가의 성격을 변화시키는 과정이라는 반론을 제기할 수 있다. 그러나 국가자본주의 체제나 한국의 개발독재체제에서 알 수 있듯이, 자본주의 국가는 탈시장·탈수익적인 공공영역을 자본축적의 조건에 걸맞게 확대시킬 수도 있고 축소시킬 수도 있다. 공공영역을 급속하게 확장시켰던 1960-70년대의 한국 자본주의 체제는 1990년대 중반 이후에 공공영역을 사적자본에게 사유화시키고 있다. 국가는 자본축적의 사회적 토대가 변화되는 상황에 걸맞게 공공영역을 변화시켜 왔던 것이다. 공공영역이 자본축적의 사회적 토대를 구축하는 수단이자 자본축적의 위기상황을 극복하는 수단으로서의 성격을 강화하는 과정이었다. 이러한 국가-자본의 공공성은 본질적으로 자본축적을 촉진시키는 기능을 담당하면서도 현상적으로는 노동자들에게 양질의 공공재화를 공급한다는 이데올로기적 통치기구였다. 노동자들을 공공영역의 단순한 수혜의 대상자로 전락시키는 과정인 반면, 국가를 절대적인 시혜자로 만드는 과정이었다. 따라서 국가권력의 성격과 자본주의 체제를 변화시키는 차원의 사회공공성 투쟁, 즉 노동자의 공공영역을 주체적으로 관리하

고 운영하는 투쟁으로 전화되지 않는 한, 자본주의 국가의 공공적 역할을
강조하는 사회공공성 투쟁은 자본주의 국가의 계급적 본질과 속성을 엄
폐하거나 은폐하는 역할을 담당할 수 있다. 자본주의 국가가 주도하는 공
공성이 노동자의 사회공공성으로 전도될 가능성을 내포하고 있는 것이다.
둘째, 시장과 수익성을 지향하지 않는 공공재화도 존재한다. 잉여가치를
생산하는 것이 아니라 잉여가치를 자본에게 분배하면서 총자본의 잉여가
치를 창출하는데 기여하는 공공적 서비스 노동은 그 자체가 탈시장적이고
탈수익적이다. 예를 들면, 국가 공무원이나 지방자치단체 공무원들은 노
동 그 자체가 공공서비스 재화인 서비스 노동을 하고 있다. 각종의 준국가
기관에서 수행하고 있는 서비스 노동도 마찬가지이다. 이들 기관의 노동자
들은 비물질적 재화인 서비스를 제공하고 있는데, 그 서비스 재화는 무료
로 공급되든 저렴한 비용으로 공급되든 탈시장적이고 탈수익적이다. 시장
과 이윤에 저항하는 이데올로기적 담론으로서는 탈시장적·탈수익적인 공
공성의 관점에 의의를 부여할 수 있지만, 공공서비스라는 재화의 성격상
탈시장·탈수익적인 공공성의 관점을 보편적으로 적용하기가 쉽지 않다.
셋째, 조직화된 조합원을 중심으로 하는 노동조합이 계급적 노동운동의
조직적 주체로서 조직화되지 않은 노동자·민중의 이해를 계급적으로 전
유하지 않는다면, 각 사회적 영역의 공공성 투쟁은 조직화된 노동자·민
중들의 이해만을 추구하는 개별적 영역의 운동으로 전락할 수 있다. 사회
적 영역의 공공이해가 노동자들의 일상생활과 밀접하게 연계되어 있음에
도 불구하고, 대부분의 노동자들이 일상생활의 이해를 자신의 계급적이
고 직접적인 이해로 전유하기가 쉽지 않다. 조직화되지 않은 노동자들의
일상적인 생활이해를 조직화된 노동자들의 직접적인 이해로 전유하는 것
은 더욱 어려운 문제이다. 노동자 계급에 대한 국가-자본의 분할 지배전
략을 극복하기가 쉽지 않고, 이러한 지배전략으로 인해 노동자들의 계급
의식이 쉽게 고양되지 않기 때문이다. 조직된 노동자와 그렇지 않은 노동
자, 정규직 노동자와 비정규직 노동자, 대기업 노동자와 중·소기업 노동

자 등이 계급적으로 쉽게 통일되지 못하는 주요 원인이자 계급의식을 고양시키지 못하는 주요 원인인 것이다.

일상생활에 대한 인식도 마찬가지이다. 노동현장 및 국가권력과 분리되어 독립적으로 존재하는 일상생활, 자본주의 축적체제에 포섭되어 있어도 그러한 포섭 자체를 인정하지 않는 일상생활 등을 개인의 자유주의적 권리만으로 인식하는 경향성이 존재한다. 노동자들의 계급의식이 자본주의 국가권력과 일상적으로 접점을 형성하고 있다는 사실이다. 노동자들의 계급의식의 고양이나 퇴행이 자연발생적인 현상이 아니라는 것이다. 일상생활의 이해를 계급적 이해로 전이시키지 못하는 주요 이유이자, 적지 않은 노동자들이 계급적 노동운동의 역사적 필요성에 대해서는 당연한 것으로 동의할 수 있지만 현실적으로 동의하지 않는 경우가 허다한 이유이기도 하다. 사회공공성 투쟁이 개별화된 영역의 공공성 투쟁을 통합하는 차원이 아니라 자본주의 국가권력과 사회체제를 변화시키는 차원의 투쟁으로 전화되고, 그러한 투쟁의 과정에서 노동자들의 계급의식을 일상적으로 고양시켜야 하는 근거인 것이다. 만약 각 영역에서 전개되는 공공성 투쟁이 노동자·민중의 계급적 이해에 근거하는 사회변혁적 투쟁으로 전화되지 못한다면, 그 투쟁은 각 영역에서 조직화된 노동자들의 이해를 넘지 못하는 폐쇄적이고 이기적인 운동으로 혹은 국가-자본에 포섭된 개혁주의나 개량주의 운동으로 전락할 가능성이 있다.

3. 철도산업의 공공성과 그 성격
1) 공공적 운송서비스 재화의 성격

일반적으로 사회구성원 모두가 생활을 유지하거나 생활의 질을 향상시키기 위해 필수적으로 소비할 수밖에 없는 재화들이 있다. 이러한 재화들은 역사적으로 공공적 주체가 생산하고 공급하였다. 그런데 사회구조의

변화와 더불어 공공적 재화를 공급하는 주체나 그 재화의 성격도 지속적
으로 변해왔다. 사회구성원들의 의식주 및 노동력의 형성과 긴밀하게 연
계된 재화들이었지만, 이러한 재화들을 공급하는 주체는 사회적 생산력
및 소비구조에 따라 변해왔다. 사적 자본이 공급하다가 국가나 준국가기
관이 공급하기도 하였고, 그 반대로 공급되기도 하였다. 공공재화의 공급
주체와 그 재화의 성격이 변화되는 과정이었다.

철도산업이 대표적인 경우이다. 철도산업은 물류와 여객 수송 등 국가기
간산업으로서의 공공적 역할과 기능을 담당하였다. 그렇지만 철도산업은
산업의 발전 및 산업구조의 변화에 조응하는 수준에서 소유 및 운영의 주
체를 바꾸기도 하였다. 철도산업의 생산수단을 구축하는 과정이나 소비
체계가 구축되지 못한 상황에서는 국가나 공적주체들이 기간산업의 재화
들을 생산하여 공급한 반면, 사회적 총자본의 이윤율이 하락하는 조건이
나 혹은 재화의 이윤이 보장되는 공급체계와 소비체계가 구축되고 난 이
후에는 사적자본에게 사유화시켜 왔다. 국가는 산업구조를 조정한다는
정책적 명분을 내세워 이윤이 보장되는 공공적 생산수단들을 사적자본에
게 전이시켜 왔다. 자본축적의 조건에 상응하는 공공적 재화의 '자본축적
촉진기능'이 극대화되는 반면, '서비스 제공기능'이 약화되는 과정이었다.

재화의 공공적 성격도 변해왔다. 철도산업 및 대중교통시설이 공공적 성
격을 유지했다가 상실하기도 하고, 복지시설이나 재단법인 등의 서비스재
화가 공공적 성격을 보유하고 있지 않다가 획득하기도 한다. 최근 한국에
서는 통신·전파 등이 공공적 성격을 유지하다가 상실하였다. 비물질적인
서비스 재화도 마찬가지이다. 공공적 성격에서 사적 성격으로 사적 성격
에서 공공적 성격으로 변하는 등 비물질적 서비스재화의 성격이 고정된
것은 아니었다. 문제는 재화를 생산하여 공급하는 주체가 공적 주체에서
사적 주체로 변한다 하더라도 그 재화의 공공적 성격이 상실되지 않는 경
우가 있다는 점이다. 노동자·민중들은 일상생활이나 노동조건의 질을 유
지·발전시키기 위해 필수적인 재화들을 소비한다. 특히 서비스재화들이

이에 해당한다. 이러한 재화들은 공적 주체가 생산하여 공급하든 사적 주체가 생산하여 공급하든 공공적 성격을 보유하고 있다.

공공적 성격을 보유하고 있는 재화를 공공재화라고 규정한다면, 공공재화를 생산하고 공급하면서 소비하는 부문을 공공부문이라고 규정할 수 있다. 공공부문(public sector)에는 "정부와 자본의 핵심 인프라이자 공공재화를 공급하는 생산주체, 소유 및 지배구조의 측면에서 정부가 사용자인 경우, 재화와 서비스의 공공재적 성격의 측면에서 본 공공서비스 부문"[94] 모두가 해당한다. 공공부문은 공공재화의 생산영역과 소비영역을 동시에 포괄하고 있다. 국가 및 준국가기관이 공급하는 부문, 비용을 지불하지 않거나 저렴한 비용으로도 누구든지 자유롭게 소비할 수 있는 부문을 공공부문이라 할 수 있다. 그래서 철도산업은 대표적인 공공부문이고 규정한다.

철도산업의 재화가 공공성을 보유할 수밖에 없는 근거를 알렝 프라트(Alen Pratt)는 다음과 같이 규정하고 있다. 시장을 통해서 공급되는 모든 재화와는 다르게 공공재화는 다음과 같은 속성을 보유하고 있다는 것이다. "①개인이나 혹은 소그룹에 의해 공급되기보다는 공적인 공동의 소유주체가 생산하여 공급하는 재화 ②재화의 가격이 수익을 추구하지 않는 수준에서 공동으로 결정되어 공급되는 재화 ③비용을 지불하지 않는 무임승차의 방식으로 재화가 사용되는 것 자체를 배제할 수 없는 재화 ④소비과정에서 재화를 둘러싼 경쟁적 관계가 형성되지 않는 재화"[95] 등이다. 알렝 프라트는 재화의 생산과 소비가 사적으로 이루어지는 것을 배제하고 있다. 공적인 공동의 소유주체가 생산하여 공급하고, 또한 그 재화를 공급하는 가격도 공동으로 결정한다. 그런데 그 가격은 일반적으로 수익을 추구하지 않는다. 사회구성원 모두에게 무료 또는 저렴한 가격으로 공

---

94) 황하일, 「공공성투쟁이란 무엇인가」, 공공연맹, 『공공연맹』, 제33호, 2003.7.

95) Alen Pratt, Neo-Liberalism and Social Policy, Edited by Michael Lavalette and Alan Pratt, "Social Policy : a Conceptual and Theoretical Introduction"(2nd edition), SAGE Publications(London·Thousand Oaks·New Delhi), 2001, p. 37.

급한다. 소비자들에게 공급되는 과정에서 나타나는 공공재화의 성격이다. 임혁백도 알랭 프라트와 마찬가지로, 소비되는 과정에서 나타나는 공공재화의 성격을 다음과 같이 규정하였다. "공공재화는 비경합성과 배제불가능성의 성격을 지니고 있다."[96]

비경합성이라고 하는 것은 시장에서 재화를 구매하는 것과는 달리, 재화를 구매하기 위해 소비자들 간에 경쟁이 발생하지 않는다는 의미이다. 철도를 중심으로 한 대중교통, 도로나 신호등을 예로 들면, 소비자들은 그것을 구매하기 위해 경쟁할 필요가 없다. 구매의 필요성을 느끼는 모든 사람들은 언제든지 그 재화를 구매할 수 있다. 이러한 재화들은 특정한 사람들에 의해 독점적으로 소비되지 않는다. 어느 한 사람이 비용을 지불하고 소비했다고 해서 다른 사람이 소비하려는 것을 배제할 수 없다. 그 재화에 대한 비용을 지불하지 않고 무임승차하려는 사람조차 배제할 수 없다. 배제불가능성이라고 하는 공공재화의 성격을 의미한다. 소비되는 과정에서 나타나는 공공재화의 두 가지 성격에 비추어 본다면, 무료로 공급되는 재화일수록 소비자들 간에 경쟁할 필요도 없고 그 재화를 소비하고자 하는 사람들을 선별하여 배제할 수 없다. 특히 '생명과 안전'이라는 재화는 사회구성원 모두가 소비하고 생산해야 한다는 점에서 공공성을 보유하고 있다. 이러한 재화는 시장에서 이루어지는 재화간의 경쟁적 관계를 보유하고 있는 것이 아니라, 소비자나 생산자들 모두가 당연하게 공급하고 소비해야만 하는 비경합적 재화이다. 소비와 생산의 과정에서 경쟁이 이루어지지 않는다. 특히 '생명과 안전'이라는 재화는 개인적 수준에서 소비와 공급이 이루어지는 것이 아니라 사회적인 수준에서 이루어진다.

이와 같이 공공재화는 생산과 소비의 과정에서 사적으로 전유되지 않는다. 철도산업의 공공재화도 마찬가지이다. 왜냐하면 공적인 소유주체가 생산한 재화, 가격을 공동으로 결정하여 공급되는 재화, 사회구성원 모두가 필요에 따라 소비할 수 있는 재화, 그리고 누구든지 무임승차의 방식

---

96) 임혁백, 『시장·국가·민주주의』, 나남, 2000.

으로 소비할 수 있는 재화이기 때문이다. 철도산업의 핵심인 공공적 운송서비스 재화의 이러한 성격을 고려한다면, 사회구성원들은 공공적 운송서비스 재화의 생산과 소비를 전유해야만 한다.

2) 공공적 운송서비스 노동의 성격

철도 공무원노동자들은 운송서비스라는 재화를 생산하여 사회구성원들에게 공급하고 있다. 철도산업의 주체가 공적일 경우, 운송서비스 재화는 공공재화로서의 성격을 보유하고 있고, 철도 공무원노동자들의 노동도 공공적 역할과 기능을 담당한다.

그런데 상품으로서의 공공재화는 공급하는 주체나 재화에 투영되어 있는 노동의 성격에 따라 매우 다양하다. 우선 공공재화를 생산하고 공급하는 주체에 따라 그 성격이 다르다. 공적인 주체가 공급하는 공공재화와 사적인 주체가 공급하는 공공재화의 성격과 그 가치가 다를 수 있다. 또한 재화에 투영되어 있는 노동의 다양한 성격만큼 공공재화의 성격도 마찬가지이다. 재화는 노동의 가치를 물질로 변화시키는 물질적 재화와 노동 그 자체가 재화인 비물질적 재화로 분류할 수 있다.

철도 공무원노동자들의 노동은 소비자들에게 물질적인 교통운송서비스 재화로 전화된다. 사회구성원들은 철도 공무원노동자들의 노동으로 생산된 교통운송서비스를 비경합적인 상태에서 소비할 수 있다. 또한 사회구성원들은 이러한 공공재화를 소비하는데 있어서 비용을 지불할 수도 있고 지불하지 않을 수도 있다. 사회구성원들이 소비하는데 비용을 지불하지 않는 재화를 완전형 공공재화로 그렇지 않은 재화를 불완전형 공공재화로 규정하고, 그러한 재화의 공급주체를 사적주체와 공적주체로 구분하여 조합하면, 아래의 〈표11〉과 같이 도식적으로 정리할 수 있다.

〈표11〉 공공재화의 생산주체와 형태

성격 소유	물질적 재화		비물질적 재화	
	완전형 공공재화	불완전형 공공재화	완전형 공공재화	불완전형 공공재화
사적	△	사립 전시관, 민간자본이 건설한 도로 등	서비스재화 (재단법인, 사단법인 등)	사적 소유의 대중교통서비스 재화,유료 서비스재화 등
공적	공공공원, 신호등, 등대, 무료도로, 항만, 공항, 전파 등	철도, 전력, 가스, 수도, 유료 도로, 체육관 등	서비스재화 (공공 법인, 복지시설, 교육시설, 공연시 설, 체육시설 등)	서비스재화 (정부·준정부기 관, 공공 연구기관, 복지시설, 의료기관, 금융기관, 체육시 설, 국가 소유의 교통시설 등)

※ △ : 사적자본은 이윤을 전제로 재화를 생산하여 공급한다. 물론 사적자본이 종종 무료로 제공하는
　　　재화가 있긴 하지만, 그것 또한 쉽게 보이지 않은 이윤을 전제로 하는 경우가 허다하다.

〈표11〉에서 알 수 있듯이, 사적자본이든 공적자본이든 다양한 공공재화
를 공급할 수 있다. 물질적 형태의 재화와 비물질적 형태의 재화를 동시
에 공급할 수 있고, 그러한 재화들은 소비자가 지불하는 비용의 유무에
따라 완전형 공공재화와 불완전형 공공재화로 구분될 수 있는 것이다.

사적자본은 기본적으로 재화를 선전하기 위해 무료로 공급하는 것을 제
외하고는 물질적인 완전형 공공재화를 공급하지 않지만, 사립전시관, 민
간자본이 건설한 도로, 재단법인의 서비스재화, 대중교통 서비스재화 등
의 공공재화들을 공급하고 있다. 물론 사적자본은 자신의 이미지가치
(brand value)를 높이기 위해 물질적인 불완전형 공공재화, 비물질적인 완
전형 공공재화, 그리고 비물질적인 불완전형 공공재화를 공급한다. 그렇
다고 사적자본에 의해 공급되는 재화라고 해서, 이러한 재화가 공공재화
의 성격을 보유하고 있는 것을 부정할 수는 없다. 사회구성원들은 재화의
사용가치에도 미치지 못하는 최소한의 비용을 지불하거나 무료로 사적자
본이 공급하는 공공재화를 비경쟁적으로 소비하면서 생활세계를 유지할
수 있기 때문이다.

공공자본은 물질적 재화와 비물질적 재화를 동시에 공급하고 있다. 공원,
신호등, 도로, 항만, 전파 등은 사회구성원들에게 무료로 공급되는 물질
적인 완전형 공공재화이다. 그리고 철도, 전기, 수도, 가스, 통신 등의 재

화는 사회구성원들이 비용을 지불해야만 하는 물질적인 불완전형 공공재
화이다. 사회구성원들이 생활세계에서 삶의 질을 위해 기본적으로 누려
야만 하는 재화들이다. 이러한 재화들은 다음과 같은 기능을 담당한다.
한편으로는 자본에게 저렴한 가격으로 공급됨으로써 자본주의 산업의 발
전에 기여할 수 있다. 다른 한편으로는 사회구성원들의 생활의 질을 높이
는데 있어서 필수적인 생활수단으로서의 역할과 기능을 담당할 수 있다.
그래서 공공자본은 사적자본에 비해 공공재화를 많이 공급한다. 이유는
간단하다. 사회구성원들이 공공자본을 형성한 것이고, 또한 국가가 공공
기관을 매개로 사회구성원들에게 공공재화를 공급하기 때문이다. 비물
질적인 공공재화들은 서비스 노동 그 자체가 재화인 경우이다. 자본주의
사회에서는 대부분 저렴하게 공급되는 불완전형 재화지만, 완전히 무료
로 공급되는 완전형 재화도 있다. 사회구성원들은 자본주의 생산력의 발
전에 상응하는 생활의 질을 향상시키기 위해 서비스 노동을 재화로 간주
하면서 소비하는 것이다. 특히 공공 서비스 재화는 생활세계의 삶의 질과
긴밀하게 연계되어 있다.

3) 공공적 운송서비스 재화를 둘러싼 갈등

자본주의 체제에서 공공적 운송서비스 재화는 상업·산업자본이나 사회
구성원들에게 사회적 잉여가치를 분배·재분배하는 기능을 담당한다. 자
본은 보다 저렴한 가격으로 운송서비스 재화를 소비하여 사적 상품의 경
쟁력을 강화하려 하고, 사회구성원들도 아주 저렴한 가격으로 운송서비
스 재화를 소비하려 한다. 그래서 대부분의 국가가 철도산업을 국·공유
화한 상태에서 자본이나 사회구성원들에게 운송서비스 재화를 생산하여
공급하고 있다.
사회구성원은 자본주의 생산력의 발전에 조응하는 생활세계의 삶의 질을

향상시키기 위해 운송서비스 재화를 중심으로 한 비물질적인 서비스 재화를 전유하려 한다. 사회구성원들이 양질의 생활세계를 유지하기 위해 공공적인 토대를 강화하는 공공성이다. 반면에 자본은 주기적으로 지속되는 축적위기를 극복하기 위해 공공부분의 구조개편을 요구하면서 공공서비스재화의 생산수단을 소유하려 한다. 자본이 소유하려 하는 대표적인 생산수단은 철도산업, 전력산업, 물산업 등의 국가기간산업들이다. 사회구성원과 국가 및 자본이 공공 서비스재화와 그 생산수단을 둘러싸고서 갈등하게 된다.

계급 간의 투쟁이 사회적 잉여가치를 둘러싸고서 발생한다는 점을 고려하면, 공공 서비스 재화 및 그 생산수단은 국가와 사회구성원 간의 갈등을 유발하는 접점으로 작용한다. 주요 현상은 두 가지 지점에서 나타난다. 하나는 가격차별화 정책이다. 사적 자본은 국가나 공공기관에서 공급하는 공공 운송서비스 재화의 혜택을 가격차별화 정책으로 혜택을 받으면서 자본축적을 하고 있다는 점이다. 사회구성원들에게 공급되는 공공 운송서비스의 가격보다 자본에게 공급하는 가격이 저렴하다는 점이다. 국가가 공공 운송서비스 시설을 바탕으로 자본축적을 지원하는 국가–자본의 공공성인 것이다. 다른 하나는 공공 운송서비스의 생산수단과 그 재화를 사적 자본에게 넘기는 민영화 정책으로 나타난다. 사적 자본은 축적위기가 발생할 때마다 철도산업의 민영화를 요구하였고, 국가는 국가경제의 위기를 극복하려 한다는 명분을 내세우면서 철도산업의 민영화 정책을 추구하려 하였다.

그리하여 국가–자본과 사회구성원들은 공공성을 계급적으로 전유하기 위한 투쟁을 전개한다. 공공성을 둘러싼 사회적 계급관계가 형성되는 것이다. 국가와 자본은 축적을 촉진시키는데 유리한 공공 운송서비스 생산수단을 전유하려 하고, 사회구성원들은 그러한 정책에 반대하면서 자신들에게 유리한 공공적 토대를 강화시키려 한다. 국가가 사회구성원들에게 공공재화를 공급하고 있다는 그 자체만으로 사회구성원들의 공공적 토대가 강화되는 것이 아니기 때문이다.

그렇지만 공공 운송서비스 재화의 전유를 둘러싼 투쟁의 성격을 희석시키는 요인이 존재한다. 국가―자본의 이데올로기적 통제전략이기도 하다. 첫째로는 공공 운송서비스 재화의 독점적인 생산구조 및 운영구조가 관료적이고 비민주적이라는 점을 강조하는 것이다. 주요한 근거는 의사결정 과정의 비효율성, 시장의 원칙에 반하는 독과점적인 가격의 결정, 그리고 공공기관과 정부 간의 공정유착현상 등이었다. 운영과정에서 나타나는 현상들은 국가나 공공기관이 개혁해야만 할 지점들이다. 그렇지만 소유구조를 변화시켜야만 공공기관의 운영과정에서 나타난 문제점들을 개혁할 수 있다고 하는 민영화 정책의 논리는 공공기관을 운영하는 주체로서의 역할과 기능을 포기하는 자기모순에 빠지게 된다. 둘째, 국가는 공공재화를 제공하는 절대적 시혜자이고 사회구성원은 수혜자인양 인식되는 국가 이데올로기들이다. 이러한 이데올로기는 공공부문의 노동자들에게도 존재한다. "국가 이데올로기는 성장의 일꾼이라는 신화 속에서 자연스럽게 공공부문 노동자 개개인의 의식 속으로 침투해 들어갔다. 즉 자본축적의 효율적 기제로서의 공공성에 대한 성격이 부각되었으며, 공공부문 노동자들의 의식은 국가발전에 헌신하는 공복의식으로 발전하게 되었다."[97] 이러한 이데올로기는 국가 정책의 절대주의적인 정당성을 강조한다. 즉 국가 정책은 '무오류의 신화'인 것이다. 사회구성원이 국가 정책에 반대하는 것조차 허용되지 않는 경우도 있고, 또는 국가 정책에 반대하는 것을 형식적으로 허용하는 경우도 있다. 두 가지 모두 국가만이 최선이고 사회구성원은 차선이라는 '국가 도취증(europhobia)'의 일환에 해당한다.

---

[97] 송유나, 「구조조정기 공공부문 노동조합운동의 한계와 과제」, 민주사회정책연구원,전국공공운수
사회서비스노동조합연맹, 「김대중정부 공공부문 구조조정 : 평가와 과제」, 2001.3.30.

4) 공공적 운수서비스 재화의 탈국가적 공공성

사회구성원들은 공공부문에서 생산하는 공공재화의 소비혜택을 누려야
만 할 권리를 보유하고 있다. 사회구성원들은 공공부문의 실질적 소유자
이고, 생활에 필수적인 공공재화를 모두가 소비하면서 삶의 질을 향상시
킬 권리를 보유하고 있기 때문이다. 이러한 '권리'는 사회구성원 모두에게
주어지는 자연권이자 실정법상의 권리이다. 단지 자신의 의사와는 무관하
게 그러한 권리들을 정부에 위임했을 뿐이다. 사회구성원으로부터 위임받
은 정부의 각종 권한이 공공성을 침해할 수 없다면, 철도산업의 사회공
공성을 유지하기 위해 철도산업의 '사회적 생산과 사회적 소비'를 강화시
켜야 한다.

공공적 운수서비스 재화는 지역, 계층을 넘어서서 언제든지 누구에게나
공급되어야 하는 사회적이고 집합적인 생활수단이다. 문제는 철도산업의
공공적이고 사회적인 생산이 사적 자본의 이윤축적에 유리한 조건을 구
축하는 것이 아니라 사회적 자본의 축적으로 공공부문의 '사회적 생산력'
을 향상시켜야 한다는 점이다. 이를 위해서는 생산수단에 대한 사회적 소
유를 바탕으로 공공부문 자체의 경쟁력과 효율성을 제고시켜야 한다. 마
쫄리니(R. Mazzolini)는 "공기업의 존립목표를 이윤목표(profit goal)와 도
구목표(tool goal)를 들고 있는데, 전자는 기업성을 뜻하고 후자는 공공성
을 의미하는 것이었다. 국가는 투자에 대한 최소한의 보장만을 요구하는
반면, 국가가 공기업에 대해 특별한 요구가 있을 때, 공기업은 국가의 사
회, 경제적 정책도구로서의 기능을 수행한다. 이 경우, 공기업들은 경제적
효율성보다 공공목표의 실현이 우선적으로 실행된다."[98]

철도산업은 사적으로 점유되지 않은 한 사회적 생산력을 발전시키기는 주
요한 사회적 하부구조(social infra-structure)이다. 사회적 생산과 사회

---

98) Renato Mazzolini, Government Controlled Enterprise, N.Y ; John Wily & sons, 1979,pp.24-
26; 유훈, 『공기업론』, 법문사, 1985, 53쪽.

적 소비의 유기적 관계를 구축하는 과정이자 공공재화를 평등하게 소비
할 수 있는 사회체계를 구축하는 과정이다. 문제는 '분배 효율성', 즉 사회
구성원 모두에게 철도산업의 공공교통운수 서비스재화의 소비혜택을 누
릴 수 있는 공급체계가 효율적으로 구축되었는가 하는 점과 그 재화의 생
산·소비과정에서 발생하는 가치를 누가 소유하느냐라는 점이다. 철도 공
무원노동자들의 자부심도 국민에게 제공하는 공공서비스 재화로 나타나
고 있었다. "가장 큰 자부심은 명절이든 혹은 국가적인 큰 행사이든, 국
민의 안전과 생명을 위해 열심히 일하면서 봉사하고 있다는 점이다."(김영
만,2003;신용길,2003;정석호, 2004) 시설직으로 일하다가 정년퇴임한 철도
공무원노동자의 평생 자부심 중에 하나도 마찬가지였다. "선로에서 일을
하면서 정말 힘이 들더라도, 국민의 생명권을 사수한다는 생각만 하면 힘
이 절로 난다. 평생을 힘들게 일하면서도 항상 마음을 뿌듯하게 한 것은
바로 이 점이었다."(박석동, 2003)
이처럼 국가 및 공공기관이 운영하면서 공급하는 철도산업의 공공교통운
송 서비스재화는 계급적으로 이중적인 성격을 보유하고 있다. 한 측면은
공공교통운수 서비스재화가 자본의 축적조건, 특히 물류유통의 사회적
기반으로 존재해야만 하는 것이고, 또 다른 한 측면은 사회구성원들에게
양질의 공공교통재화를 공급해야만 하는 것이다. 그래서 공공성은 공공
교통운수 서비스재화의 생산과 소비의 과정에서 총체적으로 드러나는 계
급적 성격을 반영하면서 그 성격을 드러낸다. 공공교통운송 서비스재화
를 둘러싼 계급적 갈등이 발생하는 주요 이유이다.
사회구성원들이 공공교통운수 서비스재화를 생산하는 주체이자 소비하
는 주체로서 생산과 소비를 통제할 수 있는 사회적 관계를 구축해야 하
고, 이 과정에서 자본주의 국가권력과 사회체제의 성격과 내용을 변화시
켜야 한다. 소위 사회구성원이 주도하는 '탈국가적 공공성'은 공공교통운
수 서비스재화를 생산하는 과정과 소비하는 과정을 사회구성원의 계급적
이해로 통제하는 과정에서 현실화될 수 있다. 이는 공공기관 및 국가권력

에 대한 사회구성원의 관리와 통제를 전제로 하지 않으면 불가능하다. 공공기관의 형식적 소유자인 국가, 공공기관의 운영, 그리고 공공교통운수 서비스재화의 소비과정에 대한 사회구성원의 통제를 의미하는 것이다. 공공기관의 사회적 소유와 운영이 보편화되는 과정에서 탈국가적 공공성을 실현할 수 있는 단초가 마련될 수 있다.

문제는 공공교통운수 서비스재화를 생산하고 소비하는 사회적 관계에 따라 공공성의 계급적 성격이 규정된다는 점이다. 공공성 확보투쟁은 공공재화로 형성되는 공공적 가치를 전유하는 과정이자 사회적 계급관계를 구성·재구성하는 과정이다. 공공재화의 공급을 얼마만큼 확대·강화시켜 나갈 것인가는 기본적으로 계급 간의 힘 관계에 의해 결정된다. 다시 말해 그 부문을 공공재화라는 이데올로기를 앞세우면서도 공공재화의 공급을 최소화하는 동시에 그 부문을 '자본주의적 생산의 일반적인 물질적·비물질적 조건'[99]으로 최대한 한정시키려는 자본과, 그러한 부문에 공공재적 성격을 더 많이 각인시키고, 생활세계에서 공공재화의 공급을 확대·강화하려는 노동자·민중간의 힘 관계에 의해 결정되는 것이다.

4. 결 론

공공이익은 사회구성원들 모두의 이익이 되는 것 또는 사회 전체적인 수준에서의 이익을 일컫기도 하고, 그것이 모든 사회구성원들에게 직접적으로 적용되지 않는 경우에도, 예를 들면, 사회적 약자로 인정되는 사회구성원 집단을 보호하기 위한 공공서비스의 제공이 이루어지는 경우에도 사

---

99) 생산의 목표가 이윤창출에 있는 자본주의적 생산체제 하에서도 총자본의 관점에서 볼 때에는 자본주의적 이윤생산에 필수적으로 요구되지만, 적합한 이윤을 창출하거나 실현시킬 수 없기 때문에 개별자본이 그 공급을 떠맡을 수 없는 부문이 많든 적든 언제나 존재하기 마련이다. 이러한 부문을 자본주의적 생산의 물질적·비물질적 조건이라고 한다. 김세균, 「공공부문 구조조정과 노동운동의 과제」, 한국노동이론정책연구소, 『현장에서 미래를』, 2000년 4월 호, 198쪽.

용되므로, 직접적으로는 사회구성원 일부의 이익을 보호하기 위한 것일지라도, 결과적으로 또는 간접적으로 나머지 모든 사회구성원들의 궁극적인 이익에 도움이 되는 것일 때에는 그것을 공공이익에 부합하는 것으로 인정될 수 있다.

사회구성원의 이해를 중심으로 공공적 운수서비스 재화의 생산과 소비가 이루어지기 위해서는, 공공적 운수서비스 재화를 생산하고 소비하는 사회적 구조가 사회구성원의 계급적 이해에 상응하여 구축되어야 한다는 의미이다. 그 의미와 과제를 몇 가지로 정리하면, 다음과 같다. 첫째로는 물질적이거나 비물질적인 완전형 공공재화의 양과 질이 지속적으로 확장되거나 높아져야 한다. 이는 국민들에게 무료로 공급되는 양질의 공공재화가 더욱 많아져야 한다는 의미이다. 무상의료나 무상교육 등이 대표적인 사례라 할 수 있다. 둘째로는 물질적인 불완전형 공공재화의 잉여가치가 사적으로 전유되지 않아야 한다. 독·과점적인 공급체계 및 수익체계에서 형성된 잉여가치가 사적자본이나 정치적 지배세력의 이해로 전이되어서는 안된다는 것이다. 공공부문이 공공권력이나 자본에 의해 좌우되는 정치적 공공성을 넘어 노동자·민중의 생활세계에 조응할 수 있는 계급적 공공성을 실현해야 한다. 셋째로는 물질적인 불완전형 공공재화의 잉여가치가 최소한의 수준이어야 한다. 최소한의 수준에 대한 논란이 제기될 수 있지만, 공공적 생산을 유지하는 수준에서 소비자들에게 값싼 가격으로 공급되어야 한다는 의미이다. 물론 공공기관의 노동자이기 때문에 다른 업종의 노동자들과 상대적으로 차별적인 지위를 누려야 한다는 것은 아니다. 넷째로는 사회구성원의 계급적 이해를 중심으로 한 비물질적인 공공재화를 지속적으로 생산하기 위해서는 자본주의 국가에 대한 노동자·민중의 통제장치를 다양하게 구축하거나 계급투쟁으로 자본주의 국가권력의 성격을 변화시킴과 동시에 사회체제의 모순을 극복하여야 한다.

제2절. 철도 공무원노동자의
공공적 양성과 생활세계

1. 문제제기

철도는 다양한 직종의 전문적 노동자들을 필요로 하는 산업이다. 대표적인 직종은 승무, 역무, 차량, 시설 등이지만, 이 외에도 많은 기능직 직종의 노동자들이 고용된다. 그래서 조선의 권력은 일본 제국주의 세력과 함께 철도산업의 전문적인 인력양성소를 1905년부터 운영하였다. 현재는 1999년에 창설된 한국철도대학[100]이 철도의 전문인력을 양성하고 있지만, 1945년 이후 1980년 이전까지는 철도인력을 양성하는 기관의 변화가 자주 발생하였다. 고등학교 수준의 전문적 교육체계가 수시로 변화되었던 것이다.

철도 공무원노동자들은 보통 공식적이고 전문적인 인력양성기관을 통해 철도산업으로 진입하였지만 그렇지 않은 철도 공무원노동자들도 아주 많이 있었다. 주로 이러한 철도 공무원노동자들은 특별채용의 방식으로 철도산업에 진입하였다. 철도산업의 업무 중에는 전문성을 필요로 하지 않는 부분이 있었고 또한 인력을 채용하는 권한이 각 지방본부나 사무소에 분산되어 있었기 때문이다. 그리고 철도청은 1973년에 공개채용시험제도를 도입하였다. 정부는 특별채용과는 무관하게 공개경쟁체제의 방식으로도 철도 공무원노동자들의 진입경로를 제공하였던 것이다.

그러나 특별채용은 노동현장에서 적지 않은 문제점들을 양산하였다. 위계적이고 권위주의적인 조직문화, 연고주의적인 진입과 인력관리, 그리고 철도 공무원노동자 간의 내부적 차별과 경쟁이라는 현상이 나타났다. 이러한 현상은 직종별 혹은 출신기관별로 나타나서 철도 공무원노동자들의

---

100) 한국철도대학과 국립충주대학교가 통합하여 2012년 3월 1일 한국교통대학으로 새롭게 태어났다.

조직적 단결을 저해하는 요인으로 작용하였다. 그런데 철도 공무원노동자들의 진입경로 자체가 철도 공무원노동자들의 생활세계와 긴밀하게 연계되어 있었다. 공공권력에 의존하는 생활문화 및 연고 중심의 생활문화가 노동현장의 노사관계 및 노사문화로 정착되었다. 이는 또한 노동현장의 비정상적인 인력관리정책에 순응하는 철도 공무원노동자들의 모습도 자연스러운 현상이었다.

공공권력은 철도산업의 인력양성기관이나 양성제도들을 지배하고 관리하였다. 공공권력은 철도 공무원노동자들을 형성하는 직접적인 주체로서의 역할을 담하였다. 철도 공무원노동자들은 이 과정에서 국가를 중심으로 하는 공공성의 영향을 받지 않을 수 없었다. 철도산업에 진입하는 경로를 분석하는 것은 노동현장의 노동문화를 규명하는 계기이고, 또한 철도인력을 양성하는 과정에서 투영되었던 철도산업의 공공성을 역사적으로 재조명하는 과정이다.

2. 공공적 양성기관과 철도 공무원노동자
1) 공공직장에 대한 선호

1899년 경인선이 개통되고 난 이후, 철도산업은 1887년에 최초로 점등된 전기산업과 더불어 전근대적인 조선사회의 근대적 변화를 추동하는 사회적 기반으로 작용하였다. 서울에는 열차와 전차가 다니기 시작하여 근대적이고 공공적인 교통운수 서비스재화가 공급되고 소비되었다. 그런데 철도산업은 거대한 토지를 점유하거나 혹은 매입하면서 철도를 부설해야 하기 때문에 출발부터 공공적인 권력과 대규모 자본의 결합 속에서 이루어지지 않을 수 없었고, 대규모의 전문적 노동력을 필요로 하였다.

철도산업에 흡수되는 조선 노동자의 입장에 볼 때, 철도산업은 조선노동자들에게 근대적인 노동계약만이 아니라 관영인력의 시공간을 제공하였다. 특히 관영인력이 각종 시험이나 양반귀족들의 세습으로 형성되었다는 점을 고려한다면, 조선 노동자들에게 철도산업은 시험을 거치지 않고도 관영인력으로 나아갈 수 있는 최고의 대상이 아닐 수 없었다. 식민지시기에 사회주의 운동을 했던 세력들이 1930년대 원산지역의 '철도 공무원노동자들을 관영노동을 매개로 출세하여 신분을 상승시키려는 사람들이라고 규정'[101] 한 것도, 당시 철도 공무원노동자들이 철도산업을 어떻게 생각하고 있었는가를 추론하게 한다. 조선 노동자들은 철도산업에 진입하는 것 자체를 매우 성공적인 삶의 한 수단으로 간주했을 것이다. 일제 식민지시기 약 1,000만 정도의 경제활동인구 중 약 10% 정도가 철도 공무원노동자였다는 점을 고려하면, 철도산업은 일제 식민지시기의 공공인력을 양성하고 흡수하는 공간이었다.

이러한 현상은 1950년 이후 1970년대 말까지 이어졌다. 1950년대에 정치적 권력과 경제적 금력을 이용해서라도 취업하려 했는데, 이는 철도산업의 노동자들에게 공무원이라는 신분상의 안정성과 공공기관 노동자들의 생활에 필요한 최소한의 금전적 보상이 이루어졌기 때문이다. 안정적인 생활을 위해서는 공공기관이 유리하다는 식민지 시대부터의 역사적 경험과 궤를 같이 하고 있는 것이다. 이들 대부분은 어렸을 적에 철로 주변에서 살았거나 친척 중에 누군가가 철도산업에 근무하는 경우가 허다하였다. 어렸을 적에 달리는 열차를 보고 철도 노동자로서의 꿈을 가졌던 경우가 많았고, 직장을 찾던 중 친척의 권유로 임시직에 응시한 경우도 허다하였다. 입사하는 과정에서도 친척의 도움을 받았다. 철도에 입사하고 난 이후, '가족적 연고' 때문에 노동현장에서 자신의 권리를 독립적으로 요구하기가 쉽지 않았다. 목포에서 근무하다가 정년퇴임을 한 철도 공무원노동자는 이렇게 증언하고 있다. "우리 고향 마을 앞으로 열차가 다닌다. 어렸을 적에 들에 나가 일을 할 때, 시설을 보수하는 사람들이 공동으로 기합소리를 내면서 일하는 모습이 너무나 마음에 들었다. 커서 철도에서 일

101) 한국역사연구회 1930년대 연구반 지음, 앞의 책, 한길사, 1991, 322-323쪽

하겠다는 마음을 그 당시에 가졌다. 친척의 도움을 받아 나는 그 꿈을 이루었다. 그렇지만 일을 하는 과정에서는 내 자신의 권리를 적극적으로 요구하기가 쉽지 않았다. 나를 소개시켜 준 친척과의 관계도 고려하지 않을 수 없었기 때문이다."(박석동, 2003)

또한 철도 공무원노동자들은 식민지시기뿐만 아니라 해방정국과 한국전쟁의 시기에도 다른 업종의 노동자들에 비해 상대적으로 안정적인 생활을 유지할 수 있었다. "1949년 6월 경에 가족수당이라는 것이 만들어졌다. 가족수당이라는 것은 쌀로 받았다. 쪼그만 말로는 두 말. 큰 말로 한 말. 쌀로 받은 가족수당은 당시 가족 모두가 그럭저럭 살아가는 힘이었다. 다른 사람들에 비해 상대적으로 어렵지 않았다."(신상윤, 2011)

그래서 1950년대 철도산업에 입사하는 경로가 공식적인 것만은 아니었다. 부정적인 권력과 돈을 이용하여 입사하는 경우도 있었기 때문이다. 당시 한국전쟁의 폐해로 인해 사회구성원들을 모두 수용할만한 공장이 부족한 상황이었기 때문에, 사회구성원들은 공공기관에 입사하는 것 자체가 사회적으로 출세하여 생활의 안정을 유지하는 지름길이었다. 입사하는 과정에서 권력과 돈을 이용하지 않을 수 없었던 사회적 조건이었고, 또한 부모들은 이미 취업해 있는 인맥을 동원하여 자식들의 취업을 요청하지 않을 수 없었다. 당시 전매청에는 국회의원이나 장관을 통해서 입사하거나 적지 않은 돈으로 매수해야만 가능했다.[102] 공공기관에서 근무하고 있는 친척을 비롯한 다양한 인맥을 동원하거나, 임시직으로 근무하면서 정식직급을 돈으로 매수하는 방법이었다. 1950년대에 전매청에 근무했던 노동자는 이렇게 증언하고 있다. "전매청에 들어가는 과정에서 권력기관과 손이 닿는 친척의 도움이 매우 컸다. 이러한 배경이 없으면, 전매청에 거의 입사할 수 없었다. 철도청에 입사하는 것도 전매청의 경우와 거의

---

102) "이거는 진짜배긴데, 다 훔쳐 가는기라. 담배곽도 훔치고 담배도 훔치고 넣어 가지고만. 그러니까 이 나라가요. 전부 다 도둑놈이에요. 그러니까 담배 뭐 훔쳐 가지고 공장 바깥에 나가면, 수위들이 얘기하는 거예요. 그래서 여성들도 말이에요. 여성들도 담배를 훔쳐 나오는 거예요. 전매청에 취직을 하려면 국회의원 통해서 장관 통해서 취직을 하는 거예요. 요새 돈으로 천만원 한 이천만원 내놓고 전매청에 취직하는 거예요." 이일재, 2004.

동일하다."(이일재, 2003) 이 과정에서 노동조합은 막강한 권력은 행사하였다. 노동조합의 인맥을 이용하면, 입사 문제나 보직 변경의 문제가 노동조합의 권력으로 아주 쉽게 해결될 수 있었던 것이다.

그리고 1960-70년대에는 철도전문인력을 양성하는 기관이 국비로 운영되면서 학생들에게 각종의 혜택, 특히 기숙사 생활과 특별채용방식 등을 제공하였기 때문에, 농촌 지역의 많은 사람들이 자식들을 철도고등학교에 입학시키려 하였다. 대표적인 기관은 1967년 3월 30일에 개교한 철도고등학교였다. 철도고등학교에 입학한 학생들에게는 군대를 면제해 주지는 않았지만, 학비가 면제되고 졸업과 동시에 철도공무원이 될 수 있다는 유인조건 때문에, 중학교에서 공부를 아주 잘하는 학생들이 입학하였다. "철도고등학교 갈라고 그러면 그 중학교에서 상당한 실력이 있는 사람들만 갔거든요. 저도 공부를 좀 잘하는 편이었는데도 철도고등학교 갈 정도의 실력이 안됐었어요, 사실은. 전교에서 몇 명 추천하는데 전교에서 거의 상위권, 10등 안에 들어야만 추천해주었습니다."(신용길, 2003)

철도고등학교 학생들은 대부분 철도 공무원이 되고자 하는 꿈을 가지고 입학하였지만, 학비가 면제된다는 사실도 학교를 선택하는데 있어서 적지 않은 매력으로 작용하였다. "내가 철도고등학교를 선택하게 된 것은 아버지의 영향이 제일 컸다. 1960년대에 철도에 입사하려다가 입사하지 못한 아버지는 나에게 꼭 철도고등학교에 입학할 것을 강요하셨다. 우리 집은 당시 인천에서 멀리 떨어지지 않은 지역에서 살고 있었지만, 가난하지는 않았다. 학교를 다니면서 느낀 것이지만, 철도고등학교 동문들도 마찬가지일 것이라고 생각한다."(이철의, 2003) 철도 공무원이 되는 지름길이었고, 학비가 면제되었기 때문에 철도고등학교를 선택한 것으로 보아야 한다. 철도고등학교를 선택하게 되는 요인 중에서 집안생활의 수준이 절대적인 요인으로 작용되지 않았을 것이다. 왜냐하면 당시에는 가난한 집안생활 때문에 고등학교를 입학하지 못한 경우가 허다하였기 때문이다.

그렇지만 철도 전문인력 양성기관을 통하지 않고 철도에 진입한 노동자들도 철도에 취업하는 것을 매우 선호하였다. 이러한 철도 공무원노동자들도 역시 농촌에서 이농하여 친척집에 기거하면서 철도에 임시계약직으로 채용되는 방식으로 진입하였다. 1960~70년대 철도산업에 임시계약직으로 진입하는 것은 어렵지 않은 상황이었기 때문에, 대부분의 임시계약직 노동자들은 공작창의 하역 업무를 하거나 짧은 기간 동안 다른 업종의 직장생활을 한 사람들이 적지 않았고, 근무기간도 그리 길지 않았다. "옛날에는 힘만 세면 선로반에 기능직 9급으로 입직할 수 있었다. 당시에 이름도 쓰지 못하는 무학자들도 있었지만, 그들도 기능직 9급 공무원으로 일할 수 있었다."(김대원, 2003)

이들은 대부분 자신의 실기기능과 직접적으로 연관이 되는 업종에서 근무하였다. 이러한 직장생활의 기능적 경험들이 철도청에 임시직으로 채용되는데 도움이 되었다. 예를 들면, 목공소에서 직장생활을 한 노동자들이 목수를 필요로 하는 차량직의 객차에 임시로 채용되는 경우였다.

이들도 일반적으로 철도에 임시직으로 입사하여 적지 않은 고통을 겪었지만, 입사하기 이전에는 다른 업종에서 노동을 한 경우가 많았다. "철도에 입사하기 전에 약 2년 동안 도기를 만드는 공장과 서울 청량리에 소재했던 제지공장에서 일을 하였다. 상대적으로 적지 않은 임금을 받았지만, 일이 너무나 힘들었다. 하루에 12시간 이상의 노동을 해야 하고, 숙식은 개판이었다. 그렇지만 배가 고팠기 때문에 김치 하나만 가지고도 식사를 맛있게 먹지 않을 수 없었다."(손우석, 2003) 농촌에서 부모님의 일손을 도와주거나 이농하여 적지 않은 직업을 전전하였다. 육체적으로 힘든 직업들이었다. 육체적으로 힘들지 않을 것이라는 기대에서 철도청의 임시직에 응시하였다. 주로 시설직종에 근무하고 있는 노동자들이다. 하지만 임시직이었다 할지라도, 철도청에 입사하는 것 자체가 노동자들에게 적지 않은 자부심을 느끼게 했다. 작업장 내부에서 큰 문제가 없는 한, 대부분 임시직 계약기간을 연장하였다. 사회적으로는 그러한 임시직에 대해서도 안정적인 직업으로 인정하였던 것이다.

돈을 벌어 집안에 도움이 되어야 한다는 생각에 요업공업, 화학공업, 운수통신업에 종사했던 노동자는 다음과 같이 증언하고 있다. "이런 공장에서는 육체적으로 너무 힘들었지만, 월급은 적지 않았다. 집안에 큰 도움이 되었다. 철도에 근무하고 있었던 사람들보다 많은 월급을 받았다. 그러나 육체적으로 너무나 고통스러워 견디기 힘들었다. 월급이 적더라도 육체적으로 고통이 덜하면서도 공공기관이라는 이유 때문에 철도청에 응시하였다."(박석동, 2003) 다양한 직업을 경험했지만, 육체적으로 고통이 덜하면서도 안정적으로 월급이 제공되는 철도청을 선호하였던 것이다. 이러한 경험을 한 노동자들은 철도산업의 노동이 사기업의 노동에 비해 덜 혹독할 것이라는 희망을 가지고 있었고, 또한 어릴 때부터 철도에 대해 호감을 가지고 있었다. 공채시험에서 두 번 낙방하고 세 번째 시험에 합격하여 현재까지 기관사를 하고 있는 노동자는 이렇게 증언하고 있다. "철도에 입사하면 월급은 적을지라도 육체적으로 힘들지 않을 것이다, 공무원의 업무가 정시에 출근하고 정시에 퇴근하는 것 아닌가라고 생각했다. 인문계 고등학교를 철도 역 주변에서 생활하며 다닐 때, 철도 기관사가 되려는 꿈을 갖게 되었다. 승무 제복을 입고 열차를 운행하는 모습이 너무나 멋있어 보였다. 기관사가 되기 위해 다른 공장에서 근무하면서도 시험공부를 하였다. 세 번째 시험에 합격한 그 순간이나 지금 이 순간에도 철도 공무원으로서의 자부심을 느끼면서 살아가고 있다."(정석호, 2003)

2) 인력양성기관의 부침

철도 전문인력을 양성하는 기관은 1905년 3월 10일 인천에서 발족한 철도이원양성소가 처음이었다. 이 양성소는 두 가지의 인력을 대상으로 전문교육을 시행하였다. 하나는 1889년 이후 이미 철도에 진입한 철도 공무원노동자들을 상대로 교육훈련을 추진하는 것이었고, 다른 하나는 철도 공무원노동자를 새롭게 양성하는 학교를 운영하는 것이었다. 철도이원양성소는 3개월의 속성 교육으로 철도 전문인력을 양성하였다. 철도이원양성소에 입소한 사람들은 용인 견습생으로 간주되어 숙박· 피복· 일급 15전 등의 편의를 제공받았다. 그런데 경의철도가 통감부로 이관되자, 철도이원양성소는 통감부 철도관리국 전신수기생양성소로 개칭되어 1907년 11월 서울 용산으로 이전하였다. 전국적인 철도 전문인력 양성체제가 구축되기 시작하였던 것이다. 이는 1910년을 전후로 발전하기 시작하는 식민지 산업과 무관하지 않을 것이다. 또한 식민지시대의 권력과 자본은 1925년 철도의 총 연장거리가 2000km 이상이 되면서부터 철도종사원교육소(1910.11) 및 경성철도학교(1919.4.1)를 철도종사원양성소로 개편하였다. 철도 전문인력을 양성하는 이러한 체제는 1945년 8월 해방이 이루어질 때까지 지속되었는데, 이는 철도 전문인력을 양성하는 체제가 구조적으로 정착되었다고 판단해도 무방할 것이다.

그런데 미군정은 1945년 10월 1일 중앙교통종사원양성소를 개교시키고 난 이후 1946년 5월 15일에 6년제 운수학교로 개편시켰다. 미군이 1945년 9월 23일 한국에 진입했던 점을 고려하면, 미군정은 약 1주일 만에 철도산업을 관리할 수 있는 구조적 조건을 구축했던 것이다. 미군정의 의도를 두 가지 측면에서 추론할 수 있다. 하나는 미군정 역시 일제 식민지시기의 권력이나 자본과 마찬가지로 철도산업의 공공적 관리와 통제를 강화시키려 했다는 점이다. 다른 하나는 철도산업의 전문인력을 단기적인 교육훈련의 과정이 아니라 6년이라는 장기적 과정으로 양성하려 했다는 점이다.

그러나 미군정의 이러한 의도는 한국전쟁의 발발과 함께 무산되었다. 한국전쟁은 6년제의 체계로 전문적인 철도 공무원노동자들을 양성하고자 했던 미군정의 정책을 3년제 고등학교 교육정책, 즉 이승만 정부가 1951년 9월 1일, 6년제 운수학교체계를 3년제 교통고등학교 체계로 변화시킨 것이다. 이승만 정부는 한국전쟁으로 파괴된 철도시설을 복구하기 위한 철도인력을 단기간에 만들어 낼 필요가 있었다. 또한 당시 기관차(대)와 화차

(량) 및 역이 증가했지만, 철도 공무원노동자의 수는 1945년 8월에 비해 약 25,000여 명이 줄어든 상태였기 때문에, 이승만 정부는 장기적인 철도인력 양성체제를 유지하기가 쉽지 않았다. 그래서 1977년 철도전문대학이 설립되기 이전까지, 철도인력 양성체제는 부침을 거듭하지 않을 수 없었다. 교통고등학교는 1962년 2월 12일 서울시로 이관되어 용산공업고등학교로 개칭되었다가 1964년 2월에 폐지되는데, 1945년 10월 1일 이후 4,136명의 철도 전문인력을 양성하였다. 철도 공무원노동자들을 배출해 왔던 교통고등학교가 공식적으로 폐교되고 철도고등학교가 설립된 그 시기, 즉 1962년 2월부터 1967년 2월까지 철도 공무원노동자를 양성하는 기관은 교통고등학교를 대신했던 학교는 서울의 용산공업고등학교와 대전의 중도공업고등학교(현재는 계룡공업고등학교)였다.

1964년 당시 용산공업고등학교 3학년 재학 중에 입사했던 한 철도 공무원노동자는 철도교육과 관련된 용산공고의 교육과정을 다음과 같이 기억하고 있다. "용산공고에 입학을 했는데, 우리 1년 선배들은 3학년 때 철도 과목을 학교에서 따로 배웠어요. 1년 동안 학교에서 철도 차량이라든지, 디젤 기관차 운전 규정, 철도 규정을 배워가지고, 특별 채용시험을 봐서 철도에 입사했어요. 그런데 우리들은 그렇게 하지 못했다. 특별 채용도 안하고, 과목도 다 없어졌다. 그 이유는 교통학교를 폐지하고 난 이후 철도인력을 어떻게 충원할 것인가를 놓고서 많은 논의가 제기되는 상황에서, 용산공고가 영국으로부터 받는 20만 달러의 교육원조 프로그램 대상이었기 때문에 용산공고를 다시 교통학교로 되돌리기 어려운 상황이었다. 그래서 정부는 갈팡질팡하다가 철도고등학교를 다시 만들기로 한 것이다. 철도고등학교 1기생은 용산공고에서 1년 반 정도 야간 수업을 했어요. 걔들이 고생 좀 했지. 그래가지고 그 후에 옛날에 철도 교육원 자리로 이사 갈 때까지 용산공고에서 셋방살이해서 철도고 1기생들은 고생을 좀 했지요. 우린 우리 선배들이 철도에 특채됐다고 해서 우리도 특채되는 줄 알고 있었는데, 과목도 안 가르치고 특채도 없다는 거예요. 그래서 나는 포기

했었는데, 다행히 취업했어요."(이태균, 2011)

용산공업고등학교와 중도공업고등학교가 전문적인 철도인력을 양성하는 데 적지 않은 어려움이 존재하였다. 그래서 정부는 1967년 5월 26일에 1년 과정의 철도고등학교 전수부를 설치하였다. "철도의 전문인력을 양성하는 직업훈련원이라고 보아야 한다. 이 훈련과정을 거친 노동자들은 교통학교를 졸업한 학생들과 마찬가지로 형식적인 절차를 거쳐, 공무원 자격으로 철도에 입사할 수 있었다."(이영달, 2003) 정부는 전수부를 수료한 사람들에게 학력은 인정하지 않았지만 9급 공무원으로 임용하였다. 1971년 1월 제4기 졸업생까지 일반직으로 임용하다가 1971년 8월(5기만 6개월 과정)부터 기능직으로 임용하였다.[103] 이처럼 철도고등학교 전수부는 철도산업의 전문적이고 공식적인 자격요건을 갖춘 인력을 양성하였다. "제3기 철도전수부를 마치고서 철도에 바로 입사하여 바로 정식 직원으로 발령이 났다. 내가 하고 있는 일은 전기직종이지만, 당시 철도전수부에서는 철도와 관련된 전문적인 지식을 집중적으로 배웠다."(이영달, 2003)

1974년 4월 30일, 철도고등학교 전수부는 제8기 훈련원들이 수료하면서 폐지되었는데, 그 이유는 1974년 4월 19일에 '철도전문부의 설치 및 운영에 관한 개정령'때문이었다. 정부는 2년제 교육훈련과정인 철도고등학교 전문부를 설치하여 운영하였다. 철도고등학교 전문부의 교육훈련과정을 거친 사람들은 학력은 인정되지 않았지만 8급 공무원으로 특별채용되었다. 그런데 이 과정도 1977년 10월 20일 제2기 훈련생들까지 졸업하면서 폐지되었다.[104] 또 다시 철도전문학교가 만들어졌기 때문이다. 철도전문학교는 인력 수급문제와 관련하여 철도학교 존폐에 대한 많은 논란 끝에 1986년 2월 28일 폐지되었다. 철도전문학교는 총 17기에 6,295명의 졸업생을 배출하였다.

철도고등학교 전수부를 수료하고 철도에 입사했던 한 철도 공무원노동자

---

103) 제1기부터 제8기까지 수료하고 난 이후에 철도로 입사한 사람들은 총 2,676명이었다.
104) 철도고등학교 전문부를 졸업한 사람은 총 194명이었다.

는 철도인력을 양성하는 기관이 이처럼 개편과정을 거치게 된 주요 요인에 대해 다음과 같이 말하고 있다. "당시 전수부가 폐지되고 전문부가 설치되어 운영되었던 주요 이유는 철도인력을 어떻게 양성할 것인가의 문제였다. 보다 전문화된 인력을 양성하기 위한 정부의 의도였다고 판단한다." (이철의, 2003) 하지만 이는 철도의 인력양성체계가 불안정해서 인력양성에 필요한 교육훈련의 기간, 방식, 내용 등의 차이가 존재하였다는 의미이고, 또한 철도 공무원노동자들 사이에 교육훈련을 받은 기관별로 파벌을 만드는 계기로 작용하기도 하였다.

이처럼 역사적으로 교통고등학교와 철도고등학교 전수부 및 전문부, 그리고 철도전문학교는 철도인력을 양성하는 과정에서 조직체계의 다양한 개편과 폐지를 거듭하는 과정에서 체계적인 교육훈련의 시스템을 구축하지 못하고, 1979년 1월 1일부터 철도전문대학이 전문적인 철도인력의 양성을 책임지게 되었다.

3. 철도 공무원노동자의 노동현장 진입과 생활세계
1) 특별진입과 철도 공무원노동자

(1) 공공적 양성기관을 통한 특별진입

철도산업에서 공식적인 자격요건을 취득하는 기관은 교통고등학교, 용산공업고등학교, 중도공업고등학교, 철도고등학교, 철도고등학교 전수부와 전문부였다. 이들 기관을 졸업하는 사람들은 공식적인 자격요건을 갖춘 상태에서 철도에 입사할 수 있었다.

1960-70년대 철도산업의 공식적 자격을 갖춘 노동자들은 대부분 교통학교나 철도고등학교를 졸업하였다. 상대적으로 가난하게 생활하지 않았던 엘리트 학생들이었다. 특히 1960년대에 지방에서 공업고등학교나 일반고등학교를 졸업하고 난 이후, 입사한 철도 공무원노동자들은 비교적 가난

하지 않은 집안의 자식들이었다. "1960년대 공고를 졸업하고 철도에 들어
왔다. 당시 공고나 인문계 고등학교를 다닐 정도면, 집안이 가난하지 않았
다고 보아야 한다. 그 당시에 공고를 다닐 수 있었던 것도 가난하지 않은
집안 덕택이었다."(권춘길, 2003) 그런데 1970년대 철도고등학교 전수부나
전문부를 수료한 사람들은 대부분 고등학교를 졸업하고 난 이후 직업훈
련의 일환으로 참여한 경우가 허다하다. 이들은 수료 이후에 바로 철도의
공무원노동자로 임용되었기 때문에, 입사하는 과정에서 친·인척들의 입
사권유를 거의 받지 않았으며, 입사 정보를 독자적으로 취득할 필요가 없
었다. 철도고등학교를 졸업한 학생들도 마찬가지였다.

1970년대는 정부에서 실업계 고등학교를 육성하는 정책의 일환으로 정부
에서 육성하는 실업계 고등학교에 입학하는 학생들에 한해서는 학비를
면제해주었고, 취업의 특별기회를 제공하였다. 철도고등학교는 그러한 특
혜가 제공된 대표적 사례이다. 그리하여 농촌에서 공부를 잘하는 학생들
이 철도고등학교에 많이 지원하였다. 철도고등학교를 다니는 그 자체가
공무원의 자격으로 철도에 입사하는 주요 경로였기 때문이다.

철도고등학교 학생들은 졸업하면서 특채시험을 형식적으로 보고 난 이후
에 철도산업의 현장에 배치되었다. 서울과 수도권의 경우에는 희망자 중
에서 성적순으로 배치되었고, 그 나머지는 대부분 연고지가 있는 지역으
로 배치되었다. 대부분 승무직·역무직·차량직·전기직으로 배치되었다. 졸
업하자마자 철도에 입사하였기 때문에, 이들은 철도에 입사하기 이전에
다른 업종의 공장생활을 경험할 수 없었다. 철도에 입사하기 위한 정보를
개별적으로 습득할 필요가 없었다. 학교가 그러한 역할을 담당해 주었기
때문이다. 그런데 1970년대 중반에 고등학교를 다녔던 철도 노동자는 다
음과 같이 증언하고 있다. "저희 집은 우리 동네에서 평범하게 살았죠. 아
주 잘살지도 못하고 또 그렇게 못 살지도 않는 굉장히 평범한 집안이었죠.
그래서 저는 고등학교를 졸업할 수 있었다. 하지만 가난한 집 애들은 국민
학교를 졸업하자마자 공장생활을 위해 객지로 나갔다. 또한 못사는 집 아

이들은 나무 해다 팔 나이가 안 됐지만, 남의 머슴도 살고, 나무를 해다 팔거나 품팔이 해 가지고 살아가는 경우가 참 많았다."(신용길, 2003)

이처럼 공식적인 자격을 갖추고서 철도에 입사한 노동자들의 입사경로는 지극히 단순하다. 불우하지 않은 가정생활 덕택에 철도고등학교에 입학하여 공부만 하다가 학교를 졸업하고, 졸업하자마자 학교의 도움을 받아 철도에 입사하는 경로였다. 다른 공장에서 노동을 한 경험도 전무한 상태에서 철도에 입사한 것이다. 그래서 철도에 입사하고 난 이후 집안의 경제적 문제를 책임지기보다는 철도 공무원으로서의 본분을 성실하게 유지하는 것을 자신의 생활신조로 삼는 경우가 허다하였다.

(2) 연고를 통한 특별진입

식민지시기의 철도산업은 조선의 노동자들에게 근대적인 노동계약으로 관업노동의 기회를 제공하였다. 조선의 노동자들이 철도에 취업할 수 있는 방법은 두 가지였다. 하나는 철도인력 양성소에서 교육훈련을 받고 난 이후에 취업하는 것이고, 다른 하나는 전문적인 자격요건을 필요로 하지 않는 분야에 임시계약직으로 취업했다가 정규직으로 전환하는 것이었다. 철도산업의 지방청이나 사무소들은 임시계약직 노동자들을 자율적으로 선발할 수 있는 권한을 보유하고 있었기 때문에, 지방에서는 특히 후자의 방식으로 철도에 취업하는 경우가 아주 많았다. 그런데 철도 내부에서 일하고 있는 사람과 연고가 있거나 안면이 있는 사람들의 경우, 임시계약직으로 취업하기가 어렵지 않았다.

1943년 철도에 입사했던 철도 공무원노동자는 입사과정을 다음과 같이 기억하고 있다. "왜정 때 철도에 아는 사람이 한 명이라도 있으면 들어오기가 매우 쉬웠다. 나는 전쟁으로 일본 사람들이 다 전쟁에 동원되어 일할 사람이 모자라서 철도에 들어오게 되었다. 처음에 들어와서는 차를 청소하는 고내수로 출발해서 승무원으로 퇴직하였다. 철도에서 35년 간 근무를 하였다."(고석봉, 2003) "해방 전에는 철도에 취직하기가 매우 쉬웠다.

철도 내에 안면이 있는 사람이 있었으면, 취직이 가능했다. 일은 많은데 사람이 없었다. 1945년 해방되기 이전, 열차 차장으로 있었던 사촌형의 추천으로 들어왔는데, 들어와서 20일 동안 교육받고 조차수로 일을 했다."(류병화, 2011)

철도산업은 직종에 따라 전문적인 노동역량을 요구하기도 했고, 그렇지 않은 경우도 있었다. 전문적인 노동역량을 필요로 하지 않는 경우에, 임시계약직으로 취업한 사람들은 주로 시설직이나 차량직의 특수업무, 그리고 역무직의 단순업무 등을 담당하였다. 1963년에 처음으로 철도의 기능직 노동자들이 시험을 보고 입사하기 시작했다. "시험이라는 형식적 절차는 필요했다. 내가 철도에서 기능직 채용시험 1회다. 그 전은 전부 그냥 채용했다. 고용직이다 뭐다 해서 그냥 채용 했는데, 내가 그 기능직 1회에 시험을 봤다."(이상계, 2011)

하지만 그 이전에는 면접이라는 형식의 시험을 거치긴 하지만, 아주 형식적인 것에 불과했다. 취업의 여부를 결정하는 주요 요인은 바로 연고의 유무였다고 해도 과언이 아니다. 1950년을 전후로 철도에 임시계약직으로 특별채용되었던 노동자들은 당시의 진입과정을 다음과 같이 기억하고 있었다. "1949년에 입사했는데, 시험 안보고 들어왔다. 그때도 특채라고 그러나 뭐 그런 거지 뭐. 우리 이모부가 철도청에 다녔으니까. 전쟁 중이니까 그냥 대충 대충 보고 들여보낸 것이다."(신상윤, 2011;김규열, 2011) 1951년 당시 시험을 보았다고 기억하는 철도 공무원노동자도 그저 형식적인 절차에 불과했다고 말하고 있다. "1951년 당시에 시험보고 들어갔지만, 시험이라는 것이 형식적이었다. 25명 중에서 5명을 뽑았지만, 철도 내에 아는 사람이 있을 경우, 유리했다. 형님이 철도경찰이었다."(이기선, 2011) 어떤 방식으로 진입했든, 그 당시를 기억하는 사람들은 모두 철도 내부와 관계를 맺고 있었던 연고와 안면을 강조하였다. 이러한 현상은 1950년-60년대에도 지속되었다. "농촌이지만, 집안이 좀 잘 살아서 공고를 졸업하고 난 이후에 대학까지 다닐 수 있었다. 그러나 대학을 졸업하지 못하고, 철도공안

에 형님과 잘 알고 있는 분의 권유가 있어서 1967년에 철도에 취직할 수 있었다."(최경태, 2003)

철도산업의 인력양성기관이 양질의 전문적 인력을 공급하기가 쉽지 않은 상황에서, 철도산업은 임시계약직으로 채용하였다가 정규직으로 전환시키는 인력수급정책을 쓰지 않을 수 없었다. 1973년에 공개채용이 도입되기 이전까지, 공식적 자격요건을 갖추지 않은 노동자들은 1960년대의 입사조건과 마찬가지였다. 이력서와 간단한 면담만을 요구했던 것이다. 시설직이나 차량직의 경우, 시험보다는 기능의 숙련 정도가 입사의 관건이었다. 이러한 직종에서는 임시계약직으로 입사하는 경우가 대부분이었다. 업무의 양에 따라 3개월에서 1년이라는 기간 동안 임시직으로 입사하는 것이다. 대부분 임시직으로 1년 내지 2년 정도 일하다가 정규직으로 전환되었다. 그러나 5년에서 10년 동안 임시직으로 근무한 사람들도 존재한다. 내부적으로는 모든 노동자들이 정규직으로 채용된 것이 아니라, 시설직이나 차량직의 경우에는 임시계약직으로 채용되기도 했다. 시험과 면접이라는 공식적 자격요건을 거쳤다 할지라도, 철도산업 내부의 노동자들을 고용하는 체제가 직종 간에 차별적, 즉 철도산업 내부의 노동시장이 분절적이었던 것이다.

공식적 자격요건을 갖추지 않은 채, 1960년대나 1970년에서 1973년 사이에 철도청에 입사하는 시설직·차량직 노동자들은 대부분 친·인척으로부터 입사정보를 취득하였다. 1973년 공개채용이 실시되기 이전, 공식적 자격요건을 갖추지 않은 임시직이나 비정규직 노동자들이 철도청에 입사하는 보편적 경로였던 것이다.

그리고 특별채용의 형식도 공식적인 자격요건을 갖추지 못한 사람들을 입사시키는 방식이었다. 반면에 공식적 자격을 갖추지 않은 노동자들은 주로 돈을 벌어 부유하지 않은 가정생활을 극복하기 위해 이농하여 친척 집에 임시로 기거하다가 철도에 입사한 경험을 가지고 있었다. 이들은 대부분 입사하기 이전에 여러 종류의 직장에서 노동을 경험하다가 보다 안정적이고 노동강도가 약할 것이라는 희망을 가지고서 철도에 임시직으로 입사하였다. 입사하는 과정에서는 주로 친·인척들이 입사정보를 제공하면서 권유하였다. 또한 이들은 임시직으로 입사한 이후에 정규직으로 변화되는 과정을 경험하였다.

지방에서 임시직으로 채용된 사람들도 철도청에 근무하는 친인척의 도움을 받은 경우가 허다하였다. 채용되기 전까지는 시골에서 농사를 거들었으며, 채용된 이후에도 고향집에서 출퇴근하면서 틈을 내 농사를 거들었다. 정규직으로 전환되기 이전까지는 철도업무를 농사일의 부업 정도로 생각하는 경우가 많았다. 그렇지만 이들 역시 대부분 어린 시절부터 철로 주변에서 생활하였고, 철도에서 근무하는 것을 꿈으로 생각한 경우가 많았다. 철도산업에 입사하는 동인으로는 친인척의 권유나 철로 주변에서 살았던 어린 시절의 경험이었다.

2) 공개채용과정을 통한 진입과 철도 공무원노동자

1973년 이후부터는 공개채용의 방식으로 철도 공무원노동자를 모집하는 시험제도가 도입되었다. 정부가 공무원시험에서 학력 제한을 철폐했고, 철도 공무원노동자들에 대해서도 특별채용이 아니라 공개적인 시험으로 모집하기로 하였다. 시험과목[105]은 필수과목이 몇 개 있었고, 나머지는 기술이나 기계와 같은 직종별 전공과목이었다. 그리 어렵지 않은 시험이었다. "고등학교를 웬만한 성적으로 졸업한 사람이라면, 쉽게 풀 수 있는 문제들이 시험에 나왔다. 하지만 경쟁률이 낮은 것은 아니었다. 일반직 공무원은 아닐지라도, 철도공무원으로 취업하고자 하는 사람들이 아주 많았었다." (권춘길, 2003) 사람들은 당시 경제개발이 급속하게 이루어지는 상황에서도 민간부문의 일자리보다 공무원이 되는 것을 선호했다. 그래서 이들은 대부분 공무원이 되기 위해 시험을 준비해서 공채로 입사한 사람들이었다. "이들은 보통 1970년을 전후로 고등학교나 공업고등학교를 졸

---

105) 1974년 5월 4일, 국무회의에서 새마을운동론이 공무원 시험과목으로 설정되기도 하였다.

업하고서 바로 취업하지 않고 공무원 시험을 준비했던 사람들이다. 농촌 출신이 공무원 시험을 준비했다는 것은 농촌에서는 상대적으로 상당히 부유한 생활을 했던 사람들이다. 그래서 공무원 시험을 준비하는 동안, 재정적인 문제를 집안에서 후원하였다."(김대원, 2003;문춘식,2003) 공무원시험의 준비를 상당기간 했던 사람들의 공통점은 농촌 지역에서 중산층 이상의 집안에서 생활, 즉 2,000평-4,000평 이상을 땅을 경작하는 경우가 대부분이었다는 점이다.

1973년 이후 공채시험으로 철도산업에 입사한 철도 공무원노동자들은 군대를 다녀오고 난 이후에 혹은 철도고등학교 이외의 고등학교를 졸업 직후에 다른 산업에 종사했던 경험이 사람일수록 철도에 취업하기를 바라고 있었다. 당시 다른 산업의 노동조건은 매우 혹독하였기 때문이다. 예를 들면, 철도청에 입사하기 전에 화학공장과 요업에 종사했던 노동자들은 다음과 같이 이야기하고 있다. "화학공장에서 일할 때 공장은 온통 유해 화학분말로 가득 차 있었다. 이 영향 때문인지 피부병은 일상적으로 생겼고, 한번 다치거나 하면 아무리 약을 발라도 상처가 아물지 않았다. 공장에 며칠 나가지 않고 집에서 쉬면 상처가 아물었다."(정석호, 2003)

그렇지만 철도 공무원노동자들은 진입하는 조건과 방식에 따라 일하는 직종이나 노동조건의 차이를 경험하지 않을 수 없었다. 임시계약직으로 진입한 철도 공무원노동자와 정규직으로 발령받은 철도 공무원노동자 간의 차이뿐만 아니라, 공식적으로 교육훈련을 받은 기관의 출신과 그렇지 않는 철도 공무원노동자 간의 차이도 존재했다. 이러한 차이는 노동자들 스스로도 인지할 수 있는 문제였지만, 특히 철도 내부의 차별적인 인력관리정책과도 맞물려 있었다. "시설직이나 기능직으로 있었던 철도의 임시직들은 사기업의 열악한 노동조건과 별반 차이가 없었다. 밖에서 볼 때, 그저 철도 공무원이라고 부러워했지만, 내부적으로는 막일을 하는 사람들이 참 많았다."(박석동, 2003)

공채로 입사한 사람들은 임시직이 아니라 정식 공무원으로 발령이 났다.

하지만 이들도 철도현장에 발령이 나고 난 이후에 적지 않은 어려움에 직면하였다. 대표적인 경우가 숙련과정에서 겪어야만 할 노동현장의 권위주의적 문화와 집단화된 '패거리 문화'였다. 특히 '패거리 문화'는 공채로 입사한 사람들에게 철도 내부에서 또 다른 독자적 집단을 형성하지 않을 수 없게 하는 요인으로 작용하였다. 철도 내부에 이미 지역별·직종별·출신 기관별·학력별 집단화 현상이 존재하고 있었기 때문에, 그들도 기존의 집단들과 내부적으로 경쟁하는 토대를 만들지 않을 수 없었다. "공채로 들어와서 보니, 교통고 출신이니, 전수부 출신이니, 철도고 출신이 하면서, 각자의 집단을 중심으로 철도현장의 다양한 문제들을 해결하려 하고 있었다. 이 과정에서 집단 간의 갈등과 경쟁이 전면적으로 공개되지 않더라도 내부적으로 심했다. 철도의 관리자들도 이러한 집단적 정체성으로부터 자유롭지 않았다고 할 수 있다."(이철의, 2003)

4. 노동현장의 인력관리와 철도 공무원노동자
1) 임시직의 정규직 전환과 철도 공무원노동자

철도 지방청이나 각 사무소에서는 인력이 필요할 경우에 임시직을 선발할 수 있었다. 선발의 대상은 주로 기능직이나 시설직의 임시직들이었다. 시설직이나 차량직의 특수업무, 그리고 역무직의 단순업무에 입사하려는 노동자들이 다수 존재했다. 철도산업의 잡급직, 공작창직(공원), 고용원 등이었다. 이러한 임시직 철도 공무원노동자들은 대부분 공식적 자격요건을 갖추지 않은 상태에서 철도에 입사하였다. "1979년을 전후로, 철도 노동현장의 잡급직은 약 3200여 명, 공작창직(공원)은 약 2,500여 명, 그리고 고용원은 약 800여 명이었다. 1982년의 통계이긴 하지만, 보조공원은 약 1,000여 명이었다."[106] 1970년대 말, 철도 노동현장의 임시직은 전체적으로 약 7,500여 명 정도였다. 그런데 1960년대 철도 노동현장의 임시직은

1970년대보다 더 많다. "철도 고용원의 경우, 1970년 6235명에서 1971년 432명으로 줄어들었는데, 이 시기에 대거 고용원들이 기능직공무원으로 전환된 것으로 보인다. 1980년 865명에서 1981년에 1799명으로 증가하고 있는 데, 이는 잡급직(임시직)에서 전환에 따른 것이다.[107]

그렇지만 철도 노동현장의 임시직 노동자들은 연고를 통한 특별채용으로 입사한 경우가 많았기 때문에, 정규 공무원으로 발령되기만을 바라면서 철도 노동현장에서 묵묵히 일을 했다. 이러한 노동자들도 입사과정에서 요구하는 시험을 거쳤다.

1963년 1월 임시직으로 입직했던 한 노동자는 당시의 입직과정을 다음과 같이 기억하고 있다. "집안에 형님 한 분이 일제시대부터 철도에 다니신 분이 계셨는데, 1962년도에 그 분께서 철도시험이 있으니까 응시해 보라고 해서 응시했다. 다행스럽게 합격해서 1963년 1월에 잡무수로 철도에 입직했고, 1963년 9월 16일부터 정규직 공무원으로 발령이 났다."(김희태, 2004)

이처럼 임시직으로 채용된 사람들은 일정 기간 동안 임시직으로 근무하다가 정규직으로 전환되었다. 그래서 공식적 자격요건을 갖추지 않은 사람들은 대부분 임시직 채용공고나 특별채용공고를 보고 철도에 응시하였다. 이러한 현상은 주로 농촌에서 나타났다. "철도에 임시직으로 일하면서도 농사를 부업으로 할 수 있고, 취업하는 조건이 까다롭지 않아서 좋았다. 2~3년 이후에 철도공무원이 될 수 있다는 점이 가장 크게 유혹하였다. 공공적 일을 한다는 것 자체에 대해 큰 자부심을 느끼면서 생활하였다."(허성구, 2003)

임시직의 입사조건은 이력서를 제출하고 형식적으로 면담을 거치면 채용되는 상황이었다. 임시직 노동자들은 기본적인 실기기능만을 보유하고 있어도 대부분 채용되었다. 고등학교 이상의 학력을 요구하지 않았던 것이

---

106) 신원철, 「철도산업 임시직 고용의 변화」, 『월간 비정규 노동』, 2004, 1~2월 호.
107) 신원철, 위의 글, 2004년 1~2월 호.

다. 하지만 임시직에서 정규직으로 전환하거나 혹은 처음부터 정규직으로 채용되기 위해서는 업무에 필요한 실기시험과 면담의 과정을 거쳤다. 시설직의 경우, 60kg에 가까운 목침을 어깨에 메고 잘 달릴 수 있어야 했으며 차량직의 경우에도 업무에 필요한 기본적 작업 용구, 예를 들면 대패질이나 용접을 잘해야만 했다. 역무직의 청소업무는 임시직 노동자가 담당하였다.

그러나 1973년 공개채용이 도입되고 이후에도 공식적인 자격을 갖추지 않은 노동자들이 비공식적으로 입사하기도 했다. 1960년대와는 달리, 시설직이나 차량직의 특수업무에 입사하기 위해서도 실기기능에 필요한 자격심사를 거쳤다. 1976년부터 임시직으로 채용된 사람들 중에 기능 자격증을 보유한 사람이 많은 이유이기도 하다. 그렇지만 공식적인 자격증을 요구한 것이 아니기 때문에, 실기능력을 보유하거나 철도청에 인맥을 보유한 사람들은 임시계약직으로 쉽게 채용되었다. 철도청이 공개채용의 방식을 채택하였다 하더라도, 임시직은 비공식적인 방식으로 선발할 수 있었다. 각 사무소는 현장 업무에 필요한 기능직 인력을 임시로 선발할 수 있었기 때문이다. 철도 노동자들이 그러한 인력을 충원하는 실질적인 주체였다. 철도의 내부 사정을 잘 알고 있는 사람들이 권유하고, 그 권유를 받은 사람들이 대부분 응시하였다. "졸업하고 난 이후에 부산의 사촌 형님 집에 잠시 머물렀습니다. 근데 사촌형님의 친구 분이 철도 공안에 있었어요. 그 분이 우리 형님을 통해 가지고 '시험을 한번 봐봐라' 이래가지고 시험을 치게 된거죠."(신용길, 2003) 시설직이나 차량직의 특정업무는 대부분 일근제 방식의 근무형태였기 때문에, 공개채용에 응시하는 노동자들은 임금보다는 고용의 안정성과 노동강도가 강하지 않은 점을 입사의 동력으로 생각하였다.

또한 공식적인 자격을 갖추지 않은 채 특별 채용된 사람들은 대부분 한국전쟁에서 돌아가신 국가유공자들의 자식이었다. 어려운 가정생활에 시달리면서 어린 시절을 보내다가, 국가유공자들에 대한 국가의 특별배려로 철도에 입사하였다. 이들은 중고등학교를 졸업하기까지 국가의 지원을 받아 생활하면서 국가로부터 혜택을 받았기 때문에, 철도에 입사한 이후에는 그에 대한 보답의 차원에서 공무원으로서의 역할을 매우 충실하게 담당하였다. 1968년-69년에 입사한 이들은 입사하고 나서 바로 정규직으로 발령을 냈다. 하지만 임시직 채용공고를 보고 철도산업에 입사한 사람들은 공식적인 자격요건을 갖추고 있는 사람들과는 다르게 다양한 생활을 하였다.

그러나 면담의 과정을 거치는 것이 쉽지만은 않았다. 왜냐하면 면담의 주요 내용이 "국민교육헌장을 잘 외우고 있는가, 철도청의 각종 지침을 잘 외우고 있는가, 그리고 힘이 들더라도 불만을 품지 않고 열심히 일을 해야 한다는 조건"(임명택, 2003) 등이었기 때문이다. 철도청의 정규직 노동자가 되기 위해서는 국민교육헌장을 잘 외워야만 했고, 철도청에서 요구하는 정책을 불만하지 않고 잘 수행해야만 했던 것이다.

그런데 이들은 대부분 어린 시절에 한국전쟁을 경험하고 고등학교를 졸업하면서 바로 공무원인 철도에 입사하였기 때문에, 반공주의 사상을 철저히 믿고 있었다. 북한이나 간첩에 대해서 받았던 느낌을 한 노동자는 이렇게 답변하고 있다. "1950-60년대의 책 대로였는데요, 우리가 반공에 대해서는, 북한을 괴뢰라고 했거든요? 그런 교육이지 뭐. 우리는 교육을 받으면서, 북한에 대해 나쁜 인식만 배웠지. 그리고 어렸을 때 전쟁을 경험한 것도 크게 영향을 미쳤지. 그 세대들은 아마 지금도 마찬가지일거야."(권춘길, 2003)

정규직으로 전환하는 면담은 곧 국가의 정체성을 확인하는 과정이었다. 국가의 철도정책에 대한 호응도, 특히 각종의 지침에 대한 인지력의 정도뿐만 아니라 반공사상의 정도도 확인되었다. 철도 공무원노동자들은 이 과정에서 노동자로서의 정체성보다 국가 공무원으로서의 정체성을 보다 강화시키고, 그러한 정체성에 조응하는 의식과 활동의 주체로 존재하였다. 철도 공무원노동자들이 노동현장에 비정상적인 인력관리문화를 보편적으로 수용한 것도 저항보다는 순응을 강요하는 공무원으로서의 정체성과 긴밀하게 연관되어 있을 것이다.

2) 비정상적 인력관리문화와 철도 공무원노동자

철도 노동현장의 인력관리정책은 임시 비정규직으로 입사한 철도 공무원노동자들을 보통 2~3년 안에 정규직 공무원으로 전환시켰다. 임시 비정규직 노동자들도 그러한 인력관리정책에 희망을 가지고 일하였다. 비정규직으로 철도청에 입사하고자 하는 기본적인 이유는 매우 단순했다. 돈을 벌어 안정적으로 호구지책을 유지하고자 하는 것이 큰 이유였다. "고등학교를 졸업하고 직장을 찾으러 서울에 올라와, 제지공장에도 다녔습니다. 이곳, 저곳을 찾아 헤매다가, 철도 채용공고를 보고 찾아가서, 임시직이라 해도 일하지 않을 수 없었다."(손우석, 2003) 이들은 대부분 임시직으로 채용되기 이전에 대부분 친척집에서 몇 달 기숙하다가 취직하고 난 이후에 독립해야만 하는 상황에 처해 있었다. 대부분 수도권에 살고 있는 친척에게 의존하겠다는 마음 하나로 상경하였던 것이다. "여덟 살에 아버님이 돌아가시고, 누님 덕택에 초등학교를 졸업하고서 어머님의 농사일을 거들다가 군대를 다녀왔다. 군대를 제대하고 한 4년 동안 농사를 짓다가 돈을 벌겠다는 생각을 가지고 인천으로 무작정 상경하였다. 단칸방에 살고 있는 누님에게 신세를 지지 않을 수 없었다. 그러다가 매형 친구가 인천 공작창에서 노조활동을 하고 있어서, 그 분 덕택에 임시직으로 입사할 수 있었다."(이천우, 2003)

1960년대의 시설·기능직이나 혹은 차량·역부직의 특수한 업무였다 할지라도, 입사과정에서조차 적지 않은 부정이 존재하였다. 1950년대와 마찬가지로, 금력을 이용하여 입사하는 경로가 존재했던 것이다. 기본적으로 시험에 합격하기 위해서는 적지 않은 돈으로 관계자를 매수해야 하고, 임시직에서 정규직으로 전환하기 위해서도 마찬가지였다.

한 노동자는 돈으로 관계자를 매수했음에도 불구하고 불합격한 경우를 다음과 같이 증언하고 있다. "당시 철도에 입사하기 위해서는 0000 정도의 돈을 뇌물로 사용하지 않으면 안되었다. 나의 아버지는 이농한 이후에 0000 정도의 돈을 뇌물로 써 가면서 시험에 응시하였다. 그런데 시험에는 합격하였지만, 시설직에 반드시 필요한 '목침 어깨 걸고 달리기' 시험에서 낙방하였다."(이철의, 2003) 시설직에 임시직으로 채용되는 과정에서도 철도청에 친인척이 근무하지 않는 경우에는 당시 쌀 2가마니 정도의 뇌물을 받쳐야만 했다. 승무직이나 역무직의 정규직으로 채용되기 위해서는 당시 쌀 30가마니 정도의 뇌물을 받쳤다고 한다.

임시 비정규직 노동자들의 입장에서 보면, "언제 해고될지 모르는 불안한 상태에서 벗어나고, 언제든 전국을 무료로 다닐 수 있는 패스를 받을 수 있었던 정규직으로 전환되기 위해 수단과 방법을 가릴 필요가 없었다. 눈 한 번 딱 감으면, 공무원이라는 평생직장을 얻을 수 있었다. 전에는 결혼 상대자도 없고 하더니, 정규직 공원으로 발령 받았다하니까 중매쟁이들이 많이 생겼고, 선을 자주 볼 수 있었다."(이천우, 2004)

그래서 임시 비정규직 철도 공무원노동자들은 정규직으로 전화되기 위해 노동현장의 노동관계에 능동적으로 순응하면서 일했다. 1960년대에 채용된 사람들은 2~3년만에 정규직으로 전환되었지만, 5~10년이 지나서야 정규직 공무원으로 전환된 경우도 허다했다. 그러나 이처럼 정규직 공무원으로 전환되는 것 자체가 쉽지 않은 문제였다.

보통 정규직으로 전환하는 과정은 임시직 철도 공무원노동자가 소속되어 있는 노동현장의 관리자나 사무소장들의 추천과 면담을 거치고 난 이후 각 지방본부나 중앙에서 결정하였다. "정규직 공무원으로 전환하는 과정에서, 추천할 수 있는 권한이 가장 핵심이었다. 철도노동조합도 이러 추천권한에 큰 영향력을 행사하였다. 그래서 임시직들은 추천권한을 가지고 있거나 영향력을 발휘하고 있는 사람에게 비정상적인 호의를 베풀려고 하

152

였다."(안선금, 2003) 임시직들의 호의는 바로 다양한 방식으로 진행되었던 각종의 '부정'과 '뇌물'이라고 할 수 있다. 1971년 당시 시설직에 임시직으로 채용되었던 노동자의 월 평균 임금은 20,000원 정도였는데, 이 액수는 다른 직장의 월급에 비해 많지 않은 월급이었다. 그럼에도 불구하고 뇌물을 주면서까지 철도청에 입사하려고 했던 이유는 "공직기관의 노동자로서 안정적인 생활을 유지할 수 있을 것이라는 생각이 대부분이었다."(박희섭, 2003)

또는 임시직들이 노동현장에서 발생하는 비정상적 현상에 대해 침묵하고 눈을 감아버리는 것이었다. 노동현장은 온갖 형태의 부정행위가 존재했다. "옛날엔 말단에도 부정행위가 많았다. 자갈 같은 거, 화차 열 개를 가져온다면 다섯 개 정도만 갖다 붓고 나머지 다섯 개는 위에서 돈으로 받아 착복했다. 무슨 공사가 나오면 공사인부가 나와서 일을 해야 하는데 인부를 쓰지 않고 선로반 직원들을 시켰다. 위에 자리하고 있는 사람이 공사비를 중간에서 가로채는 것이다. 전부 저희들이 준공한 걸로 해가지고 돈을 가로챘다. 일은 우리 선로반이 하고. 또 선로반 인원 가지고는 부족하니까 인부 사서 쓰라고 했지만, 만일 100명을 써야 하는데 50명이나 70명 정도만 쓰고 그 나머지는 부정하게 돈으로 착복했던 것이다."(이상계, 2011)

철도 노동현장의 비정상적인 인력관리와 노동관리는 철도용품 및 석탄의 절취행위와 직·간접적으로 연계되지 않을 수 없었다. 비정상적으로 돈을 착복하는 것뿐만 아니라 상납행위 자체가 노동현장의 노동관계에서 서로 용인하는 상태였던 것이다. 물론 1950년대 후반 동아일보[108]가 철도 노동현장의 비공식적이고 음성적인 부정부패 현상을 제기한 적이 있었고, 철도노동조합의 기관지였던 『철로』뿐만 아니라 각종의 언론에 철도용품과 석탄을 몰래 빼내어 팔다가 처벌된 사례들을 보도하였다. 대표적인 예에 불과하지만, 1957년 2월 정부는 철도 노동현장의 비정상적이고 부당한 사건들을 일제히 조사하여 불과 5일 만에 2,000여 건의 철도용품 절취행위를 적발하였는데, 전국적으로 교통국 직원의 다수가 관련되어 있었다.

물론 개인적인 성향에 따라 철도조직 내부의 비정상적인 인력관리구조에 대해 저항했던 사례가 없었던 것도 아니다. 원주 지역의 선로반에서 일했던 한 노동자는 비정상적인 인력관리에 대해 개인적으로 저항했던 사실을 다음과 같이 기억하고 있었다. "세 번째 만에 승진시험에 합격되고 보선사무소에 왔는데, 보선소장이 '수장'으로 나가려면 돈을 가져오라고 했다. 옛날에 '수장'을 하려면 돈을 상납해야만 했다. 돈이 없어서 갖다 주지 않았는데, OO지역으로 발령이 났다. 발령 이후에 돈이 아쉬워 대부금을 신청했는데, 그 돈을 소장이 상납해야 할 돈이라고 하면서 서무계에서 강제로 뺏어가 버렸다. 그래서 소장을 만나 싸워서 다시 그 돈을 찾아 왔다." (이상계, 2011)

3) 노동현장의 집단적 분화

철도산업은 직종의 다양성만큼 철도 공무원노동자들의 고용조건도 매우 다양했다. 시설과 역무의 단순업무를 위해 임시직으로 고용하다가 정규직으로 전환시켰던 점도 그렇지만, 입사하는 과정부터 교육훈련기관이 어느 것이냐에 따라 공무원의 직급이 달랐다. 앞에서도 제시되었지만, 철도고등학교 전수부를 수료하고 난 이후에 입사할 경우에는 9급 공무원으로 출발했지만, 철도고등학교 전문부를 수료하고 난 이후에 입사할 경우에는 8급 공무원으로 출발했다. 반면에 철도의 기능직은 12급으로 출발하기도 했지만, 기관사들은 처음부터 9급으로 출발했다. 물론 나중에 기능직도 9급으로 임용되었다. 그리고 1973년 이후에 공개채용의 방식으로 입사한 철도 공무원노동자들은 9급이었다.

이처럼 철도인력을 양성하고 공급하는 방법이 다양했던 것이다. 철도 공

---

108) 『동아일보』, 1957. 2. 8.

무원노동자들의 입사조건은 공무원 임용규정에 따라 적용되었지만, 이러한 입사조건의 차별로 인해 적지 않은 문제점들이 발생하였다. 첫째로는 직종 간에 우월의식이나 열등의식이 발생하였다. "승진체계가 여러 번 바뀌는데, 가장 격차가 컸던 게 철도가 기능직 12등급부터 출발할 때가 있었는데, 그때 기관사는 9등급부터 출발을 했으니까 3급이 위였다. 굉장히 차별이 심했다. 우월의식이 원래부터도 있었는데, 그것 때문에 기관사들이 직종우월의식이 강화된 것이다. 1977년에 입사할 때만 해도 직종우월의식이 팽배했다."(이철의, 2004) 둘째로는 집단적인 '패거리' 문화가 형성되어 조직의 통합력을 약화시키는 원인으로 작용하였다. "1960~70년대 철도 공무원노동자들은 직종별, 교육훈련을 받았던 기관별, 출신 학교별, 그리고 공채와 특채로 구분되었던 입사방식별로 집단화되어 있었다. 집단적 귀속의식으로 작용하는 서로 간의 이해가 매우 다양했기 때문이다. 이러한 패거리 현상은 철도 공무원노동자들의 분화요인으로 작용하였다. 당시의 철도노동조합이나 관리자들은 이러한 분화현상을 적절하게 이용하면서 철도 공무원노동자들을 관리하였다."(신용길, 2004)

그런데 철도 공무원노동자들의 집단적 귀속의식은 일반 국민이나 다른 업종의 공무원들과의 관계에서도 나타났다. "옛날 육로 교통이 발달되기 이전, 민간인들은 다른 공무원보다 철도공무원들에 대해 더 높이 평가해주었다. 국민에게 아주 쉽게 다가간 것은 제복이었다. 그런데 철도공무원들의 제복은 일반직 공무원들과는 다르게 철도의 집단문화를 암암리에 형성하는 요인으로 작용하였다. 하지만 이러한 제복은 억압적이고 권위주의적인 군대문화를 형성하는 요인이기도 했다. 통일되면서도 차별화되어 있었던 제복 자체가 군복의 연장선으로 인식될 수 있었다."(이영달, 2004)

이처럼 철도 공무원노동자들은 집단적 귀속의식의 영향을 받으면서 철도산업의 공공서비스 재화를 생산하고 공급하였다. 교통운수 서비스재화를 소비하는 국민의 입장에서 볼 때, 철도 공무원노동자들은 집단화된 공무원이었다. 하지만 그것을 생산하고 공급하는 노동자의 입장에서 볼 때, 분화된 집단 간의 협력과 경쟁이 노동자로서의 정체성을 보다 강화시켜 나가는 과정이었다. 서로 간의 차별을 극복하는 과정 자체가 노동자로서의 집단성을 내세우는 것이었기 때문이다.

5. 맺음말

공공부문은 정부가 실질적인 사용자 역할을 하는 기관이라고 정의할 수 있다. 철도는 공공부문의 대표적인 경우이다. 그래서 철도 공무원노동자들은 정부의 철도인력정책에 따라 양성되었다. 철도 공무원노동자들이 노동현장에 진입하는 방식은 특별채용과 공개채용이었다. 역사적으로 학교를 중심으로 한 교육훈련기관에서 교육훈련을 받았던 철도 공무원노동자들이 노동현장에 특별채용되는 방식으로 노동현장에 진입하였고, 각 지방본부와 사무소에서 보유하고 있는 인력채용권한에 따라 임시 비정규직으로 특별채용되는 철도 공무원노동자들이 있었다. 그리고 1973년에는 공개채용시험도 도입되었다. 철도 공무원노동자들은 다양한 방식으로 노동현장에 진입하였던 것이다.

노동현장의 비정상적이고 권위주의적 노동관계도 다양한 진입방식과 연관되어 있었다. 교육훈련기관의 권위주의적 관계 및 노동현장의 연고주의적 관계 등은 비정상적인 인력관리문화, 특히 비정상적이고 부정적인 인력관리정책에 대해 저항하지 못하게 하는 요인으로 작용하였다. 물론 이러한 인력관리정책에 대해 저항하는 경우도 존재했지만, 그러한 경우는 개인적인 수준을 넘지 못하는 경우가 허다했다.

철도산업은 공공적 교통서비스 재화나 노동의 성격에 있어서는 공공성을 보유하고 있었음에도 불구하고, 노동현장에서는 민주적이고 공공적인 노동관계를 형성하지 못하였다. 공공적 힘의 관계가 철도 공무원노동자들의 노동현장을 비민주적으로 지배하고 관리하는 요인으로 작용하였던 것이다.

제4장
철도 공무원노동자와 공공적 생활세계

제1절. 공공적 지배이데올로기 형성과 철도 공무원노동자

1. 문제제기
2. 지배이데올로기 전파와 철도 공무원노동자
3. 박정희 지배체제에 대한 철도 공무원노동자의 의식
4. 맺음말

제2절. 국가의 동원과 철도 공무원노동자의 생활의식

1. 문제의식
2. 박정희 체제의 지배이데올로기와 미시적 동원
3. 반공(멸공) 이데올로기와 철도 공무원노동자
4. 성장 이데올로기와 철도 공무원노동자
5. 국가(민족)주의적 이데올로기와 철도노동자
6. 맺음말

제3절. 철도 공무원노동자의 공동체 생활문화와 공공적 관계

1. 문제제기
2. 철도 공무원노동자의 공공적 정체성
3. 공동체 생활과 공공적 권위주의 관계
4. 맺음말

제1절. 공공적 지배이데올로기 형성과 철도 공무원노동자

1. 문제제기

지배이데올로기는 지배세력과 피지배세력간의 힘의 관계를 반영하면서 형성된다. 피지배세력의 힘이 지배세력의 힘을 압도할 경우, 피지배세력이 형성해 왔던 이데올로기는 사회적 지배이데올로기로 전화되는 경우가 허다하다. 해방정국에서는 좌익 이데올로기의 사회적 정당성이 존재하다가, 분단정국에서는 우익 이데올로기가 사회적 정당성을 획득해 왔다. 공공권력은 단지 계급적 힘의 관계에 따라 혹은 국민들을 동원하는 방식에 따라 지배이데올로기를 반영하는 정책의 변화를 추구하였다. "국가는 지배세력의 이해를 추구하기 위해 법과 제도를 동원하여 사회구성원들의 일상적 생활영역에 대한 개입을 더욱 강화한다. 또한 국가의 역할이 분화되고 전문화됨에 따라 법적·제도적 체계는 더욱 복잡해진다. 이로부터 초래되는 것은 관료제의 팽창뿐만 아니라 문화적 빈곤, 그리고 생활세계에서의 의미상실을 야기한다."[109]

박정희 체제는 5.16군부쿠데타 이후에 각종의 법들을 정비하였다. 국가보위법, 대통령의 긴급조치권한을 명시한 유신헌법, 그리고 자주적·민주적 노동조합운동을 원천적으로 봉쇄하는 노동관계법 등이 마련되었고, 그러한 억압적인 법·제도적 통제기구의 강화를 기반으로 반체제·반정부운동에 대한 탄압이 보편화되었다. 박정희 체제는 공공적 생활영역에서 생활세계의 주체들을 종속시키거나 대상화시키는 제도적 수단들을 정비하였다.

---

109) G. Edwards, 2011 「앞 글」 90쪽.

박정희 체제의 지배이데올로기를 '반공주의, 성장주의, 국가주의'라고 한다면, 이러한 이데올로기를 현실화하기 위한 다양한 정책들이 남한 단독정부가 수립되고 난 이후부터 형성되어 왔다. 이승만 정권의 통치전략은 기본적으로 자본축적 수단의 구축과 반공정치권력의 토대를 안정화시키는 것이었다. 그래서 지배계급은 반개혁적 토지개혁[110], 원조경제구조의 구축, 어용적 노동조합운동의 양성화 등으로 자본축적의 수단을 강화하였으며, 기득권 세력의 연속성 강화, 반공세력의 정치활동 양성화 및 정치적 영향력 강화, 반체제·반정부 운동에 대한 총체적 탄압구조의 구축 등으로 반공정치권력의 토대를 안정화하였다. 유신체제의 지배이데올로기도 개별적으로 형성된 것이 아니라, 지배이데올로기간의 혹은 지배세력간의 융합체제를 토대로 하여 국가정책으로 현실화되었다.

박정희 체제는 이러한 지배이데올로기를 국정의 지표로 내세우면서 국민들을 동원하기 시작하였다. 국가정책의 지표로 제시된 담론은 '국가안보, 반북한·반김일성, 조국근대화, 선성장 후분배, 수출입국, 한국적 민주주의' 등이었다. 이것은 지배이데올로기의 하위이념으로서 국가정책을 결정하는데 최우선의 가치로 존재하였다. 민중들은 이러한 가치에 저항할 수 있는 저항담론을 형성하지 못하면서, 지배세력의 자본축적의 구조에 수동적·능동적으로 동원되었다.

---

110) 신병식은 「토지개혁을 통해 본 미군정의 국가성격」, 『역사비평』, 역사비평사, 1988 여름호에서 미군정이 주도했던 해방정국 당시의 토지개혁은 토지를 소유한 계층들의 정치적 저항을 억누를 수 있는 정치권력을 확보한 상태에서, 반혁명·반공의 정책수단이었다.'라고 강조하였고, 공제욱은 「1950년대 한국 자본가의 형성과정」(한국산업사회연구회, 『경제와 사회』, 1992)에서 "미군정은 무상몰수 무상분배를 안으로 제시하면서 혁명적 농지개혁을 요구하는 좌익세력을 지속적으로 탄압하였고, 이승만 정권은 유상몰수 유상분배, 임야·뽕밭·과수원 등이 대상에서 제외, 3정보 이내에서 지주의 자영지와 토지임대 인정 등 불철저한 농지개혁을 실시하여 한국사회를 안정된 자본주의 사회로의 재편을 도모하였다."라고 주장하고 있다.

2. 지배이데올로기 전파와 철도 공무원노동자

지배이데올로기는 추상적인 담론으로 존재하지 않는다. 지배세력의 구체적인 정책으로 반영되고 그 정책을 집행하는 국가기구와 긴밀하게 융합되어 있는 것이다. 지배세력은 자신들의 이해를 관철시키기는 데 필요한 지배이데올로기를 형성하고, 그 이데올로기를 관료제를 매개로 하는 국가정책에 총제적으로 반영한다. 지배이데올로기가 유기적으로 융합될 수밖에 없는 이유이다.

지배이데올로기를 반영하는 국가정책은 무수하게 많이 존재하고, 그러한 정책을 국가기구가 집행한다. 이 과정에서 민중들의 저항을 최소화할 수 있는 이데올로기적 동원구조를 구축하지 않을 수 없다. 그런데 민중들은 지배이데올로기를 반영하고 있는 국가정책과 국가기구를 무조건적으로 배타시하지 않는다. 국가기구에 의해 집행되는 국가정책을 둘러싸고서 자신들의 계급적 이해를 타산하고 난 이후, 지배이데올로기에 순응하기도 하고 저항하기도 한다. 특히 1970년대 말, "일종의 궁정쿠데타에 의해 박정희 정권이 붕괴되었다는 점을 염두에 둔다면, 매우 불안정한 것이었지만 정권의 정당성이 어떤 방식으로든 유지되고 있었다는 점과 동시에 밑으로부터의 저항운동 역시 정권을 붕괴시키기에는 일정한 한계를 안고 있었다는 사실을 보여준다."[111]

국가는 사회구성원들의 생활세계에 대한 지배력을 강화하기 위해 관료적 국가기구들을 매개로 사회통합적 공공권력의 이데올로기를 강화한다. 이것은 '사회통합'이나 '공공선'으로 표출되는 국가의 정당성이 보유하고 있는 힘이었다. 그래서 국가의 지배적 제도와 장치들은 노동자들을 포섭하고 관리할 수 있는 합리성을 공공권력의 이데올로기로 강화한다.

물론 노동자들 스스로 공무원이라는 정체성을 내세워 공공권력의 정당

---

111) 김동춘, 「1960,70년대 민주화운동세력의 대항이데올로기」, 역사문제연구소 편, 『한국정치의 지배이데올로기와 대항이데올로기』, 역사비평사, 1994.

함을 규정하기도 하지만, 역사적으로는 국가가 노동자들의 의식과 행동을 형성하고 동원하여 사회체제를 안정화시킨다. 노동자들의 노동력은 사회체제의 발전에 동력이기 때문에, 국가는 사회발전의 조건에 상응하는 노동자들의 노동력을 동원할 수 있는 장치를 만들어야만 했다. 그 주요한 장치 중에 하나가 노동자들의 자발적인 의식과 행동을 불러일으키기 위한 이데올로기적 수단이다. 그래서 국가는 노동계약관계를 매개로 노동자들의 의식과 행동에 대해 영향력을 발휘할 수 있는 대상, 즉 공공부문 노동자들의 의식과 행동을 사회체제의 지배적인 이데올로기로 포섭한다. 철도 공무원노동자들도 그러한 포섭전략의 주요 대상이었다.

1997년부터 IMF체제를 경험했던 한국사회에서는 '박정희 향수 신드롬'이 만연하였다. 한편에서는 이 신드롬을 계기로 세계에서 유례없는 고속성장을 일구어낸 '박정희 신화'를 보편화하려 하고, 다른 한편에서는 자유민주주의의 제도적 기반조차 무너뜨리고 무시했던 박정희의 과거사를 청산하자는 주장이 쟁점을 부각되기도 했다. 한편에서는 "5.16혁명으로 정치적 자유를 제한하는 대신 물질적 자유의 확보를 위해 초인적인 역량을 발휘하고 한국사회의 의식혁명을 완수하려 했던 탁월한 정치지도자"[112]로 재조명 받아야 한다고 한 반면, 다른 한편에서는 "국가주의적 동원화와 권위주의적 통합화를 추진했던 박정희 체제를 신성시하는 것은 반공규율사회나 지배권력의 횡포를 용인하거나 그것에 편승하려는 탐욕의 산물로 보아야 한다."[113]고 하였다.

1960-70년대 공공부문 노동자들은 공공권력이 내세우는 '반공주의, 성장주의, 국가주의'의 정당성을 부정할 수 없었다. 이러한 이데올로기들은 기본적으로 사회체제의 갈등과 균열을 반대하는 대신에 사회구성원 간의

---

112) 한승조, 『박정희 붐, 우연인가 필연인가』, 말과 창조사, 1999; 조갑제, 『내 무덤에 침을 뱉어라』, 조선일보사, 1998 ; 김정렴, 『정치 회고록, 아, 박정희』, 중앙 M&B, 1997.

113) 임현진·송호근, 「박정희 체제의 지배이데올로기」, 역사문제연구소 편, 『한국정치의 지배이데올로기와 대항이데올로기』, 역사비평사, 1994; 조희연, 『한국의 국가·민주주의·정치변동—보수·자유·진보의 개방적 경쟁구조를 위하여』, 당대, 1998; 최장집, 『한국 민주주의의 조건과 전망』, 나남출판, 1996.

통합적 발전을 전면에 내세웠기 때문이다. 철도 공무원노동자들도 사회통합적 공공 이데올로기를 체화하고 전파하는 한 주체들이었다. "1970년대 철도의 각종 지침들은 국가에 대한 충성을 유도하였다. 박정희 체제가 추진하고 있었던 각종의 정책에 호응해야만 했다. 대표적인 사례는 유신체제의 정당성, 반공과 멸공을 전제로 하는 대북한정책의 필요성, 그리고 국민들의 의식을 계몽시켜 잘살아보자는 새마을운동이었다. 국가의 정책을 중심으로 일치단결하여 발전을 이룩해야 한다는 의식이 만들어졌다."(이철의, 2004) 철도 공무원노동자들은 이러한 이데올로기들의 정당성을 체화하면서 그것을 주변으로 전파하는 주체로 존재하지 않을 수 없었다.

주요한 이유는 철도 공무원노동자들 스스로 관업노동 혹은 공공노동에 대한 자부심을 가진 상태에서 국가권력을 부정하기가 쉽지 않았다. 철도 공무원노동자들은 식민지시기의 전근대적 사회체제에서 하급 공무원으로 나갈 수 있는 조건을 공공권력이 보장했고, 철도에 종사하면서 상대적으로 배고픔이 덜했던 경험, 그리고 주변 사람들로부터 인정받았던 자존감 등은 국가권력으로부터 제공된 것으로 인정하지 않을 수 없었다.

다음으로는 1960-70년대 철도 공무원노동자들이 직·간접적으로 경험한 한국전쟁의 상처들이 존재하지 않을 수 없었다. 1960년부터 1970년대 중반 이전까지 철도에 입사한 철도 공무원노동자들의 대부분이 1940년부터 1955년 사이에 태어나서 성장하였기 때문에, 이들은 전쟁의 상처를 가지고 있는 상태에서 국가가 강요하지 않아도 북한에 대해 좋지 않은 인식을 가지고 있었다. 더욱이 철도노동조합이 그 시기에 반공투쟁의 주체로 존재했기 때문에, 반공의식은 자연스럽게 체화되지 않을 수 없었다.

철도노동조합은 1950년대에 반공 이데올로기를 전파하는 기수였다. 철도노동조합의 규약에 "반공의 이념을 수호한다."고 규정하였고, 북한과 소련을 규탄하는 투쟁을 전개하였다. "1956년 11월 9일에는 소련이 헝가리를 무력으로 침공한 것에 항의하는 파업을 5분간 전개하였고, 1958년 7월 6일에는 남북탑승인사 및 여객기 송환을 위한 궐기대회를 개최하였다. 또한 1959년 2월 13일에는 일본 정부의 재일동포 강제북송에 규탄하는 궐기대회에 참가하였다."[114] 철도노동조합은 이러한 반공을 위한 투쟁의 역사를 1960년 임금인상투쟁의 결과를 발표하는 성명서에서 이렇게 극찬하고있다. "우리들 철도 노동자가 건국초기에는 전평을 타도하여 직장의 질서를 회복하였고, 6.25동란 중에는 일선의 수송전사로서 군사작전을 지원하였으며, 전후에는 산업재건에 이바지하여 왔다."[115]

철도 공무원노동자들의 의식과 행동은 자신이 속해 있는 조직으로부터 자유로울 수 없었다. 철도노동조합의 말과 행동은 곧 자신의 의식과 행동으로 전화되었고, 반공주의에 찬성하는 철도 공무원노동자들은 철도노동조합의 의식화 행동 속에서 자신의 정체성을 확인하였던 것이다. 철도노동조합의 이러한 의식과 행동은 이승만 정권의 사수를 위해 파업을 시도하는 것으로 표출되었다. 그래서 철도노동조합은 5.16군부쿠데타나 10월유신이 발생하였을 때 한국노총과 함께 그러한 사태의 정당성을 홍보하는 역할을 담당하였다. "대의원을 선출하는 것 외에는 노조의 일에 참여할 수 없었지만, 노조가 하는 각종의 행사를 신문이나 언론을 통해 접할 때마다, 나의 자존감이 확인되었다. 왜냐하면 그나마 노조가 있어서 정부와의 관계에서 철도 공무원노동자들의 권익이 보장되고 있다는 생각을 했었기 때문이다."(김대원, 2003)

1960-70년대 철도노동조합은 국가권력에 의존하는 어용조직으로서 국가의 이데올로기적 정당성을 강화하는 역할을 담당하기도 하였다. 노조의 자립적인 주체성을 강조하는 시각에서 볼 때, 철도노동조합은 조합원의 의식과 행동을 통치하고 지배하는 국가의 대행기구이자 위탁기관에 불과했다. 철도노동조합 지도부의 의식과 행동이 철도 공무원노동자들을 대표할 수 없다는 것이다. 하지만 국가의 지배적 이데올로기를 정당하게 강

114) 전국철도노동조합, 『철로 50년사』, 사진으로 보는 50년사, 1997년.
115) 전국철도노동조합연맹 중앙임금인상투쟁위원회 위원장 이규철, 성명서, 1960년 10월 11일, 전국철도노동조합, 철로50년사, 1997. 1. 5, 128-129쪽.

조하는 시각에서 볼 때, 철도노동조합은 조합원을 대신해서 행동하고 말하는 일종의 대의기구였다. 철도노동조합은 지도부들의 의식과 행동이 아니라 철도 공무원노동자들을 대신해서 표출하는 의식과 행동이라는 점들을 강조하였다.

3. 박정희 지배체제에 대한 철도 공무원노동자의 의식
1) 5.16쿠데타에 대한 또 다른 의식

2013년 10월 26일, 손병두 박정희대통령기념재단 이사장이 "아직도 5·16과 유신을 폄훼하는 소리에 각하의 심기가 조금은 불편할 것으로 생각하지만, 마음에 두지 마십시오. 태산 같은 각하의 뜻을 어찌 알겠습니까."[116] 라고 했다. 이것은 박정희 체제의 정당성을 내세우는 대표적 언표이고, 또한 1979년 궁정쿠데타로 목숨을 잃은 박정희를 부활시키고 호출시키려는 의식행위의 일환이다. 국민들 중에는 이러한 언표와 의식행위에 대해 찬사를 보내는 사람도 적지 않다. 국민은 의식적 패러다임의 전환, 즉 1980-90년대의 민주화 패러다임을 1960-70년대의 산업화 패러다임으로 전환시켜 경제적 산업화 중심의 선진화를 지향하였다.

그런데 박정희 체제를 비판적으로 보는 사람들은 박정희 체제를 일제 식민지 체제와 미군정 체제를 계승하면서, 친일(親日)·친미(親美)·반민주(反民主)·반공(反共) 체제, 소위 '2친(親) 2반(反)' 체제를 구축한 것으로 규정한다. 과거의 반민족적이고 반민주적인 행위, 특히 식민지시기의 과거사 문제와 민주주의를 구축하는 과제 등은 상명하복이라는 군사병영체제 아래에서 반공과 경제 근대화의 그늘에 가려졌고, 이 과정에서 체제에서 기득권을 누리는 세력의 지배구조는 더욱 강고하게 구축되었다. 그래서 박정희 체제의 지배이데올로기는 한국의 역사적인 지배구조와 자본축

---

116) 박송이, 「신드롬·신화화 이후 '유사 박정희' 경계를」, 주간경향 1050호, 2013. 11/12.

적의 구조를 반영하지 않을 수 없었다. 4.19혁명으로 한국사회의 민간 권위주의 체제를 변화시킬 수 있는 계기가 존재했지만, 미국과 군부세력은 군부쿠데타로 한국의 지배구조를 유지시키는 대신에 지배세력을 재편하였다. 군부가 지배구조의 핵심으로 재편되었고, 또한 국가 주도의 발전전략이 국가정책의 핵심으로 재구성되었다.

박정희 체제는 지배세력에 대한 재편전략의 기조를 지배이데올로기로 제시하였다. 박정희는 국가재건최고회의 의장 취임사(1961.7.3)에서 '국가(민족)주의, 경제성장주의, 반공주의'를 지배이데올로기로 형성하겠다는 의지를 밝혔다. "국가재건최고회의는 국민 여러분과 더불어 다시 한 번 5월 16일의 결의를 가다듬어, 조속히 구악일소(舊惡一掃)에 결말을 짓고 국가의 기강과 민족정기를 앙양하는 동시에 사회적·경제적 모든 면에 있어서 국민생활의 향상을 기하여 공산주의의 침략을 저지하고, 진정한 민주복지사회를 건설하는데 총역량을 집중하여야 하겠습니다." 박정희는 군부쿠데타의 정당성을 기존 정치세력들과 관료들의 부정부패에 초점을 맞추었다.

당시 철도 공무원노동자들도 박정희의 이러한 선언에 상당 정도 공감하고 있었다는 사실을 아래에서 확인할 수 있다. 해방정국 이전에 철도에 입사하여, 1961년 당시 철도에서 약 20년 가까이 일하고 있었던 철도 공무원노동자는 5.16쿠데타를 이렇게 기억하고 있었다. "당시에는 누가 권력을 잡든 국민이 잘 살 수 있게 하는 것을 실질적으로 원했다. 부정부패가 너무 심했었다. 쿠데타가 나쁘다는 것을 나중에 알았지, 당시에는 권력투쟁과 부정부패의 결과라고 생각했었다."(김대원, 2003)

하지만 공감하는 초점은 쿠데타의 정당성에 있는 것이 아니라 권력투쟁의 과정에서 나타난 정치권의 부정과 부패의 문제였다. 철도 공무원노동자는 4.19혁명 이후의 정치적 상황과 5.16군부쿠데타를 다음과 같이 기억하고 있다. "저는 당시 조그만 라디오로 5.16의 상황을 들었다. 라디오로 들었던 박정희의 목소리는 카랑카랑하게 힘이 있었다. 잘못을 저지르고 있는 사람들을 잘 정리할 수 있을 것이라고 생각했다. 4.19혁명 이후, 민주당은 부정부패의 구조를 깨지 못하고 있었고, 윤보선과 장면은 권력투쟁만을 하고 있었다. 그 와중에서 군사혁명이 발생했다고 본다. 나는 군사혁명이 잘 발생했다고 판단한다. 그 시절은 참으로 어려운 때였다. 밥을 하루에 한 끼 먹는 사람이 수두룩했다. 그 밥도 지금 먹고 있는 밥이 아니라 거의 개죽에 가까운 밥이었다. 이거라도 먹고 사는 사람들은 참으로 행복했다. 주식이 호박이었고, 소나무 껍질을 벗겨서 나오는 송진으로 쌀과 함께 죽을 끓여 먹거나, 콩나물죽, 그리고 콩이나 팥의 이파리로 죽을 만들어 먹었습니다." (김대원, 2003)

4.19 이후, 민주당 정권 역시 정치세력 간의 권력투쟁을 정권교체의 수준에서 전개하였고, 또한 이승만 정권에서 구축되었던 각종 권력형 부패구조를 변화시키기에는 힘이 미약한 상황이었다. 그래서 정치인들이나 지식인들에게는 군부쿠데타가 반민주적인 정변으로 다가왔지만, 일반 국민들에게는 5.16군부쿠데타를 정치세력 간의 다툼으로 치부되었다고 볼 수 있다. 상대적으로 잘 살고 있었던 철도 공무원노동자의 기억이지만, 국민들의 입장에서는 당시에 먹고 살아가는 것 자체를 조금이라도 개선시킬 수 있는 것이 정치였고, 부정부패를 일소시키는 것 자체를 정치로 간주하였다.

정치를 자신의 주체적인 권리로 인정하지 않고 정치엘리트들의 것으로 대상화시킨 사람들의 경우, 군부쿠데타의 적법성 여부를 떠나 부정과 부패를 저지르는 사람들을 정치권에서 물러나게 하는 대신에 국민들이 잘 살수 있을 것이라는 기대감을 표출하였다. 국민들이 4.19혁명의 과정에서 이승만 정권을 무너뜨리는 정치적 투쟁의 주체로 등장했지만, 민주당을 중심으로 한 정치세력들은 권력투쟁에 몰두하면서 국민을 정치권력의 대상으로 전락시켰던 것이다.

하지만 국민들은 박정희 체제의 본질, 즉 1960~70년대 경제개발은 자신들의 삶의 조건을 개선시켰지만, 실질적으로는 재벌들을 위해 노동자들을 탄압한 결과라는 것을 잘 인지하고 있었다. 1970년대 철도 공무원노동자로 근무했던 한 노동자는 '박정희 체제가 쿠데타를 일으키고 민주세력들을 탄압했다 하더라도 국민들의 먹고사는 문제를 해결하는데 기여했다는 평가들에 대해'에 다음과 같이 말하고 있다. "그렇게 평가하는 소리를 저도 많이 들었습니다. 하지만 박정희 대통령이 노동자를 탄압해서 경제부흥을 일으키는데 도움이 되었다는 말도 아주 많이 들었습니다. 박정희 대통령은 부정부패가 발생하지 않도록 초기부터 재벌이나 관료들을 다루었어야 하는데, 그렇게 하지 않았고, 노동자들만 억압하면서 수출정책만을 추구하였습니다. 박정희 대통령은 수출을 추진하는 과정에서 권력과 재벌들 간의 밀착관계를 강화시켰고, 이 과정에서 또 다른 부정부패가 발생하였습니다. 하지만 수출정책은 분명히 노동자들의 희생을 전제로 했지만 노동자들에게 배고픔의 고통에서 벗어나는 계기로 작용한 것은 분명했습니다."(정한종, 2003)

가난해서 먹을 것조차 없었던 상황이 변화된 것을 수출정책으로 보면서도, 또 다른 부정부패의 구조가 박정희 체제에서 발생했다는 점도 이야기하고 있다. 박정희 체제가 각종의 특혜정책을 재벌들에게 부여하면서 발생했던 문제까지 인지하고 있었던 것이다. 즉 철도 공무원노동자들은 공공사회 내부에서 발생하고 있는 부정부패의 현상에 대해 상당히 민감하게 인지하고 있었다고 볼 수 있다.

2) 10월유신에 대한 또 다른 의식

1972년 10월 17일, 박정희 체제는 비상계엄령을 선포하고 헌법을 무시하는 또 다른 쿠데타를 감행하였다. 박정희 체제는 국회의 해산, 정당의 정치활동 중지, 헌법효력의 제한적 정지 등의 조치를 선포하고 비상국무회의가 헌법을 대신하게 하였다. 그리고 비상국무회의는 10월 27일 유신헌법안을 공고하고 11월 21일에 국민투표로 확정하였다. 박정희 체제는 이 과정에서 유신체제의 당위성과 정당성을 설파하기 위해 '국민지도계몽반'을 편성하여 대국민캠페인을 전개하였다. 이러한 노력의 결과, 유신헌법은 91.9%의 투표율과 91.5%의 높은 찬성률로 확정되었으며, 박정희는 12월 15일에 통일주체국민회의 대의원들의 간접선거로 제8대 대통령으로 당선되었다.

그런데 박정희는 유신체제의 수립에 대해 비정상적인 방법으로 추진하는 비상조치의 일환이라고 밝혔다. "긴장완화의 국제정세 및 남북대화가 이루어진 지금의 시점에서, 나에게 부여된 역사적 사명을 충실하기 위해 부득이 정상적 방법이 아닌 비상조치로써 남북대화의 적극적 전개와 주변정세의 급변하는 사태에 대처하기 위한 우리 실정에 가장 알맞은 체제개혁을 단행하여야 하겠다는 결심을 하기에 이르렀습니다. 새마을운동을 국가시책의 최우선과업으로 정하며 이 운동을 통해 모든 부조리를 자율적으로 시정하는 사회기풍을 함양하며 과감한 복지균점정책을 구현해 나갈 것입니다."[117]

박정희 체제는 '정상적 방법이 아닌 자신들의 행위'에 대한 정당성을 국민들로부터 획득하기 위해 노력하였다. 왜냐하면 국민들은 1971년 제7대 대통령선거에서 신민당의 김대중 후보가 공화당의 박정희 후보를 실질적으로 위협할 정도로 국민의 지지를 얻었다고 생각하고 있었기 때문이다. 그래서 박정희 체제는 새로운 권위주의적 통치방식을 도입하였는데, 그것은 바로 유신체제에 대한 사회적 정당성을 다양하게 강화시키는 것이었다.

물론 국민지도계몽반이 국민투표의 행위에 결정적인 영향을 미쳤을 것이다. 국민들은 국민지도반의 계몽대로 판단하면서 투표를 했든 아니면 독자적인 판단으로 투표를 했든, 91% 이상의 투표율과 찬성율을 보였다는 것은 10월유신을 바라보았던 국민들의 의식과 행동을 새롭게 볼 수 있다는 의미이기도 하다. 1972년 당시, 박정희 체제나 10월유신을 지지했던 사회적 힘이 존재했던 것이다. 물론 박정희 체제는 국민들의 동의를 양성하는 국가의 제도적 장치, 특히 사회체제의 성원으로 참여하는 선거제도 및 다양한 제도로 국민들의 의식과 행동을 동원하였다.

---

117) 박정희, 「유신체제 선포 대통령 특별선언」, 1972.10.17.

우선, 노동자들의 대표체인 한국노총을 비롯하여 각종의 비정부기구들이 유신체제를 옹호하게 하였다. 철도노동조합도 그러한 정책에 적극적으로 호응하였다. 철도노동조합은 5.16군부쿠데타 이후에는 한국노총의 강령으로 채택된 "반공체제의 강화, 국가산업의 발전에 기함"[118] 등의 내용을 조합원들에게 계몽하였고, 10월유신이 단행된 직후에도 "조국통일과 민족의 번영을 위한 일대 영단이므로 이를 적극 지지하며, 우리는 범국민적 지지로 이 역사적 유신이 실효를 거두어 명랑한 헌정질서가 확립될 것을 희구한다."[110] 는 한국노총의 성명서를 토대로 조합원들을 계몽하였다. 1972년 당시 철도노동조합의 조명현 위원장은 5.16군부쿠데타를 주도했던 김종필의 친인척으로서 10월유신체제를 적극적으로 옹호하고 나섰다. '11월 1일부터 3일간 11개 지부를 순방하면서 10월유신의 필연성을 역설하였고, 평화통일과 민족의 번영을 위한 유신과업에 적극 참여할 것을 호소하였다.' 정권의 성격과는 무관하게 권력을 장악한 사람이나 세력에게 영합하는 활동을 하였다. 이러한 활동을 하지 않은 사람은 철도노동조합의 위원장이 될 수 없었다. 또한 철도노동조합은 11월 16일에 '잘살기 위한 주관행사에 빠짐없이 참여하자'는 전단 4만매를 인쇄하여 전조합원에게 배포하였고, 11월 11일부터 6일간에 걸쳐 각 현장조합원을 대상으로 2차 유세를 벌이는 등 적극적인 활동을 전개하였다.[120]

2000년 이전의 철도노동조합 위원장은 대부분 지배정당이었던 민주공화당이나 민주정의당의 권력자들과 정치적 계보를 같이 하는 사람들이었다. 이러한 정치적 계보가 없는 사람들이 철도노동조합의 위원장으로 당선된다는 것은 거의 불가능하였다.

다음으로는 유신체제의 정당성을 국민들에게 강화시키는 것이었다. 박정희 체제는 공무원들의 의식과 행동을 변화시키기 위해 국가적인 차원의

---

118) 전국철도노동조합, 『철로50년사』, 1997, 144-145쪽.

119) 전국철도노동조합, 『철로50년사』, 1997, 226쪽.

120) 전국철도노동조합, 『철로50년사』, 1997, 226쪽.

교육에 매진하였고, 이러한 교육을 받은 공무원들은 국민을 상대로 하는 의식계몽운동의 주체로 존재하였다. 철도 공무원노동자들도 공무원의 신분이었기 때문에 유신체제의 정당성을 강화하는 교육에 참여하지 않을 수 없었다.

유신체제가 도입되기 이전부터 철도에서 근무하고 있었던 한 노동자는 당시의 교육에 대해 다음과 같이 기억하고 있다. "유신체제에 대한 교육, 정말로 많이 했다. 그 당시에는 유신체제만이 우리나라를 살릴 수 있다고 해서, 유신체제에 대한 교육을 받으면서도 나쁘게 생각하지 않았다. 교육의 주요 내용도 다른 것보다 나 자신부터 변화되어야 한다는 의식혁명이 강조되었다. 그래야 올바른 정신으로 비판도 제대로 할 수 있다고 생각하였다. 이러한 교육을 받고 난 이후에는, 올바르지 못하다고 생각하는 주변의 문제에 대해 비판을 할 수 있게 되었다. 즉 생활 속에 있는 다양한 문제들을 스스로 해결해야 한다는 의식이었다."(임동락, 2003)

특히 전근대적인 요소들이 생활 속에 존재하고 있었던 농촌의 경우, 유신체제의 정당성을 개인의 의식혁명과 연계시키는 것에 대해 인정하지 않을 수 없었다. 정치세력들이나 엘리트들이 유신체제를 반민주적이고 헌법을 유린한 것으로 규정하는 것과 달리, 생활현장의 국민들은 의식혁명이나 생활혁명이라는 통치전략을 거부할 수 없었다.

농촌에 살면서 철도에 근무하고 있는 노동자들은 유신체제의 정당성 문제를 떠나 정부에서 요구하는 내용을 수용하고 있었다고 할 수 있다. 정치에 관심을 둘 여력도 없었을 뿐만 아니라 생활을 유지하는 것부터 쉽지 않았다고 기억하는 철도 공무원노동자의 말이 의미하는 바가 적지 않다. "제가 촌에서 생활을 하면서, 유신체제의 문제나 정치권력의 문제에 대해 잘 알 수도 없었고, 신경도 쓰지 않았다. 시골인 우리 마을 같은 경우, 라디오 불과 몇 대 있을 정도였다. 정치라든가 이런 것은 별로 신경을 쓰지 않았다. 신경을 쓸 수 없었다. 먹고사는 생활의 문제에 급급했다. 그런 것은 별로 못 느끼는 대신, 새마을 사업을 할 때만 아주 열심히 했다. 우리

스스로 마을을 변화시키고, 그 변화를 눈으로 직접 확인할 수 있어서 좋았다."(허성구, 2003)

이러한 기억은 국민들 스스로가 정치의 주체로 나서지 않을 경우에 나타날 수 있는 '정치적 소외현상'을 보여주고 있다. 지배세력은 반민주적이고 초헌법적인 방식으로 정치권력의 구조를 변화시키고 있지만, 정치로부터 소외된 국민들은 정치사회의 공간에서 어떠한 일이 발생한다 하더라도 자신과 무관한 것으로 간주한다. 그래서 억압적이고 권위주의적 지배체제는 국민들의 정치적 소외현상을 보편화시키려 한다. 국민들 스스로 정치적 주체로 나서는 것 자체가 억압적이고 권위주의적인 정치체제의 변화를 모색하는 과정이 되기 때문이다.

3) 새마을운동에 대한 또 다른 의식

1970년 4월 22일, 박정희는 새마을운동을 제창하고 5월 6일에 그 추진방안을 마련하였다. 이 운동은 1971년에 33,267개에 달하는 전국의 리(里)와 동(洞)에 시멘트를 무상으로 지원하면서 구체화되었다. 정부는 마을 개선 사업에 필요한 시멘트 이외의 각종 부품들을 무상으로 공급하였다. 정부는 이러한 무상 지원으로 마을을 개선하고 생활에 대한 의식의 변화 등을 근면·자조·협동이라는 슬로건 하에 추진하게 하였다.

그런데 새마을운동은 1971년 대통령선거를 앞두고 본격적으로 추진되었고 동시에 1972년 유신체제를 도입하는 통치전략과 함께 국민들의 의식혁명 혹은 의식개혁의 수단으로 존재하였다. 국민들은 근면하지 못한 자신, 성실하지 못한 자신, 스스로 일어서려 하지 않는 자신, 그리고 함께 노력하지 않는 자신 등의 문제에서 가난의 원인을 찾으려 하였다. 박정희는 쿠데타 이전에 존재했던 한국사회의 전통적 요소, 특히 생활 속에 존재했던 생활문화의 제반의 것들을 전근대적이고 비과학적인 것으로 규정하였다.

"지금까지 우리 민족의 문화와 사상과 교육과 생활을 병들게 한 모든 그릇된 요소를 과감하게 제거하지 않으면 안 될 것입니다. 그래서 우리들의 사상, 교육, 자치, 생활 등 모든 면으로부터 봉건적이요, 전근대적이요, 비과학적이요, 비자주적이요, 비민주적인 일체의 병적인 요소를 구축해 버리지 않으면 안될 것입니다."[121] 이러한 규정은 곧 5.16쿠데타의 정당성이 근대적이고 과학적인 의식혁명과 연계되어 있다는 점을 드러내는 것이었다.

5.16군부쿠데타나 유신체제와는 다르게 새마을운동을 높이 평가하고 있는 철도 공무원노동자의 기억은 의식의 변화를 도모했던 통치전략의 힘이 국민들의 의식과 생활현장에 영향을 크게 미쳤다는 것을 보여준다.

"나는 개인적으로, 새마을운동을 했던 정책만큼은 대단한 업적이라고 생각한다. 특히 정신의 혁명을 이룩하는 것이었다고 판단한다. 새마을교육은 직장에서 일주일씩 받아야만 했다. 모든 직원들이 참여해야만 했다. 당시의 새마을교육은 교육방법이 매우 좋았다. 다양한 사례발표들은 개인의 생각을 변화시키는데 크게 도움이 되었다. 새마을교육은 나의 정신적인 변화에 크게 기여하였다. 퇴소하면서 새로운 생각을 다지는 사람들이 정말 많았다."(강갑구, 2003)

새마을운동을 이러한 차원으로 기억하는 사람은 적지 않다. 당시 국민들은 자신의 생활고나 주변의 불결한 환경 등을 자신의 의식과 행동의 문제로 간주하게 되었다. 자신의 의식과 행동이 변하면, 자신의 문제를 스스로 해결하면서 모두가 함께 즐겁고 행복할 수 있다는 의식이 형성되었던 것이다.

그래서 새마을운동은 노사화합과 노사협동의 이데올로기로 작동하는 직장새마을운동으로 확산되었다. 1970년대 공장새마을운동의 주요한 목적 중에 하나가 노사 간의 협동과 상호발전을 추구하는 것이었다. "1973년 에너지 파동 이후 근면, 자조, 협동의 새마을 정신을 행동지표로 삼아 기업인과 종업원이 공존공영 의식아래 일치단결하여 경제난국을 극복하고 수

---

121) 박정희, 「한글날에 즈음한 담화문」, 1965.10.9.

출 100억불의 목표를 달성해 나온 한국 특유의 공장 새마을운동을 금년
도에는 더욱 발전시켜 나가야 하겠다. 지금까지 주로 대기업이 중심이 되
어 추진되어 나온 공장 새마을운동을 금년에는 중소기업까지 확산하여
종업원을 가족처럼, 공장 일을 내 일처럼 돌보고 아끼는, 가정과 같은 기
업풍토를 이 땅에 정착시켜 서구식 노사관계를 한국적 노사관계로, 이해
적 대립관계를 인정적 가족관계로, 그리고 서구사회의 고질적 병폐인 투
쟁적 해결방법으로부터 협동을 통하여 발전적인 결실을 맺는 노사문제
해결방법을 추구해 나가도록 함으로써 한국적 노사윤리가 정착되도록 하
여야겠다."[122] 철도 노동자들은 바로 이러한 노사관계를 형성하기 위한
직장새마을운동의 시범주체로서의 역할을 담당했다.

물론 철도 공무원노동자들이 전개했던 직장새마을운동의 내용은 그리
복잡하지 않았다. 그것은 역내의 환경을 깨끗하게 하거나 근무조건에 맞
게 주변을 다시 조성하는 것이었다. "1970년대, 내가 역장을 할 때인데, 당
시 직원들에게 역의 근무환경을 조성해야만 할 영역을 지정해 주곤 하였
다. 그런데 직원들은 근무하고 난 이후, 집에 가서 쉬고 난 다음, 오후에나
비번날에 와서 자기에게 할당된 담당구역을 깨끗하게 하였다. 선로주변의
조성, 풀을 깨끗이 제거하거나, 작업과 관련된 것들을 정리하였다. 시간
외 근무 때문에 불평이 없었던 것은 아니지만 크게 문제가 되지 않았다.
새마을정신이 철도 공무원노동자들의 의식과 행동에 들어간 것이라고 본
다."(강갑구, 2003) 이러한 현상은 철도산업의 노동현장에 존재했던 권위주
의적이고 상명하복을 강요하는 노사관계와 무관하지 않을 것이다.

직장 새마을운동에 대한 철도 공무원노동자들의 불평도 적지 않았던 것
이다. "장시간의 운전을 마치고 쉬어야 하는데, 역내 환경조성 때문에 늦
게 퇴근하거나 일찍 출근해야 하는 것들 모두가 시간 외 근무였다. 물론
직장 새마을운동 때문에 시간 외 근무수당을 지급한 것을 아니다. 철도

---

122) 김덕영, 「1979새마을운동 추진방향」, 대한지방행정공제회, 『지방행정』, 1979, vol 28, no.304,
　　 72-79.

공무원노동자들은 불만이 있어도 직장 새마을운동과 관련된 시간 외 근무를 수용하지 않을 수 없었다. 철도노동조합이 그러한 문제를 제기하지 않았을 뿐만 아니라, 오히려 직장새마을운동의 필요성을 강조했기 때문이다."(이철의, 2003)

철도 공무원노동자들은 새마을운동으로 표출되었던 '국민들의 의식혁명'의 능동적 주체로 존재하면서도, 자신의 노동현장으로 투영된 직장새마을운동에 대해서는 피동적 주체로 존재하였다. 이는 공무원으로서의 정체성과 노동자로서의 정체성이 서로 갈등을 유발시키는 모순현상이었다.

4. 맺음말

공공권력의 주체는 이러한 과제들을 실현하기 위해 이데올로기적인 장치를 형성하고 유지한다. 공공권력의 물리적 장치 혹은 이데올로기적 장치는 공공적 생활영역을 정당화하는 세 가지의 힘을 보유하기 있기 때문이다. "첫째, 규제와 통제의 정당성을 강화하는 집단의식이다. 둘째, 경험을 바탕으로 공포를 조장하는 집단의식이다. 셋째, 공공권력에 대한 순응을 내면화하는 집단의식이다."[123] 그래서 생활세계를 구성하는 주체들 간의 계약으로 만들어진 공공권력이 그 주체들을 억압하거나 동원할 수 있는 법적, 제도적 정당성을 확보하게 되었고, 그러한 정당성을 거부하는 주체들에 대해 물리적 장치를 억압적으로 동원할 수 있는 정당성을 확보하게 되었다. 사회구성원들이 제공한 사회적 계약의 모순이자, 공공적 생활영역에 투영되어 있는 공공권력의 모순이다. 생활세계의 주체들이 보유하고 있는 '이중성의 함정', 즉 주체적인 종속성과 종속적인 주체성의 딜레마인 것이다. 개별적 생활세계의 공동선을 추구하는 정당성이 공공적 생활영역에서 표상되지만, 개별적 생활세계를 억압하는 정당성도 공공적 생활

---

123) 에티엔 발리바르, 윤소영 옮김, 『마르크스의 철학, 마르크스의 정치』, 문화과학사, 1995, 130쪽

영역에서 표상된다. 개별적 생활세계를 유지하기 위해서 공공적 생활영역을 구성하고 운영하지만, 공공적 생활영역은 개별적 생활세계를 감시하거나 통제하면서 구성되고 운영되지 않을 수 없다.

철도 공무원노동자들은 1960-70년대 박정희 체제의 지배적 이데올로기를 새롭게 바라보게 하였다. 물론 박정희 체제의 5.16쿠데타, 10월유신, 그리고 새마을운동을 바라보는 철도 공무원노동자들만 아니라 다른 노동자들의 시선에서도 새로운 측면을 찾을 수 있겠지만, 노동현장과 삶의 현장에서 느꼈던 박정희 체제의 지배적 이데올로기는 노동자들의 삶을 좌우하는 힘으로 작용하고 있었다. 1960-70년대 철도 공무원노동자들은 박정희 체제의 지배적 이데올로기에 동원되었던 수동적 주체성과 지배적 이데올로기를 이데올로기로 받아들이지 않고 자신의 문제로 체화시켰던 능동적 주체성을 동시에 내포하고 있었다. 철도 공무원노동자들은 정부정책에 순응하고 정부의 의도에 조응하는 의식과 행동의 주체였다.

문제는 이러한 현상은 철도 공무원노동자들이 의도하든 의도하지 않았든 정치나 정치권력으로부터 소외되는 구조와 연계되어 있었다는 점이다. 이러한 순응적 주체성은 정치활동의 자유가 보장되지 않았던 공무원으로서의 정체성과 맞물려 있었다. 1960-70년대 철도 공무원노동자들은 정치적이고 정책적인 공간에 있었다.

철도노동조합은 1980년대에도 준국가기관으로서의 역할을 담당하였다. 철도노동조합은 노동현장에서 최고 권력자의 안위를 위해 조합원들을 동원하였다. "만약 대통령이 열차로 이동을 하면 전역무원, 전체 선로원들이 철도 공안원, 경찰과 함께 철도 연변에서 보초를 섰다. 선로 반대쪽으로 향한 채, 대략 30-50미터 간격으로 보초를 섰었다. 전두환 정권 시절까지 그렇게 하였다."(이철의, 2003) 이러한 역할을 담당해 왔던 철도노동조합은 전두환 정권의 1987년 4.13호헌조치에 찬성하고 나섰다. 성명서를 발표하고 난 이후에 그 조치의 정당성을 홍보하고 설득하기 위한 노동조합의 활동이 전개되었다. 4.13호헌조치를 계기로 1987년 6월항쟁이 발생하

게 되어 전두환 정권이 무너졌다는 점을 고려하면, 철도노동조합은 조합
원들의 이해를 획득하기 위한 활동보다는 준국가기관으로서 정부의 정책
을 집행하는 활동에 주력하였다.

그렇지만 철도 공무원노동자들은 철도노동조합과 달리 정치적 권리로부
터 소외되어 있었던 것이다. 그들 스스로 국가적인 차원의 정책을 집행하
는 주체로 존재하면서도 노동현장의 정치적 권리를 자신의 것으로 전화시
키지 못했다.

제2절. 국가의 동원과
철도 공무원노동자의 생활의식

1. 문제의식

1970년대 유신체제는 박정희의 개인체제가 아니었다. 5.16군부쿠데타 이후 유신헌법에 기초하여 만들어지는 다양한 정책으로 국민들을 동원하거나 억압하는 것을 구조화한 융합적 지배체제였다. 박정희 체제의 지배이데올로기인 반공주의, 성장주의, 권위주의도 마찬가지이다. 박정희 체제의 반공주의, 성장주의, 국가주의 이데올로기도 개별적인 시스템으로 작동된 것이 아니라, 각각의 이데올로기가 지향하는 지배세력의 이해를 총체적으로 담지하고 있는 다양한 정책으로 현실화되었던 것이다. 이러한 지배이데올로기는 한국사회의 허위의식으로 존재했던 아니라 지배세력의 이해를 담지하고 있는 실체로 존재했다. 국민들 역시 이러한 지배이데올로기를 자신들의 의식으로 체화하면서 지배세력의 요구대로 동원되거나 혹은 그것에 저항하는 주체로 존재하였다.

이는 박정희 체제의 지배이데올로기를 두 가지의 측면에서 분석하고 평가해야 할 필요성을 제기한다. 하나는 국민들이 박정희 체제를 유지시키는 동력이었는가라는 문제의식이다. 국민들이 박정희 체제의 개발독재정책을 능동적·수동적으로 지지하는 상태에 머물러 있었다는 점이다. 다른 하나는 박정희 체제의 지배이데올로기를 지지하지 않는 국민들이라 할지라도, 그들이 박정희 체제를 붕괴시키는 주체로서의 의식을 보유하지 못했었다는 문제의식이다.

박정희 체제의 지배이데올로기에 대한 분석에서 두 가지의 문제의식을 던져 주고 있다. 하나는 박정희 체제의 지배이데올로기에 철도 노동자들이 모순적으로 융합되어 있었다는 사실을 반증한다. 철도 노동자들은 비록 노동자로서의 권리를 억압당하고 있었다 할지라도, 산업화 패러다임의 틀 속에서 경제성장을 중심으로 하는 다양한 지배이데올로기의 효과를 적극적으로 수용하고 있었다는 점이다. 다른 하나는 철도 노동자들을 지배이데올로기에 융합시킬 수 있는 박정희 체제의 정책적 기제(Mechanism)가 존재했을 것이라는 점이다. 철도 노동자들이 지배이데올로기를 반영하고 있는 각종의 정책을 능동적으로 혹은 수동적으로 수용하는 과정에서 지배이데올로기의 효과는 극대화되었을 것이다.

물론 국민들이 박정희 체제의 지배이데올로기를 어느 정도 수용하고 있었는가를 규명한다는 것 자체가 쉽지 않은 과제이다. 시기적으로 30~40여 년 전의 의식을 현재의 상태로 재단할 우려가 있고, 또한 공간적으로 존재기반의 차별성에 따른 다양한 의식을 일반화하기가 쉽지 않기 때문이다. 하지만 동일한 시·공간에서 노동을 했던 노동자들을 대상으로 하여 의식을 규명한다면, 그러한 한계를 극복해 나가는 시발점이 될 것이다. 또한 박정희 체제의 지배이데올로기에 능동적으로 동원되었는가 혹은 수동적으로 동원되었는가를 규명할 수 있는 토대이기도 하다.

1960~70년대 철도산업에 종사했던 노동자들을 대상으로 한 구술은 지배이데올로기에 대한 그들의 의식과 행동을 규명하는 토대로 작용하였다. 문제는 현업에 종사하는 공무원 신분의 노동자들이 정부의 지배이데올로기에 무조건 체화되거나 혹은 무조건 저항할 수 없었던 이중적 측면들을 보유하고 있었고, 구술과정에서 박정희 체제의 지배이데올로기를 자신들의 현실적 조건에 상응하는 수준에서 말하는 한계들이 존재했다는 점이다. 구술의 한계를 쉽게 극복할 수 있는 것은 아니었지만, 박정희 체제의 지배이데올로기에 대한 철도 노동자들의 의식을 보다 미시적으로 접근할 수 있는 실질적 계기로 작용할 수 있을 것이다.

2. 박정희 체제의 지배이데올로기와 미시적 동원

1) '죽은 박정희'의 부활

1999년을 전후로 '박정희 신드롬'이 사회적으로 공개되었다. 1998년 IMF외 환위기가 결정적인 계기였다. '죽은 박정희'는 소위 '유신독재의 화신'이었 다는 호명의 자리에 '산업화의 혁명가이자 기수'로 등장하였다. 압축적인 경제성장과 혹독한 독재정치가 공존했던 1960~70년대가 사람들의 흔적과 기억으로 부활하기 시작하였다. 그런데 '죽은 박정희'는 아주 다양한 모습 으로 부활하였다. 역대 대통령 중에서 최고의 신뢰를 부여할 수 있는 사 람, 산업화와 경제성장의 주역, 국민의 의식혁명을 이끈 혁명가, 민족중흥 의 기수, 친일장교, 민주주의를 억압한 독재의 화신 등의 다양한 모습이 개인의 기억으로 남아 있는 것이 아니라 사회적인 기억으로 자리매김하려 는 것이었다. 1979년에 죽은 사람이 2000년대를 살아가는 사람들의 의식 과 행동을 다양하게 지배하는 모습으로 부활하였던 것이다.

박정희를 지속적으로 부활시키거나 호출하고 있는 세력들은 5.16과 유신 체제를 옹호하면서 국민들의 의식 속에 자리 잡혀 있는 1960~70년대 산업 화와 경제성장의 힘을 자극하고 있고, 반면에 이를 비판하는 세력들은 무 능한 세력들의 우상숭배이자 파시스트 이데올로기의 부활, 그리고 민주주 의를 퇴행시키고자 하는 기득권 세력의 우경화 전략이라고 비판한다.

그러나 경제의 위기상황이나 생활의 고통이 심해질 때마다, 기득권 세력 이 부활시키거나 호출하고 있는 '죽은 박정희'가 국민들의 의식과 행동을 산업화와 경제성장의 향수에서 쉽게 빠져나오지 못하게 하고 있다.

그동안 박정희 체제의 지배이데올로기에 대한 비판적 연구들은 대부분 자유민주주의조차 억압했던 박정희 체제의 성격을 규명하는 차원에서 이 루어지거나, 혹은 지배이데올로기의 내용적 근거 및 지배이데올로기 간의 구조적 관계들을 규명하였다.(김세균, 1991; 유재일, 1992; 임현진·송호근, 1994;김동춘, 1994;최장집,1996;조희연,1998) 박정희 체제가 국민들의 다양한 권리를 억압하면서 한국 자본주의 체제의 급속한 자본축적조건을 마련하였고, 이 과정에서 국민들의 의식과 행동을 반공주의와 성장주의의, 그리고 친미주의의 패러다임 속에 가두었다는 것이다.

이러한 의식의 패러다임은 산업화를 위해 민주화를 퇴행시키려는 정치권력을 자연스럽게 수용하거나 순응하는 힘으로 작용하였다. '박정희 신드롬'은 사회구성원들이 산업화와 민주화 간의 관계를 호응적으로 접근하는 것이 아니라 '비영합게임(non-zero sum game)'적 접근, 즉 산업화를 위해 민주화를 희생시킬 수 있다는 의식과 행동의 진앙지였던 것이다.

2) 지배이데올로기의 구조와 중층적 모순

많은 연구자들은 박정희 체제의 지배이데올로기 간의 구조적이고 융합적인 관계를 총체적으로 규명하려 하였다. 박정희 체제의 다양한 지배이데올로기들이 시공간적으로 다양하면서도 긴밀하게 상관관계를 형성하거나 유지시키면서 국민들의 의식과 행동을 지배했다는 것이다.

한국정치연구회는 박정희 체제의 지배이데올로기와 미국과의 관계를 덧붙여 박정희 체제의 지배이데올로기의 성격과 구조를 다음과 같이 규명하고 있다. "①반공 + 근대화(발전) 이데올로기(1961-1972) ②반공(안보) + 발전 이데올로기 + 한국적 민주주의 이데올로기(1972-1979)" 등으로 구분하고 있다.(한국정치연구회, 1989) 한국정치연구회는 박정희 체제의 지배이데올로기를 반공주의, 발전주의, 그리고 한국적 민주주의로 구성하여 지배이데올로기의 시기별 복합적 관계를 규명하고 있다. 반면에 임영일은 지배이데올로기를 위계적인 관계로 제시하고 있다. 임영일은 박정희 체제의 지배이데올로기를 네 가지, 즉 ①반공 이데올로기 ②발전 이데올로기 ③안정 이데올로기 ④자유민주주의 이데올로기를 핵심적인 것으로 제시하고, 이러한 핵심적 지배이데올로기의 하위 이데올로기로 ①자본주의의 일

상적 사회의식 ②전자본주의적 사회의식의 유제들 ③변형, 포섭된 민중이
데올로기를 제시하였다.(임영일, 1991) 임영일은 한국정치연구회에서 제기
한 세 가지의 지배이데올로기에다가 안정이데올로기를 부가시켰다. 안정
이데올로기는 북한과의 관계에서는 '반공 이데올로기'로 수렴될 수 있었
고, 경제 위기 시에는 '발전 이데올로기'로 수렴될 수 있었다. "박정희 체제
는 유신에서 추구하는 한국적 민주주의의 정당성을 주장하기 위해서는
서구 민주주의의가 한국사회에 부적합하며 남한은 북한과의 체제경쟁이
라고 하는 특수한 맥락에 처해 있다는 것을 강조할 필요가 있었다. 장기
집권에 따른 반발세력의 활동이 활발해짐에 따라 점차 권위주의가 궁극
적인 사회안정의 목표가 되는 경향이 두드러진다. 따라서 반공주의는 권
위주의의 정당성을 보장해주는 근거로서, 그리고 성장주의는 권위주의의
정당화를 위한 명분으로서 작용하게 된다."[124]

그런데 임영일의 공헌은 한국 자본주의 체제 속에 내재된 상태에서 사회
구성원들의 일상적 생활 속에 존재하고 있는 자본주의적 요소와 전자본
주의적 요소를 이데올로기적인 차원으로 끌어올렸다는 점이다. 즉 민중
들의 일상생활을 지배하는 이데올로기의 복합적 관계가 민중들의 의식을
변형시켰다는 것이다. 민중들은 일상생활에서 복합적인 지배이데올로기
의 능동적 주체성과 수동적 주체성을 동시에 드러내면서 스스로 계급적
정체성을 변형시킬 수밖에 없었다.

한국정치연구회와 임영일은 기본적으로 박정희 체제의 지배이데올로기를
한반도의 민족모순과 계급모순의 복합적이고 중층적인 모순관계에서 비
롯된 반공주의, 발전주의, 그리고 한국적 자유민주주의로 제시하였다. 그
런데 임현진·송호근은 박정희 체제의 지배이데올로기에서 한국적 자유민
주주의 대신에 권위주의로 대체하고, 1960~70년대를 시기별로 지배이데
올로기, 즉 반공주의, 성장주의, 그리고 권위주의 간의 구조적 융합관계

---

124) 임현진·송호근, 「박정희 체제의 지배이데올로기」, 역사문제연구소 편, 『한국정치의 지배이데올
로기와 대항이데올로기』, 역사비평사, 1994, 194쪽.

를 규명하였다. 그리고 임현진·송호근은 지배이데올로기에 상응하는 하위이념 및 정책으로는 국가안보, 반북이데올로기, 반노동주의, 조국근대화, 선성장 후분배, 수출체제 구축을 위한 국가주도 경제, 시민사회에 대한 국가의 우위,·개인적 자유에 대한 공동체 복지 우위, 유기체적 통합원리, 평등이념의 잠정적 유보원리였다는 것도 제시하였다.(임현진·송호근, 1994) 임현진·송호근은 박정희 체제의 정책적 패러다임이나 정책의 기조까지 지배이데올로기의 수준으로 끌어올려, 이데올로기의 물질성을 보다 미시적인 수준에서 구체화하려 하였다.

이러한 연구들은 박정희 체제의 성격을 규명하는데 큰 역할을 담당하였다. 각각의 지배이데올로기가 양산했던 정책적 효과, 사회적 효과, 의식적 효과 등을 중심으로 정권의 성격이 규명되었고, 보다 구체적으로 박정희 체제의 반공정책 및 근대화 정책 등을 평가할 수 있는 개념적 틀을 제공하기도 했다. 이 과정에서 국민들이 지배세력의 헤게모니가 투영되어 있는 지배이데올로기에 어떻게 동원되었는가를 구조화하기도 하였다. 홀거 하이데(Holger Heide)는 '한국 자본주의 형성의 주체적 조건'이라는 글에서, 지배이데올로기의 힘이 노동자들에게 어떻게 다가갈 수 있는가를 밝히고 있다. "대다수의 노동자들은 투쟁해야만 할 구조적 조건이 형성되어 있음에도 불구하고, 자본에 포섭되거나 계급적 적대감을 해소해 나가고 있다. 이는 1953년 이후 한국에서의 자본형성이 파시즘적 폭력이나 테러를 매개로 하였고, 이 과정에서 노동자들은 두려움에 중독되었기 때문이다."[125]

그런데 지배이데올로기는 국민을 동원하는 과정에서 또 다른 이데올로기의 저항을 받는다. 소위 지배이데올로기에 대항하는 저항이데올로기가 형성되는 것이다. 최장집은 한국사회의 정치적 이데올로기를 이데올로기 간의 이항대립적 관계, 즉 ①반공주의 대 민족주의 ②권위주의 대 민주주의 ③발전주의 대 민중주의의 이데올로기적 갈등구조를 제시하고 있다.(최장

---

125) Holger Heide, 한국 자본주의 형성의 주체적 조건, 한국노동이론정책연구소, 『현장에서 미래를』, 2000. 9월 호, 7~10쪽. 이러한 중독은 사회적으로 재생산되거나 전승되는데, 주요 수단은 교육제도, 사회정책, 폭력기구, 그리고 일반적인 이데올로기 생산기구 등이다.

집, 1987) 이데올로기의 이항적 대립관계는 이데올로기적인 갈등과 대립의 구조를 통해 한국사회의 국민적 동의와 저항의 역사를 드러내주었다.

3) 지배이데올로기와 국민의 호응관계

국민들이 1960–70년대 박정희 체제의 지배이데올로기나 저항이데올로기와 어떤 호응관계를 맺어 왔고, 구체적으로 어떤 이유 때문에 동원되거나 저항하였는가에 대한 연구는 미진했는데, 박정희 체제의 구체적인 정책에 대한 국민들의 동의와 저항의 역사가 보다 미시적인 차원에서 규명되기 시작하였다. 지배이데올로기를 구체적으로 반영하고 있는 국정교과서정책이 국민들에게 미친 영향(신혜숙, 2002), 1962년 이후 경제개발정책과 국민들의 상호관계, 새마을운동 및 산하제한운동 등에 대해 국민들이 어떻게 호응하였는가를 유신체제와 연관시켜서 분석하고, 그 과정에서 드러난 국민들의 의식을 규명하려는 시도(박진도·한도현, 1999; 김흥순, 2000; 오유석, 2002; 김대영, 2004) 등이 있었다. 이러한 연구들은 지배이데올로기가 국민들을 동원하고 포섭하는 정책적 기제와 정부부처간의 구조적 메커니즘을 규명함과 동시에 지배이데올로기에 대한 국민들의 호응관계를 규명하려 했다는 점에서 의의가 있다. 지배이데올로기와 국민동원의 관계를 보다 미시적인 차원에서 밝히려 했던 것이다.

문제는 국민들이 박정희 체제의 지배이데올로기를 어떠한 수준에서 체화하고 있는지, 혹은 국민들이 어떤 상태에서 지배이데올로기에 수동적·능동적으로 동원되었는가를 밝힐 필요가 있다는 점이다. 왜냐하면 이데올로기는 개별적 국민들에게 투영되는 형식과 내용이 매우 다를 수 있고, 또한 이러한 다양성을 일반화하는 과정에서 적지 않은 오류를 범할 수 있기 때문이다. 1999년을 전후로 한 '박정희 신드롬'이나 2012년 대통령 선거에서 나타난 '박근혜 지지현상', 그리고 보수정당인 '한나라당의 기지기반'

등은 1960-70년대 지배이데올로기를 개별적으로 체화하고 있는 다양성과 연관되어 있다.

물론 박정희 체제의 지배이데올로기에 대한 1960-70년대 철도 공무원노동자들의 의식과 행동을 완전하게 일반화하는데 한계들이 내포되어 있고, 또한 철도 공무원노동자들의 의식과 행동이 당시 국민 전체의 의식과 행동으로 치환시키는데 무리가 따를 수 있다. 하지만, 박정희 체제의 지배이데올로기에 동원되어 왔던 공무원노동자들의 의식에 대한 연구가 일천한 상태에서, 박정희 체제의 지배이데올로기에 대한 철도 공무원노동자들의 호응관계를 미시적으로 규명하는 것 자체만으로도 의미가 있다.

3. 반공(멸공) 이데올로기와 철도 공무원노동자

1) 경험으로 구축된 반공 이데올로기

철도 공무원노동자들은 역사적으로 1970년대 말까지 전국적인 노동조합의 주요 조직기반으로 존재했다. 해방정국 하에서는 조선노동조합전국평의회의 주요 조직이었고, 1948년 이후에는 대한노총의 핵심 조직이었다. 그런데 대한노총은 노동자들의 대표인 조선노동조합전국평의회를 부정하면서 만들어진 반공우익세력들의 전국조직이었다. 1960년 이전, 철도노동조합이 대한노총과 함께 반공우익적인 정치성향에 조응하는 활동, 특히 '미군철수에 따른 대한(對韓)무기 및 경제원조를 얻어내기 위한 노동자총궐기대회(46.6.27, 7.1, 50.1.27), 이승만 개인의 권력유지 및 연장을 위한 개헌반대궐기대회(1950.2.19), 이승만의 통일외교정책을 지지하기 위한 제7차 전국대의원대회(1953.4.1), 그리고 4사5입 개헌에 따른 이승만의 대통령출마를 지지하기 위한 우마차(牛馬車)시가행진(1955.12)'등의 주체로 존재할 수밖에 없었다.

해방정국에서 보편화되었던 좌익 이데올로기의 사회적 정당성을 고려한다면, 반공주의는 한국전쟁 이후에 급속하게 사회화되었다고 할 수 있다. 철도 공무원노동자들은 한국전쟁을 겪으면서 공산주의에 대한 의식의 변화를 가져왔을 것이다. 물론 반공주의를 양성했던 1950년대 지배세력의 노력도 있었지만, 철도 공무원노동자들은 스스로 전쟁의 두려움에 중독되고, 그 두려움을 북한이 제공한다는 의식의 굴레에서 스스로 벗어나지 못하였다고 할 수 있다. 인터뷰하는 과정에서 자주 경험한 것이지만, 북한이나 반공의 문제에 대해 질문을 하면, 잘 알지 못한다고 하면서 대답을 회피하는 경우가 많았다. "그런 문제에 대해서는 할 말이 없습니다. 보안과 관련된 그런 문제들에 대해서는 잘 모르겠습니다."(박석동, 2003) 철도공무원노동자들의 이러한 태도는 1950년을 전후로 한 국가보안법과 1961년 7월에 새롭게 제정된 반공법의 힘을 직접 경험한 것과도 연계되어 있었다. 박정희 체제는 1948년 12월 1일 제정·공포되어 1949년 한 해 동안에 118,621명을 검거·투옥시키고, 1949년 9월과 10월 사이에 132개 정당과 사회단체를 강제로 해산시켰던 국가보안법[126]이 존재하는데도 불구하고, 반국가 활동과 공산주의 활동에 대한 통제를 명시하여 반공정책을 보다 포괄적으로 규정하여 박정희 체제에 반대하는 세력들을 탄압하였기 때문이다.

그래서 철도 공무원노동자들은 5.16군부쿠데타 이후 1950년대 내내 형성되어 왔던 반공의식을 더욱 강화시키지 않을 수 없었다. 1961년 5월 22일, 박정희 군부쿠데타 세력은 포고령 제6호로 노동조합운동의 '반관료성, 자주성, 민주성'을 확보하기 위해 투쟁하고 있었던 모든 노동단체들을 해산시켰다. 노동조합뿐만 아니라 노동운동단체들도 해산되었다. 군부쿠데타 세력은 4.19혁명 이후 생존권 확보 및 민주노조 결성을 위해 노동쟁의를 폭발적으로 전개하고 있었던 노동자들을 탄압하였다. 왜냐하면 노동자들이 더이상 대한노총의 노동귀족들에게 의존하지 않고 그들 스스로 자신의 권리를 행사하면서 지배세력을 위협하고 있었기 때문이다. 물론 1950

---

126) 국가보안법이 1949년에 어떤 역할을 담당했는가에 대해 조국의 「한국 근현대사에서의 사상통제법」 (역사비평사, 『역사비평』, 1988년 여름 호)를 보면 알 수 있다.

년대의 노동귀족은 다음과 같이 묘사할 수 있다. '노동조합 또는 노동조합 간부가 그 주체인 조합원으로부터 독립하여 그 위에 군림하였다. 이런 노동귀족은 조합원의 권리에는 무관심하다. 그들은 단지 자신의 출세만을 위해 조합원을 이용한다.'

문제는 1961년 8월, 한국노동조합총연맹이 결성되는 과정에서 1950년대 노동귀족이나 어용간부들이 박정희 군부쿠데타 세력의 노동귀족으로 새롭게 부활하였다는 점이다. 그들은 1961년 8월 20일에 공포된 '근로자의 단체활동에 관한 임시조치법(법령 제672호)'에 무임승차한 한국노동조합 총연맹의 노동귀족과 어용간부들이었는데, 전국철도노동조합연맹의 간부와 지도부들도 그 대열에 합류하였다.

반공 이데올로기는 해방정국과 한국전쟁을 거치면서 철도 공무원노동자들에게 다양한 모습으로 투영되어 있는 상태였다. 그래서 철도 공무원노동자들은 간단한 교육만으로도 반공의식에 동원될 수 있었다. "1970년대에 직무교육을 받으러 가서, 한 6시간 정도 반공교육을 받았다. 이미 초등학교 시절부터 빨치산이나 빨갱이가 나쁘다는 교육을 받았었기 때문에, 반공교육 자체가 매우 자연스러웠다."(문춘식, 2003) 철도 공무원노동자들은 이러한 반공교육을 거북하게 받아들이지 않았다. 반공주의가 북한에 대한 반대를 넘어서서 남한이 미국과 함께 잘 살 수 있는 길이라고 생각했었다.

2) 북한을 도구화시킨 반공 이데올로기

박정희 체제는 북한과의 관계를 이용, 즉 '적대적 공존관계'를 적극적으로 활용하면서 체제위기의식의 조장, 체제우위성 강화, 적화통일의 가능성 유포, 간첩조작사건을 통한 정권위기 상황의 극복, 반정부 민주화운동의 제한적 범위 유도, 그리고 노동운동의 북한 조종설 유포 등의 정책으로 정치권력을 유지·강화하였다. 철도 공무원노동자들도 민족분단과 한국전쟁의 경험을 거친 상태에서 반공의식을 의식적으로 내면화함과 더불어 정치적·사회적 실재성(reality)으로 표출하게 되었다.

박정희 체제의 반공 이데올로기는 "미국 주도하의 세계 자본주의 체제를 이루고 있는 지배연합의 공통이익을 지키기 위한 합의를 내포하고 있다. 또한 반공을 민족해방운동이 활발하고 그를 통해 자주적 노선을 택할 가능성이 있는 제3세계 일반에 대한 세계 전략적 대응으로 나타난다."(임현진·송호근, 1994, 181) "유신 쿠데타 직후의 혹심한 인권탄압에도 불구하고, 미국은 침묵으로 일관하였고, 1971년도에 들어와 무역조건의 개선이 두드러지고, 한국은 미국의 대아시아 무역에 있어서 세 번째 큰 상대국이라는 미국 행정부의 평가가 의미하듯이, 미국은 유신체제를 지지하였다."[127] 그래서 미국으로부터 군부쿠데타의 정당성을 인정받은 박정희 체제는 반공 이데올로기를 국민들에게 체화시키기 시작하였다. "우리 한국 국민은 피의 희생을 감수할 만큼 자유 그것에 대해서 집착합니다. 이는 4천년의 역사를 통해 전원적인 평화를 추구해 왔다는 사실(史實)이 입증합니다. 우리는 공산주의의 피해로 인하여 근 100만 명의 인명손해를 입은 나라이며, 모든 한국인은 피상적인 이론 분석이나 선전 책자를 통해서가 아니라 바로 자신의 피를 흘리며 체험을 통해 공산주의의 폭압과 잔인성을 인식해 온 것이며, 본인은 이것을 언제든지 세계사 앞에 증언할 수 있습니다."[128] 대표적인 경우이지만, 1975년에 제작된 고등학교 일반사회·정치경제 교과서의 내용이다. "우리 민족은 경애와 신의를 바탕으로 하는 상부상조의 전통을 이어왔으니 아랫사람을 사랑하는 정신이 그것이다. 북한 공산집단은 부모와 자식을 이간시키고, 가족 사이에도 그들의 체제에 어긋나기만 하면 서로 고발을 하도록 강요하고 있다. 우린 민족에게는 국민을 위하는 민본적 전통이 연면히 이어져 내려오고 있다. 그러나 북한 공산집단은 인간을 도구화하여 주민의 생활은 아랑곳없이 공산체제의 구축에만 광분하

---

127) 서중석, 「3선개헌반대, 민청학연투쟁, 반유신투쟁」, 역사문제연구소, 『역사비평』, 1988년 여름, 79쪽.
128) 박정희, 「1965년 5월 18일, 방미 시 기자구락부에서의 연설」, 신범식 편, 『박정희대통령 연설집』, 한림출판사, 1968년, 211쪽.

고 있다. 우리의 전통적인 가족제도나 사회제도를 파괴하여 민족사의 정통성을 모독하고 있다."(1975년판, 4-6쪽) 국정교과서의 내용들이 청소년들의 반공주의 의식형성에 영향을 끼쳤다면, 새마을교육 및 직무교육 등은 노동자들의 의식에 영향을 끼쳤다. 철도 공무원노동자들도 그러한 교육의 대상에서 예외가 될 수 없었다.

3) 교육으로 형성된 반공 이데올로기

지배이데올로기를 국민의 의식에 내재화하기 위한 주요한 수단은 바로 교육 및 국가적 행사였다. 소위 국민들의 의식을 개조한다는 명분에서 추진되는 국민정신교육인 것이다. 유신체제는 주로 반공교육, 안보·통일교육, 새마을교육 등을 통해 국민들에게 반공 이데올로기를 내면화시켰다. 반공교육과 안보·통일교육은 이미 유신체제 이전부터 존재하다가 유신체제에서 더욱 강화되었다. "교양교육은 정부시책이라든지, 현재 흐름이라든지 그런 교육을 진행하였다. 내 경험으로 봐서, 유신시대에는 공식적으로 교육시키라는 공문이 내려오고, 교육시켰는지 안 시켰는지를 확인하였다. 특히 새마을교육 같은 거는 제대로 시켰다. 따질 것도 없는 것이고 한 일주일씩 무조건 다 시켰습니다. 주요 내용은 반공교육, 안보·통일교육, 새마을교육 등이었다."(강갑구, 2003)

철도 공무원노동자들은 일반적으로 공산주의와 같은 사상이나 북한을 수용하기가 쉽지 않았을 것이다. 박정희 체제가 공무원들을 지배이데올로기의 주요 동원 대상으로 삼았고, 철도 공무원노동자들 역시 그 동원 대상에서 제외되지 않았기 때문이기도 하지만, 반공교육이 철도 공무원노동자들의 의식에 영향을 끼치지 않을 수 없었다. "한국전쟁을 겪으면서 폭력적인 살상을 눈으로 직접 보았습니다. 또한 남한은 북한과는 다르게 자본주의를 지향하면서 세계 12위권의 선진국으로 발돋움했습니다. 북한

은 세계적으로 가난한 국가이면서도 전쟁만을 하려고 합니다. 공산주의
가 말한다는 공정과 평등도 자본주의처럼 잘 살아야 가능한 것입니다."(최
경태, 2003)

이러한 의식은 가난을 극복하는 것 자체가 민주주의 발전으로 생각한 박
정희와 매우 유사하다. "오늘날 한국이 직면한 모든 불안과 혼돈은 궁극
적으로 그 태반이 '가난'에 연유하고 있음은 다시 말할 필요조차 없을 것
입니다. 가난에서 벗어나 민생을 향상시키는 일, 민주주의의 건전한 발전
도 복지국가의 건설도 승공통일을 위한 국력배양도 결국 경제건설의 성패
여하에 달려있는 것입니다."(8.15 제19주년 경축사, 1964.8.15.).

이러한 반공주의 의식은 철도 공무원노동자들만 가지고 있었던 것이 아
니었다. 대부분의 국민들은 공산주의와 북한에 대해서 철도 공무원노동
자들과 마찬가지였다. 그래서 박정희체제는 유신에 반대하는 대학생들과
야당 정치인들의 시위가 발생할 때마다, 다음과 같은 반공주의 이데올로
기의 표상인 '멸공구국, 국론통일'을 제창하고 나섰다. "지금 경향 각지에
서는 총력안보와 멸공통일의 함성이 우뢰와도 같이 천지를 진동하고 있습
니다. 이 외침은 멸공구국을 바라는 국민의 소리요, 국론통일과 총화단결
을 다짐하는 국민의 결의입니다. 이 외침을 우리는 한낱 구호로 그치게 할
수는 없습니다. 왜냐하면, 공산주의와의 대결에 있어 국론의 분열은 패배
를 뜻하며, 국론의 통일은 승리를 보장하기 때문입니다."[129]

박정희의 이러한 의지는 새마을교육으로 구체화되었다. 유신체제에서 새
롭게 동원된 것이 새마을교육이었다. 새마을교육은 정신훈련을 통하여 정
신자세를 확립하고 국가목표달성을 위한 사명감과 발전지향적 가치관을
기르고 유신과업수행에 앞장서게 하며 새마을운동을 지속적으로 발전시
킬 역군을 양성한다는 목표를 가지고 있었는데, 새마을교육의 대상은 전
체 국민이었다고 해도 과언이 아니다. 공무원노동자들은 새마을교육을

---

129) 박정희, 「국가안전과 공공질서의 수호를 위한 대통령 긴급조치 선포에 즈음한 특별담화」, 1975
년 5월 13일.

의무적으로 이수해야 했고, 농촌의 각 마을을 대표하는 다양한 지도자들 역시 새마을교육을 받아야만 했다. 교육과정은 곧 반공주의를 체화시키는 것이었다. "새마을교육의 이러한 목표를 달성하기 위해 교육과정에 유신과업과 우리의 좌표, 새마을운동, 한국의 경제발전과 개발계획, 국가안보업무, 국가비상계획 등의 과목을 공통적으로 배치하였다."(유진순, 1990, 22) 1977년 중앙공무원교육원에서 실시된 교육내용은 주로 안보훈련, 민방위문제, 승공론, 북한의 내남전략의 이론 등이었다.

특히 북한에서 귀순한 사람들의 교육은 철도 공무원노동자들에게 큰 효과였다. "귀순용사들이 했던 이야기들이 기억으로 남아 있다. 북한 사람들은 이렇게 살고 있는데, 남한 사람들은 정말 살기 좋은 나라에서 살고 있다는 이야기들이었다. 북한의 사정을 알게 한 새마을교육은 참으로 좋았다."(박선진, 2003)

철도 공무원노동자들의 의식은 대부분 이와 같이 답변을 한 박선진씨와 크게 다를 바 없을 것이다. 철도 공무원노동자들은 직장 새마을운동의 요람으로서의 역할을 담당하였고, 그 과정에서 철도 공무원노동자들은 '멸공구국, 국론통일'의 의식들이 체화할 수 있었을 것이기 때문이다. "1960-70년대는 임금인상을 요구하는 것조차 할 수 없었다. 집단적으로 움직이는 것 자체가 공산주의 집단이나 하는 것으로 치부되었다."(김종욱, 2004) 철도노동조합이나 다양한 운동단체들도 마찬가지였다. "내면화된 반공분단의식은 국민 대다수에게 노동운동을 포함하는 계급적 대중운동에 대한 부정적 견해를 만들어 냄으로써 계급적 대중운동 성장의 조건을 불리하게 만들었다. 특히 공산주의에 대한 부정적 의식은 노동운동의 사상적·이념적 기반을 더욱 제약한다. 노동운동뿐만 아니라 여타 계층의 운동형태에 대해서도 똑같이 부정적 관념이 일반화되어 있어서 여러 사회운동의 발전을 질곡하는 요인으로 작용하였다."[130]

이러한 두려움은 70살에 가까운 철도 노동자로 하여금 인터뷰 내용에 대

---

130) 조희연, 앞의 글, 103-106쪽.

해 답변하는 과정에서 되살아났다. 철도 공무원노동자 스스로 국가의 한 주체였다는 의식의 범주에서 벗어나지 못하고 있었고, 또한 국가권력의 한 일원으로서 자유민주사회의 혼란을 방지해야 한다는 생각이 매우 강했다. 즉 내면화된 반공분단의식은 "국가를 중심으로 한 집권세력의 응집성을 강화시켜 주며, 특히 군부 내의 분파조성을 제한하는 역할을 하였다. 즉 지배층의 안정성 범위를 상대적으로 넓혀주는 역할도 하였다. 저항은 곧 혼란이고 혼란은 분단위기의 고조로 이어져 스스로의 생존을 위협한다는 연쇄적 사고형태에 의해 저항이나 혼란을 제지하여 최소한의 생존 가능성을 확보하는 것 자체가 한 정권의 정당성의 근거가 된다는 것이다."[131]

4. 성장 이데올로기와 철도 공무원노동자
1) 경제개발의 명제

1950년대 말, 1960년대 초반의 한국경제는 낮은 산업화 단계에 있었고 자체적 산업기반이 약한 상태에서 국가예산의 50%를 무상원조에 의존하는 상황이었다. 그리고 실업률은 노동인구의 25% 이상이었고 국민 1인당 소득은 80$에 불과하였다. 1960년대 초반 근대적인 산업화가 한국의 절실한 과제일 수밖에 없는 요인이자, 정치적인 힘 또는 국가에 의해 근대적 산업화를 위한 조건이 인위적으로 창출되어야 하는 요인이었다.

1961년 군사쿠데타로 집권한 박정희 정부는 태생적으로 결여한 정치적 정당성을 공격적인 경제발전 사업에서 찾았다. 1950년대 한국전쟁의 경험, 미국의 원조에 의한 생존, 그리고 소위 '보릿고개'로 일컬어졌던 가난의 경험 등은 물질적 성장 이데올로기를 능동적으로 수용하는 기제로 작용하였다. 군사정부의 출범 이후 미국은 한국정부가 추구할 경제적 목표를 구체적으로 제시했는데, 그것은 ①추락하는 경제성장률을 역전시킬 것과

---

131) 조희연, 앞의 글, 107-108쪽.

제1차 경제개발계획에서 특정한 목표치를 설정할 것, ②35%로 추정되는 실업률을 낮출 것, ③농가의 실질소득을 증가시킬 것, ④수입과 수출의 균형을 맞출 것 등이다.[132] 그래서 박정희 체제는 군사쿠데타 이후 수출주도형 산업화 전략으로 압축적인 경제성장정책을 강력하게 추진하였다. 1960년대부터 추진되어 왔던 경제개발계획은 '작업장 수준에서 자본에 대한 노동의 복속'을 정착시키면서 추진되었다.

그래서 박정희 체제가 산업화를 지향하면서 추구했던 경제개발의 명제를 다섯 가지로 정리하면, 다음과 같다. "첫째, 고용과 소득증대는 국민의 여망사항이므로 경제성장은 절대적으로 필요한 과제이다. 둘째, 그 성장은 정부가 주도하여야 하며, 개발계획의 목표 달성은 우리 경제전략의 지상과제이다. 셋째, 한국은 소득수준도 낮고 절대인구가 적어서 국내시장이 협소하다. 따라서 목표달성을 이룩하기 위해서는 수출제일주의를 지향해야 한다. 넷째, 이를 뒷받침할 공업화의 실현을 위해 부족한 대로 국내 자본과 자원이 총동원되어야 하며, 부족한 자원은 어쩔 수 없이 외자로 충당을 해야 한다. 다섯째, 자본주의 경제질서 속에서의 공업화를 실현하는 주체는 민간 기업이어야 한다. 따라서 정부는 민간기업의 창설에 각종 지원을 아끼지 않는다."[133] 또한 박정희는 노동자들을 '조국 근대화와 건설의 기수'로 간주하였다. "오늘 제9회 근로자의 날에 즈음하여, 나는 생산의 역군으로서 조국재건의 일선에서 헌신하는 근로자 여러분의 노고를 치하하고, 자립경제의 건설과 국토통일의 역사적 과업을 위한 우리들의 결의를 새로이 가다듬게 된 것을 매우 뜻 깊게 생각하는 바입니다. 〈중략〉 어느 나라를 막론하고 경제의 발전단계에서는 피치 못할 시련의 고비에 직면하게 된다는 것은 체험으로 겪는 역사의 교훈입니다."[134] 박정희는 이

---

132) 원문의 출처는 다음과 같다. "Record of National Security Council Action No. 2430," June 13, 1961, US Department of State, Foreign Relations of the United States, 1961~1963, Vol. XXII, pp. 482~484;木宮正史, 1991, 「한국 내포적 공업화전략의 좌절: 5·16 군사정부의 국가자율성의 구조적 한계」, 고려대학교 정치외교학과 박사학위논문, 80;이완범, 1999, 「제1차 경제개발 5개년계획의 입안과 미국의 역할」, 한국정신문화연구원 편, 『1960년대의 정치사회변동』, 55~56, 백산서당.

133) 재단법인 박정희 대통령 육영수 여사 기념사업회 편, [겨레의 지도자], 재단법인 육영재단, 1990, 117쪽.

러한 관점에서 노동자들에게 '번영의 조국'을 위해 땀을 흘리고 허리띠를 졸라매자고 하였다. 박정희체제는 경제개발과 관련된 국가주의적 명제로 노동자들을 동원하였다.

그러나 박정희체제는 이러한 국가주도적인 경제성장정책에 저항하는 세력에 대해서 극단적으로 억압하였다. 저임금·장시간 노동이 정착되고, 이러한 노동조건에 저항하는 행위의 배후에 언제나 불온세력이 있는 것으로 선전되었다. 그러한 영향을 받았던 철도 공무원노동자들은 다른 사업장에서 파업이 발생되는 것조차 거의 알지 못하였고, 알고 있었다 하더라도 박정희 체제의 억압적 통제에 대해 두려움을 느끼고 있었다.

2) 경제성장에 대한 호응

1960년대 물질적 성장은 국민들에게 지배이데올로기를 수용하고 지배세력의 동원정책에 수동적·능동적 참여를 고무시키기에 충분했다. 제1차 경제개발정책을 추진할 당시, 1인당 GNP가 100$ 이내였지만, 1967년에는 약 170$ 내외로 성장하였다.[135] 국민들은 경제적 성장정책의 효과가 나타나는 것을 실질적으로 체험할 수 있었다. "정당성을 결여한 정권 획득 이후 한일회담 등을 거치면서 불안정한 출발을 보였던 박정희 정권은 1960년 중반 이후 경제성장의 성과에 힘입어 현저히 안정화됐으며, 이는 1967년 대선과 총선에서의 승리에 반영됐다"[136]

경제적 성장 이데올로기는 새마을운동, 저축운동, 혼·분식 장려운동, 허리띠 조르기 운동, 수출 100억 달러 달성운동, 생산량 증대정책, 실업계 양성화 정책, 저임금 장시간 노동정책 등에 투영되었다. 이러한 정책들은

134) 전국철도노동조합, 『철로』, 1967년 3월 31일.
135) 1970년 중반에 이르러서는 1인당 GNP가 1000$ 이상으로 증가되었다. 1인당 GNP 1000$를 1980년에 달성하겠다는 박정희 체제의 목표가 1970년대 중반에 실현되었다.
136) 홍석률, '1960년대 한미관계와 박정희 군사정권,' 『역사와 현실』 56: 2005, 269-302.

공무원과 국가기구를 통해 집행하면서 국민의 의식과 행동을 동원하였다. 철도 공무원노동자들도 박정희 체제의 경제성장 이데올로기 및 경제성장정책에 적극적으로 참여하였다.

"역대 대통령 중에서 제일 존경합니다. 너무 오래 했다는 것이 단점이긴 하지만, 그 분이 얼마나 우리나라를 발전시켜 놓지 않았습니까. 내가 1960~70년대 철도에서 일하면서 잊지 못하는 점은, 경제성장을 이룩하는 과정에서 철도의 역할이 컸다는 것을 박정희 대통령이 인정하고 있었다는 것이다." (안선금, 2003)

박정희 체제의 수출주도형 경제성장정책은 세계적인 경제호황[137]과 맞물려 큰 성과를 나타내고 있었다. 그래서 박정희는 의욕적으로 추진한 경제개발 5개년 계획을 선진국 담론의 틀에서 선진국으로의 이행과정으로 인식하면서, 한국이 2차 경제개발5개년 계획을 통해 중진국으로 도약했고, 3차 5개년 계획을 통해 상위 중진국으로 도약한다는 청사진을 제시했다.

"경제적인 면에서 볼 때, 1962년에서 1977년까지의 15년 동안 경상가격으로 약 250배나 성장한 우리의 수출액은 우리 경제의 총규모를 실질적으로도 4배 이상 신장시켰다. 따라서 1인당 국민소득도 그 동안의 높은 인구증가 추세에도 불구하고 실질적으로 3배 이상 증가되었다. 이와 같이 국내생산과 국민소득이 증가됨에 따라 국내 총생산에 대한 투자비율도 1962년의 13%에서 1977년에는 26%로 신장되었다. 또 총 투자의 국내재원 조달도 국내저축률 신장에 따라 1962년의 17%에서 1977년의 95%로 높아졌다. 그리고 무엇보다도 수출입국의 정책적 효과는 그간 늘어나는 국내 생산을 통해 고용기회를 현저하게 높였다."[138]

그래서 철도산업도 고속도로가 산업물류의 중심적 역할을 하기 이전까지

---

137) 세계경제는 1970년대에 두 번의 공황국면을 맞이했지만, 세계무역은 1948년 이후 지속적으로 성장하였다. 세계무역은 1948년부터 1973년까지 평균 약 7% 정도의 성장률을 보였고, 1973년부터 1979년까지는 평균 약 4.5%의 성장률을 나타냈다. 수출주도형 국가의 경우, 세계무역의 성장을 활용하여 국내 경제를 발전시킬 수 있었다. Ikeda, Satoshi. "세계생산." 백승욱·김영아 역. 『이행의 시대: 세계체제의 궤적, 1945~2025』. 1999. 창작과비평사.

138) 재단법인 박정희 대통령 육영수 여사 기념사업회 편, 『겨레의 지도자』, 재단법인 육영재단, 1990, 115쪽.

경제성장의 기반으로 작용하였다. 박정희도 철도산업의 중요성을 수시로 강조하면서, 다른 일반직 공무원들과 달리 철도 공무원노동자들의 임금을 인상시켜 주었다. "저는 역대 대통령 중에서 박정희 대통령을 숭배합니다. 철도 공무원노동자였던 저는 배가 고팠었는데, 우리들에게 밥과 빵을 가져다주었다. 1960년대 후반에서 1970년대 초반, 박정희 대통령의 독자적인 결단으로 우리 철도 공무원노동자들의 임금이 대폭 인상되었다. 장면 박사처럼, 무르게 했다면, 우리나라의 경제는 발전하기 어려웠을 것이다. 박정희 대통령이 군홧발로 억압하긴 했지만, 그것이 경제발전의 약이 되었다고 생각한다."(남궁건영, 2003)

"1960년대의 우리 경제는 제1차 및 제2차의 경제개발 5개년 계획을 통해서 세계에서 손꼽히는 고도성장을 이룩하였고, 약진하는 공업국, 그리고 수출국으로서의 기반을 구축하였습니다. 금년부터는 또다시 상위 중진국을 지향하는 제3차 5개년 계획의 제1차년도 사업을 진행 중에 있습니다."[139]

3) 국가발전모델에 대한 능동적 순응

철도 공무원노동자들이 박정희 체제의 성장 이데올로기에 능동적으로 순응할 수 있었던 요인도 박정희 체제의 발전국가모델[140]에서 찾을 수 있다. 박정희는 5.16군부쿠데타 이후 적극적 산업정책의 집행을 통해 유치산업의 비교우위를 동태적으로 창출해내는 기능을 할 수 있는 발전국가모델로 산업화체제를 구축하기 시작하였다. "박정희 산업화체제의 형성은 단순히 수출 지향적 정책의 채택이라는 정책적 차원의 변화를 넘어서서 권력구조, 국가관료제, 국가와 주요사회세력과의 관계 등 차원에서의 변화

---

139) 박정희, 경제의 안정과 성장에 관한 긴급명령의 공포시행에 따르는 특별담화문, 1972.8.2.
140) 김일영, 「한국의 정치·경제적 발전 경험과 그 세계사적 위상」, 이우진·김성주 공편, 『현대한국정치론』, 사회비평사, 1996, 461~464쪽

를 전제로 하여 형성된 것이다."[141] 철도청 역시 군부 출신의 인사들도 채워졌기 때문에, 박정희체제가 지향하는 성장 이데올로기가 철도 노동자들에게 강요되었다.

"그때는 전부 영관급이나 준장 혹은 소장들이 예편하면서 철도청의 주요 직책을 거의 다 맡았었다. 지방본부는 주로 영관급들이었고, 중앙의 철도청 관료들은 군대에서 별을 달았던 사람들의 자리였다. 그래서 군대식으로 훈련하고 조회하고 그랬었다. 위에서 명령을 하면, 그저 승복하는 수밖에 없었다."(최병엽, 2003)

그래서 철도 공무원노동자들은 박정희 체제가 요구하는 각종의 지침을 암기해야만 했다. 그러한 지침 중에는 대통령의 훈시, 국무총리의 훈시, 철도청장의 훈시 등이 꼭 들어가 있었다. "철도 공무원노동자들은 각종의 훈시를 암기하지 않을 수 없었다. 각종의 지침들은 반드시 회람해야만 했다. 훈시의 주요 내용은 경제성장을 위한 국민들의 과제나 철도 공무원노동자들의 과제가 대부분이었다. 그런데 교양시험문제로 출제되었으니까, 철도 공무원노동자들은 그러한 훈시들을 수첩에 일일이 적어서 암기하였다. 수첩에 적어서 암기하고 있는가의 여부를 확인하는 작업이 진행되었다."(권춘길, 2003) 1970년대 중화학공업을 추진할 당시의 실무핵심 담당자는 당시 한국의 체제는 주식회사체제를 넘어서서 대통령을 사령관으로 하는 군대와 같은 체제로 회고하였다. 이는 중화학공업 추진에 필요한 국가적 역량의 동원은 1960년대를 통해 정형화된 권위주의적 정치, 그리고 정책과정을 배경으로 해서 가능했었다는 것을 증언하는 것이다.[142]

이처럼 철도 공무원노동자들은 박정희 체제의 지배구조 속에서 지배이데올로기의 범주를 벗어나기가 쉽지 않았다. 철도 공무원노동자들의 의식과 행동은 1970년대 유신체제의 정당성을 부여하는 과정에서도 드러났다. 철도 공무원노동자들은 경제성장의 과정보다는 결과에 주목하였다. "유

141) 김세중, 「박정희 산업화체제의 역사적 이해」, 김유남 엮음, 『한국정치연구의 쟁점과 과제』, 한울아카데미, 2001, 223쪽.
142) 김세중, 위의 글, 220쪽.

신은 일종의 혁명이라고 본다. 결코 나쁜 것이 아니었다. 수출 100억 달러를 달성하면, 누구나가 자가용을 탈 수 있다는 김종필 총리의 말이 아직까지 남아 있다. 지금 생각하면, 정말 맞는 말이었다."(이천우, 2003)

그래서 1970년대 유신체제의 산업화는 1980년까지 수출 100억 달러를 완수한다는 수출드라이브정책으로 집중되었다. 박정희 체제는 1977년에 그 목표를 달성했다. 박정희는 100억불 수출의 날을 기념하는 자리에서 다음과 같이 강조하였다. "이렇다 할 부존자원이 없는 우리 형편으로 볼 때, 여전히 계속되고 있는 세계적 자원난이라든가, 가거와는 달리 우리나라를 새로운 수출경쟁국으로 의식하면서 보호무역의 장벽을 쌓고 있는 세계경제의 현황 등에 비추어 볼 때, 우리는 새로운 결의와 분발을 다짐하지 않을 수 없습니다. 생산과 건설에 종사하는 모든 사람들이 국가발전의 제일선에서 헌신하고 있다는 드높은 긍지와 자부심을 견지하고 맡은바 직분에서 저축 창의를 발휘하고 최선을 다하는 일입니다. 모든 기업인과 종업원이 서로 돕고 아끼고 가족과 같은 따뜻한 분위기속에서 일체감을 북돋아 나가는 일이야말로, 우리나라 공장 새마을 운동의 정신이며, 또한 우리의 수출산업이 난관을 뚫고 세계무대로 끝없이 뻗어나갈 수 있는 힘의 원천이라고 확신합니다."(1977년 12월 22일)

철도 공무원노동자들은 수출 100억 달러의 성과를 박정희 체제의 '절대선'이자 '절대공적'으로 간주하였다. 자신들이나 다른 노동자들이 수출을 위해 피와 땀을 흘린 것에 대해서는 거의 인식하지 못하고, 단지 자신들에게 돌아오는 '밀가루, 넓어진 도로, 개량된 지붕'이라는 성과에 만족하고 있었던 것이다. 그렇지만, 철도 공무원노동자들은 경제성장의 발전과 함께 자신의 생활조건이 변화되는 것을 직접 경험하였다. "경제개발5개년계획과 동시에 추진된 새마을운동의 일환으로, 밀가루나 시멘트가 무상으로 공급되었는데, 농촌에서는 그것들을 가지고 자신의 마을을 스스로 변화시키기 시작했다. 물론 국가의 행정기관이 개입하면서 추진되었지만, 스스로 변화시킬 수 있다는 경험을 직접 하였던 것이 아주 컸다고 생각한

다."(박선진, 2003)

철도 공무원노동자들은 공채가 시행되기 이전에 주로 공식적인 교육훈련 기관을 수료하거나 졸업하고 난 이후에 특채로 입사한 경우이거나, 인사 권한을 가지고 있는 지방본부 및 각 사무소에서 연고를 바탕으로 특채로 입사한 경우에 해당한다. 이러한 인력수급 구조는 상사들에게 순응할 수 밖에 없는 철도 공무원노동자들의 의식과 행동을 강화시켰다.

유신체제는 1973년 교육과정을 개정하는 과정에서 교육과정의 3대 원칙 중의 하나로 '지식·기술교육의 혁신(기본능력 배양, 산학협동교육의 강화)' 을 설정하였다. 이 원칙은 실업계 고등학교를 양성하는 정책, 각급 교육기 관을 매개로 기능공을 양성하는 정책, 국내외 기능인 경진대회에 참여할 선수를 양성하는 정책 등으로 추진되었다. 1975년 이후 정부가 지정한 특 정 실업계 고등학교에 입학하는 학생들은 군대면제, 학비면제, 기숙사 제 공, 취업보장 등의 각종 혜택을 제공받을 수 있었다. 특히 지방의 중학생 들은 이러한 혜택을 누리기 위해 특정 실업계 고등학교에 입학한 경우가 많았다. 철도고등학교에 입학한 학생들도 대부분 실업계 양성정책의 혜택 을 보고자 했다. 그래서 이들은 철도에 취업하더라도 자신의 생활역량을 양성하고 보장해 준 국가에 대해 순응적이었다. "당시 철도고등학교에 입 학하려면 중학교에서 상당한 실력이 있어야 가능했다. 실력이 있어도 집 안 형편이 어려워 고등학교에 진학하지 못하거나, 혹은 도시의 고등학교에 입학하기 어려운 학생들이 철도고등학교에 입학하였다. 그래서 철도고등 학교를 졸업하고 특채로 입사한 사람들은 국가에 대한 부채의식을 갖고 있는 경우가 많았다."(신용길, 2003)

1970년대 중반 산업화가 급속하게 진행되는 과정에서 수송물류가 급증하 게 되자, 철도의 기관사들이 매우 부족한 상황이 발생하였다. 그래서 정 부는 인력수급이 어려운 문제를 해결하기 위해 대통령 특별령으로 기관 사들의 군입대를 면제시키기로 하였다. "저는 1974년에 기관사가 되었다. 당시 기관사들이 제2보충역으로 빠지면서 군 생활 대신 철도 현직에서 일할 수 있게 되었다. 그 결과 군대를 가지 않고 철도에서 계속 기관사로 근무하면서 세월을 보내게 되었다. 지금 과거를 회상해 보면 특별히 생각나는 일은 없지만, 그 당시 기관사 일이 사회적으로도 상당히 보람된 일이었고 재미있는 일이었다는 생각이 듭니다."(김창한, 2011)

당시 기관사들은 군대를 면제시키는 정책에 대해 환호하였다. 이러한 환호는 일을 하는 과정에서 국가에 대한 부책의식으로 작용하였다. 물론 국가에 대한 부채의식은 힘들게 일하는 과정에서 해소되었다. 하지만 1960-70년대 철도 공무원노동자들은 아직도 국가의 수혜자였던 공무원으로서의 정체성에서 쉽게 벗어나지 않고 있다. "당시의 국가를 생각하면, 고맙기 그지없다. 내가 먹고 살 수 있는 길을 만들어 주었기 때문이다. 하지만 일이 힘들었을 때가 아주 많았다. 내가 국가 공무원인데 노동현장의 막일을 하고 있는 느낌을 지울 수 없었다. 공무원이었지만, 실질적으로는 3D업종의 노동자였다고 해도 과언이 아니다."(정한종, 2003)

5. 국가(민족)주의적 이데올로기와 철도 노동자
1) 국민교육헌장과 철도 공무원노동자

신민지를 경험했던 국민들은 국가라는 공공적 주권의 필요성을 인식하지 않을 수 없었을 것이다. 그러한 국민들은 주로 국가를 구성원들에게 '존재 기반'을 제공하는 공동체적 주체로 인식하기 때문이다. 사람들은 자신의 삶의 공간을 구성하고 있는 생활요소들이 다양한 관계 속에서 보존되기를 원하기 마련이다. 생활의 다양한 관계들은 선순환적 관계든 악순환적 관계든 삶의 공간에서 구체적으로 구성되거나 재구성된다. 그래서 어떤 공간이든 그러한 관계를 형성하고 유지시키기 위한 공적 규칙을 필요로 하고, 그러한 규칙을 만들고 관리하는 공적 주체가 등장한다. 근대사회의 대표적인 공간은 바로 민족이나 국가로 표상되었으며, 국가는 사회구성원들의 공적 규칙을 제정하고 관리하는 주체로 등장하였다. 이러한 과정은 개인과 사회 간의 계약으로 공적인 권력을 형성하는 것이었다.

박정희는 1960-70년대 내내 개인과 국가와 관계에서 국가를 중시하는 국가주의적 사회계약으로 국민들을 동원하였다. "박정희는 개인보다 국가를 우선시하는 국가주의적 사고와 개인과 전체의 조화를 강조하는 유기체적 사회론을 국민에게 주입시켰다. 여기에는 안보와 능률, 질서와 국가발전에 대한 국가주의적 강조가 민족주의적 강조와 결합되어 있었다. 그리고 이 모두는 자신에 대한 국민의 충성을 강조하고 있었다."[143] 그 대표적인 것이 국민교육헌장의 제정이다. 이 헌장은 모든 학교 및 (준)공공기관의 각종 행사에서 방송되었고, 학생들에게는 이 헌장을 외우게 하였다. 철도 공무원노동자들도 임시직에서 정규직으로 전환하기 위한 면접시험을 위해 이 헌장을 암기해야만 했다.

박정희는 국민교육헌장의 의의에 대해 다음과 같이 명시하고 있다. "국민교육헌장은 찬란한 새 역사 창조를 위한 우리 국민의 생활규범일 뿐 아니라 실천적 행동강령이며, 발전과 번영을 지향하는 우리 민족의 꿈과 희망이 담긴 의지의 표상이다."[144] 이처럼 국민들의 생활규범이자 실천적 행동강령으로 제정된 국민교육헌장의 핵심 내용은 다음과 같다. "우리는 민족중흥의 역사적 사명을 띠고 이 땅에 태어났다. 조상의 빛난 얼을 오늘에 되살려 안으로 자주독립의 자세를 확립하고 밖으로 인류공영에 이바지할 때다. 〈중략〉 우리의 창의와 협력을 바탕으로 나라가 발전하며 나라의 융성이 나의 발전의 근본임을 깨달아 자유와 권리에 따르는 책임과 의무를 다하며 스스로 국가건설에 참여하고 봉사는 국민정신을 드높인다. 반공민주정신에 투철한 애국애족이 우리의 삶의 길이며 자유세계의 이상을 실현하는 기반이다. 길이 후손에 물려줄 영광된 통일조국의 앞날을 내다보며 신념과 긍지를 지닌 근면한 국민으로서 민족의 슬기를 모아 줄기찬

---

143) 안청시, 『현대한국정치론』, 법문사, 1992년, 268-271쪽
144) 박정희, 「국민교육헌장 선포 제7주년 기념식 치사」,1975년 12월 5일,

노력으로 새 역사를 창조하자."[145]

국민교육헌장을 암기해야만 했던 철도 공무원노동자의 입장에서 볼 때, 국민교육헌장은 국가(민족)주의적 통합이라는 강령을 암기하는 과정에서 자신의 의식으로 체화시키지 않을 수 없었다. "철도 공무원노동자들은 1960년대 후반과 1970년대 초반에 국민교육헌장을 암기하고 난 이후에 구두시험을 보았다. 시험장에 들어가기 전까지, 정말 국민교육헌장을 암기하기 위해 지긋지긋하게 공부했다. 시험장에서는 국민교육헌장의 어떤 부분을 물어볼지 걱정이 태산이었지만, 시험관이 암기하고 있는가의 여부를 질문해서, 아주 간단하게 암기하고 있다고 답변하였다."(남궁건영, 2003) 이러한 현상은 국민교육헌장의 암기를 확인하는 시험현장에 자주 일어났다.

2) 국가가 보장했던 나의 삶

근대적 국민은 새로운 자본주의적 생산과정과 낡은 절대주의적 행정 네트워크의 조합에서 조직되었다. 이 두 가지의 불안정한 관계는 국민적 정체성, 즉 혈연관계의 생물학적 연속성, 영토의 공간적인 영속성, 그리고 언어적·문화적 공통성에 근거한 통합적인 정체성에 의해 안정화되었다. 주요한 수단은 국가 이데올로기였다. 국민은 항상 사회관계와 정치관계를 생성해내는 능동적이고 주체적인 세력이면서, 동시에 국가 이데올로기로 동원되는 피동적 세력이었다.

박정희 체제의 국가주의 이데올로기는 국민들의 능동적 주체성을 정체시켰다. 물론, 국가 이데올로기는 철도 공무원노동자들에게만 집중적으로 투영되었던 것은 아니었다. 하지만 철도 공무원노동자들은 국민교육헌장을 암기하기 위한 과정 자체가 '국가를 중심으로 하는 박정희 체제의 국가주의 이데올로기'에 동원되는 것이었다. 박정희 체제의 국가(민족)주의 지

---

145) 국민교육헌장, 1968년 12월 5일 제정·선포.

배이데올로기는 개인을 지배하고 통제할 수 있는 '국가 중심의 의식'을 형성하려 하였기 때문이다. "국가가 있어야 학문이 있고, 민주주의와 자유가 보장되는 것이며, 공산주의에 나라를 빼앗기고 나서는 아무리 민주주의를 외쳐도 소용이 없다는 것을 역설하여 오늘날 우리의 민족교육은 국가의 안보교육면에서 확고한 가치간이 정립되어야 한다고 말했던 것이다."[146]

국가가 당신에게 어떤 것이었는가라는 질문에 대해, 한 철도 공무원노동자는 이렇게 답변하였다. "국가가 있었기 때문에 내가 공무원 생활을 했다. 공무원 생활을 했기 때문에 자식들의 공부도 잘 시켰다. 물론 내가 노력한 결과이기도 하지만, 국가가 없었다면, 아예 그런 생활을 할 수 없었을 것이다."(박선진, 2003) 오히려 인터뷰에 응했던 철도 공무원노동자가 필자에게 이런 질문을 하였다. "국가가 사라지면 대학뿐만 아니라 당신의 직장도 없어지는 것 아닙니까?" 이러한 의식은 국가가 보호하는 개인의 모습이자, 개인이 요구하는 국가의 모습이었다. "국가가 있어야 내 가족도 있을 수 있기 때문에, 국가가 충성을 요구하면 반드시 그 요구를 따라야 한다고 생각합니다."(박선진, 2003)

그래서 1960-70년대 박정희 체제의 관료들은 국가의 자원, 특히 공무원을 중심으로 하는 공공인력과 노동자들의 노동력을 효율적으로 동원하여 국가의 이익과 목표를 달성하는 전략을 수립하였다. "그들은 국가안보를 자립경제라는 근대화 프로젝트에 연결짓고, 민족의 생존이 경제적 성과에 달려 있음을 분명히 했다."(최장집, 163쪽) 1970년대 박정희 체제가 추진했던 국가주의적 근대화 프로젝트로 국민들의 의식을 동원하려 했던 것은 새마을운동이었다. 박정희 체제는 새마을운동을 범정부적인 차원에서 집행하고 지원하는 시스템으로 국민들의 의식과 행동 속으로 접근할 수 있었다. 따라서 철도산업 자체가 경제적 발전과정의 기반이었던 만큼, 철도청도 국가주의적 근대화 프로젝트의 주체로 나섰다.

---

146) 재단법인 박정희 대통령 육영수 여사 기념사업회 편, 『겨레의 지도자』, 재단법인 육영재단, 1990, 253쪽.

1973년에 중앙정부 차원에서 내무부·농수산부·상공부·문교부 등이 새마을운동과 관련된 부서들을 신설하였고, 전국의 시·도에도 그와 동일한 부서들이 만들어졌다. 이에 철도청도 1973년에 조직체계를 변경시키면서 새마을담당과에 계획담당과 지도담당을 설치하였다. 계획담당과 지도담당은 다음과 같은 사무를 분장하였다. "①철도 새마을운동 계획의 종합조정 ②새마을운동에 관한 타부처와의 관련사항 ③철도 새마을운동 추진협의회 운영 ④다른 담임에 속하지 아니하는 사항 ⑤철도 새마을운동 추진사항 분석 및 평가 ⑥철도 새마을운동의 홍보 및 추진 지도 ⑦물자 절약에 관한 사항"[147] 등이었다.

철도청은 직장 새마을운동을 추진하면서 국가주의적 근대화 프로젝트와 관련된 교육과 선전을 강화하였다. "1970년대 내내 직무교육을 가면, 새마을운동과 관련된 교육을 많이 배치하였다. 주요 내용은 조국의 근대화, 국민의 총화단결, 민족중흥, 국가의 안전, 공공질서의 수립 등이었다. 철도 공무원노동자들은 공무원의 신분상 이러한 교육을 거부하기 어려웠다. 처음에는 지겹다는 생각으로 앉아 있었지만, 1박 2일이나 2박 3일의 교육을 받다보면, 국가의 절대적인 가치를 생각하거나 인정하게 되는 경우가 많았다."(최병엽, 2003)

3) 국론분열에 대한 탄압

박정희 체제는 국가(민족)주의 정책에 저해가 되는 저항 이데올로기, 즉 민주주의 이데올로기를 내세웠던 반유신운동의 주체들을 폭력적인 국가의 힘으로 저지하면서, 국가주의적 단결과 총화만을 강조하였다. "모든 국민이 한 덩어리로 총화단결하고 국론을 통일하여 안전보장을 공고히 다지기 위해 모든 국력을 기민하고도 유효하게 총집결해야만 하는 것입니다.

---

147) 철도청(본청), 『사무분장 규정』, 1970. 3. 30.

이것이 바로 오늘의 난국을 극복하는 최선의 길입니다. 따라서, 나는 국민 총화를 공고히 다지고 국론을 통일하며, 국민 모두가 일사분란하게 총력 안보태세를 갖추어 나랄 수 있도록 하기 위해 오늘 헌법 제53조의 규정에 따라 국무회의의 심의를 거쳐 〈국가안전과 공공질서의 수호를 위한 대통령 긴급조치〉를 선포하는 바입니다."[148]

박정희 체제의 긴급조치는 국가(민족)주의와 반공주의, 그리고 성장주의를 긴밀하게 융합시켜 국민들의 민주적인 의식을 봉쇄하였다. 한국전쟁을 경험했던 한 철도 노동자의 말이 이를 대변한다고 해도 과언이 아니다. "어렸을 때부터 초등학교에서 반공교육을 받았다. 한국전쟁을 겪으면서, 공산주의 세력을 두려워하지 않을 수 없었다. 사람이 사람을 죽일 수 있다는 것을 그 때, 처음 경험한 것이다. 그런데 이러한 일은 국가가 망하면서 나타는 것이라고 생각한다. 국가를 전복하려 하고 국론을 분열하려는 세력이 있다면, 국가는 그러한 세력을 당연히 제거해야 한다."(이천우, 2003)

이러한 국가(민족)주의 지배이데올로기는 한국적 민주주의라는 정치적 이데올로기로 구체화되었다. 박정희는 "우리의 정치풍토에서 서구식 민주주의의 실험은 변칙적이며 비민족인 요소가 많다. 어느 정도 교양과 재산을 가진 근대시민계급에게 조화와 균형을 가져왔던 서구식 민주주의가 엄청난 정치적 문맹대중과 경제적 빈곤을 토대로 하는 한국사회에서는 갖가지 부조리가 파생되고 주권의 자발적 내지 강제적 매매행위가 공공연히 자행되기도 하였다. 더구나 남북의 분단이라고 하는 상황 속에서 국력배양, 조국근대화, 민족중흥이라고 하는 역사적 과제를 수행해야 하는 과정에서 서구의 제도나 방법만으로는 우리의 문제를 해결하는데 적합하지 않다."(정재경 저, 690쪽)는 점을 강조하였다. 박정희 체제는 국가 중심의 지배전략을 내포적 민족주의 전략으로 변화시켰던 것이다. 철도노동조합이나 철도 공무원노동자들은 이러한 지배전략에 대해 순응하지 않을 수 없었다.

---

148) 박정희, 「국가안전과 공공질서의 수호를 위한 대통령 긴급조치 선포에 즈음한 특별담화」, 1975년 5월 13일.

철도노동조합은 유신체제의 도입을 공개적으로 찬성했던 조직이었기 때문에, 박정희 체제의 조국근대화와 민족중흥정책의 필요성과 그 정당성을 능동적으로 수용하면서 선전하였고, 필요할 때 철도 공무원노동자들을 조직적으로 동원하였다. 철도 공무원노동자들 역시 철도노동조합의 요구에 순응하지 않을 수 없었다. 철도노동조합은 철도 공무원노동자들에게 있어서 또 다른 권력체였기 때문이다. "1970년대의 노동조합은 대단한 권력을 가지고 있었다. 철도 공무원노동자들을 전직시키는 것은 아주 쉬웠다. 노동조합 간부들이 지방청장하고 같이 식사하면서 말 한마디 하면 전출되었다."(안선금, 2003) 철도노동조합은 국가주의 지배이데올로기를 관철시키는 국가기관으로서의 역할을 담당했던 것이다.

6. 맺음말

철도 공무원노동자들은 이러한 국가정책을 접하면서 수동적·능동적으로 동원되었거나, 혹은 지배이데올로기를 수동적·능동적으로 수용하고 집행하면서 박정희 지배체제의 사회적 하부구조(social-infrastructure)를 구축하는 주체로 나서기도 했다.

1960-70년대 철도 공무원노동자들은 북한 및 공산주의에 대해 아주 비판적인 의식을 보유하고 있었다. 한국전쟁의 경험, 초등학교에서의 교육, 그리고 철도청에서 실시했던 각종의 교육을 이수하는 과정에서 그러한 의식이 형성되지 않을 수 없었다. 또한 철도 노동자들은 성장 이데올로기에 대해 적극적으로 지지하는 의식을 보유하고 있었다. '죽도록 일을 해서라도' 1950-60년대에 경험했던 가난을 극복하고자 하였던 것이다. 국가(민족)이데올로기에 대한 인식도 마찬가지였다. 아마도 이러한 의식은 공무원으로서의 존재조건에서 더욱 강화되었을 것이다. 철도 노동자의 답변에서도 확인되었듯이, 노동자로서의 의식보다는 공무원으로서의 의식을 보다 많

이 보유하고 있었기 때문이다.

물론 1960-70년대 철도 노동자들만이 이러한 의식을 보유하였다고 주장할 수 없다. 민주노조운동을 전개하였던 노동자들을 제외한다면, 당시 거의 모든 노동자들도 철도 노동자들과 마찬가지였을 것이다.

이 글에서 다양한 모습을 드러낸 철도 공무원노동자들의 의식이 1960-70년대 모든 철도 노동자들의 의식을 대표한다고 할 수 없다. 그러나 철도 노동자들은 공무원으로서의 의식과 노동자로서의 의식을 보유하고 있었음에도 불구하고, 박정희 체제가 지향했던 '반공 이데올로기, 성장 이데올로기, 국가(민족) 이데올로기'를 능동·수동적으로 수용하였다. 1960-70년대 철도산업에는 박정희 체제의 지배이데올로기를 거부하면서 철도노동조합의 민주화를 위해 투쟁했던 주체들도 존재했다. 그러나 철도노동조합이 2000년에서야 민주노조로 변화되었다는 사실을 고려한다면, 1960-70년대의 철도 노동자들은 철도노동조합의 민주화를 위해 투쟁하는 주체들의 활동과 그들의 의식을 수용하기 힘들었을 것이다.

차량직 혹은 시설직에 근무했던 철도 노동자들은 노동자로서의 의식도 동시에 보유하고 있었다. "대부분의 사람들은 철도청에 소속되어 일하고 있다고 하면, 공무원이라서 좋겠다고 말한다. 공무원이라고 생각하면서 일했다."(권춘길, 2003) "하지만 일할 때 드는 생각은, 특히 하루 종일 곡괭이질을 하고나면, 내가 무슨 공무원인가라고 회의를 할 때가 많다. 현업에 종사하는 일이 너무 힘들기 때문이다. 그렇다 하더라도, 외부 사람들을 만나거나 말할 때는 꼭 공무원으로서의 역할을 내세운다. 내 스스로 이율배반적이라고 하면서도, 국가로부터 봉급을 받고 살아가는 입장에서는, 아주 당연한 것이었다."(박석동, 2003;남궁건영, 2003) 철도 노동자들이 보유하고 있는 의식의 이중성이다. 국가 공무원으로서의 관료적 의식과 현업에 종사하는 노동자 의식의 모순적 융합현상이 존재했던 것이다. 이러한 모순적 현상은 박정희 체제의 지배이데올로기를 보다 용이하게 체화할 수 있는 요인이었다.

제3절. 철도 공무원노동자의
공동체 생활문화와 공공적 관계

1. 문제제기

철도 공무원노동자들은 집단적인 공동체 생활에 익숙하다. 철도산업의 작업과정 자체가 공동체 생활을 필요로 한다. 철도의 직종별 특성상 역무 직종을 제외하면, 승무·차량·시설 직종의 노동자들은 공동으로 작업을 하거나 휴식을 취한다. 철도 공무원노동자들은 내부 노동조건이 분할된 상태에서도 집단적 공동체를 형성하면서 생활하였다.

그런데 공동체 생활은 생활세계의 정체성이 개별화된 개인보다는 집단적 사회구성원을 중심으로 형성·운영되는 체계를 의미한다는 점에서, 철도 공무원노동자들의 의식에 큰 영향을 끼쳤을 것이다. 또한 1960–70년대 철도 공무원노동자들이 가정에서 보내는 시간보다 노동현장에서 보내는 시간이 많았다는 것을 고려할 때, 노동현장의 집단적 공동체 생활에서 형성되고 강화되었던 철도 공무원노동자들의 의식은 가족이나 주변 사람들에게도 적지 않은 미치지 않을 수 없었다. 철도 공무원노동자들은 개인보다는 집단의 요구와 욕망으로 구성되는 공동체 생활 속에서 공공적 관계를 유지하였고, 또한 그러한 관계에서 형성된 자신의 의식으로 다른 관계를 유지시켰기 때문이다.

1960–70년대 철도 공무원노동자들의 집단적 공동체 생활에 대한 연구가 거의 없는 상태에서 철도 공무원노동자들의 의식을 집단적 공동체 생활과 연계시킨다면, 철도 공무원노동자들 간의 관계가 새롭게 규명될 수 있을 것이다. 생활세계의 관계를 형성하고 유지하는 것 자체가 의식과 행동의 집적물이라고 간주하기 때문이다. 따라서 철도 공무원노동자들의 노

동과정에서 나타날 수밖에 없었던 집단적 공동체 생활관계, 특히 가족적 연고관계, 집단적 숙소생활의 관계, 그리고 집단적 여흥문화의 관계 등은 철도 공무원노동자들의 다양한 생활세계 속의 의식과 행동들을 밝혀내는 기반으로 작용할 것이다.

2. 철도 공무원노동자들 공공적 정체성

생활세계에서 추구하고 있는 욕망은 사회의 모든 사람들을 중심으로 한 정체성에 의해 형성되고 재형성된다. 그런데 공동체적 관계는 개인의 욕망을 중심으로 한 생활세계보다는 집단과 사회를 구성하고 있는 사람들의 집단적이고 통일적인 욕망을 중심으로 한 생활세계에서 보다 강화될 수 있다. 생활세계의 주체들은 사회적 집합체로 범주화되어 있기 때문이다. "사회적 집합체는 곧 사회세력으로 될 수 있는 것으로 그 독자적인 특성은 경제 이외의 다른 제반 구조와 특유하고도 중첩적인 관계에 기반으로 두고 있다. 그 중요한 예가 국가와 관련되어 있는 관료 및 공무원, 이데올로기와 관련되어 있는 지식인층이다."[149]

철도 공무원노동자도 국가와 노동계약을 맺고 공공권력의 내부로 진입한 사람들이다. 그래서 철도 공무원노동자들도 자신을 둘러싸고 있는 다양한 주체들과 중첩적인 관계를 형성·유지하는데, 그것의 토대는 공공적 세계의 틀 내에서 힘을 발휘하고 있는 공공권력이었다.

공공적 주체들은 사회구성원들의 생활세계를 지배하고 관리하는 공공적 힘을 보유하고 있다. 사회구성원들이 그러한 힘의 정당성을 사회계약으로 보장하였기 때문이다. 철도청은 우리나라의 '철도운행 100년을 기념하기 위해 제작한 책자에서 철도인과 철도문화에 대해 이렇게 기록하고 있다. "철도의 업무는 밤낮이 없다. 철도의 현업은 대부분 24시간 근무 후에

---

149) B. Jessop, The State Theory, The Pennsylvania state University press, 1990, p.357.

24시간을 휴식하는 철야 교대근무이다. 비가 오나 눈이 오나 바람이 부나 철도는 사람과 물자를 수송하는 하루 24시간 일년 365일 전천후 근무이다. 일반인들이 휴가나 명절을 즐길 때, 철도의 수송 수요는 늘어나서 철도는 평소보다 많은 열차를 운행해야 되고, 따라서 철도 직원은 휴식도 없이 더 많은 시간을 근무해야 한다."(철도 100년사, 922) 국민들에게 공공서비스를 제공해야만 하는 철도 공무원노동자들의 공공적 의무였다.

그런데 철도 공무원노동자들은 이러한 의무를 구체적으로 두 가지의 요인 때문에 수용한다. 하나는 공공 영역으로 간주되는 법과 제도이고, 다른 하나는 생활에 필수적인 공공재화이다. 이러한 두 가지의 수단은 공공적 권력으로 보장되는 공공적 정체성을 보유하고 있다. 철도 공무원노동자들도 법과 제도가 보장하는 공공영역에서 교통운수서비스라는 공공재화를 생산하여 공급하는 공공적 주체들이었다. 철도 공무원노동자들은 사회구성원들과 다양한 관계, 즉 공공재와 공공적 생활영역에 대한 지배력을 바탕으로 사회구성원들과 공공적 계약을 지배하든지 아니면 공공적 계약을 매개로 공공재와 공공적 생활영역을 지배하는 관계를 구축한다. 철도 공무원노동자들은 이러한 계약관계의 영향을 받으면서 집단적 공동체 생활을 유지하였다.

그런데 철도 공무원노동자들의 집단적 공동체 생활은 국가에 의해 영향을 받지 않을 수 없었다. "국가는 지배계급의 지배를 정당화하고 유지할 뿐만 아니라 피치자에 대한 능동적 동의를 획득하고자 하는 실천적이고 이론적 활동의 총체인 것"[150]이기 때문에, 법과 제도를 매개로 하여 철도 공무원노동자들의 집단적 공동체 생활까지 영향을 미쳤다. 그런데 법과 제도는 "자신의 권위를 전통적인 사회계약의 정당성에 의존하고 있기 때문에 독자적인 것으로 간주되기 쉽지만, 실질적으로는 정의와 동일시되는 정치적 구조 하에서 법의 자율성론을 매개로 하여 지배에 대한 복종

150) 조희연, 2008, 「헤게모니 균열의 문제설정에서 본 현대한국 정치변동의 재해석」, 경상대사회과학연구원, 『마르크스주의연구』, 제5권 제1호 (한울, 서울) 91~92쪽

을 제일의 덕목으로 삼고 있다."[151] 사회구성원들을 권력과 권리로부터 소외시키는 것을 공공영역에서 구조화하기 위한 지배전략인 것이다. 사회적 계약으로 만들어진 법과 제도는 계약의 주체들을 실질적으로 지배하는 사회계약의 딜레마, 즉 계약의 주체가 지배의 대상으로 변하게 되는 지배—피지배적 관계가 융합되어 있다.

그래서 철도 공무원노동자들은 집단적 공동체 생활 속에서 권위주의적 명령과 복종의 관계를 자연스럽게 받아들였다. "철도 공무원노동자들은 식민지 시기에도 권위주의적 상하관계에 매우 익숙했다. 이러한 관계는 1960-70년대에 더욱 강화되었다. 아마도 군대문화가 노동현장의 생활세계에 직접 투영되었기 때문에 그랬을 것이다. 공동작업이었는데도 불구하고, 작업 이후에 작업장을 정리하거나, 선배들을 배려하는 것조차 철도 공무원노동자들의 집단적인 공동체 생활세계의 일부였다."(유병화, 2003; 신용길, 2003;이철의, 2003)

철도 공무원노동자들은 권위주의적 관계를 자신들의 공공적 정체성, 즉 공공적 영역에서 공공재화를 생산하여 공급하는 것 자체가 공공권력의 틀 내에서 작동하는 법과 제도의 힘으로 인지되었던 것이다. 그러나 이러한 공공적 정체성은 철도 공무원노동자들이 노동자로서의 정체성에 조응하는 철도노동조합의 실질적인 주체로 나서면서 변화되기 시작했다. 철도 공무원노동자들은 철도노동조합과 함께 법과 제도를 운용하는 국가의 권위주의적 관계를 민주적 관계로 변화시켰다. 즉 철도 공무원노동자들의 공공적 정체성이 국가를 중심으로 했던 관계에서 국민을 중심으로 하는 관계로 변화된 것이다.

---

151) H. Collins, op cit, p. 40

3. 공동체 생활과 공공적 권위주의 관계
1)가족공동체적 연고 관계

철도산업 노동자들은 입사과정과 노동조건에 따라 노동자들 스스로 가족적 연고주의를 체험하지 않을 수 없었다. 1960-70년대뿐만 아니라 그 이전에도 가족적 연고를 바탕으로 특별채용된 경우가 많았기 때문에, 철도 공무원노동자들은 입사하고 난 이후에 가족적 연고관계에서 자유롭지 않았다.

대부분 공식적 자격요건을 갖추지 않은 노동자들은 철도청에 입사하는 과정에서 친인척이나 지인(知人)의 도움을 받았다. 이러한 입사과정으로 인해, 임시계약직으로 채용된 노동자들은 자신의 제반 노동권리를 능동적으로 확보해 나가기보다는 수동적으로 수용하는 태도를 유지하였다. 정규직으로 전환하는 과정에서도 친인척이나 지인(知人)들의 도움을 당연한 것으로 생각하였다. 뇌물행위를 하거나 연고자들을 적극적으로 활용하면 임시직에서 쉽게 벗어날 수 있었고, 그렇지 않을 경우에는 상당히 어려웠기 때문에, 철도 노동자들 스스로 가족적 연고에 연연하지 않을 수 없었다.

철도산업은 철로와 역을 중심으로 인력이 배치되고, 또한 소규모 인력을 중심으로 공동체적 노동관계가 구축된다. 가족공동체적 연고관계는 철도산업의 집단적이고 공동체적인 노동관계의 특성에 맞게 노동현장의 노동과정으로 투영되었다. 역을 중심으로 한 소규모 공동체, 역의 직종을 중심으로 한 소규모 공동체, 그리고 직종 내 팀을 중심으로 한 소규모 공동체가 철도 공무원노동자 간의 가족공동체적 연고관계를 강화시켰다.

"소규모 팀으로 움직이는 일을 하다 보니, 나중에는 동료나 선후배들이 가족보다 더 친하게 된다. 이러한 관계는 가족보다 더 끈끈한 것이 있다. 같이 피와 땀을 흘리다보니, 그런 것 같다."(임명택, 2003) 그런데 이러한 가족공동체적 노동조건이 항상 긍정적인 것은 아니었다. 노동현장의 부정과 부패에 대해 침묵하거나 방관하는 관계 또는 공조하는 관계가 구축되기도 했고, 집단적인 분위기 속에서 개인적인 권리를 행사하는 것 자체가 허용되지 않는 관계가 형성되기도 했다.

"1940년대 후반, 비번날 산에 올라가서 나무를 해다가 장작을 만들어 팔았다. 적은 임금 때문에 나무를 팔아서 사는 사람이 많았다. 목상들이 장작을 많이 사갔다. 그런데 저녁에 근무하면서 목상들의 나무를 훔쳐서 역장이나 부역장의 집에 한 평 정도의 장작더미를 쌓아 놓았다고 하면, 역장이나 부역장이 다시 목상[152]에게 팔았다. 또한 1949년 6월 이후부터 가족수당이 지급되기 시작하자, 많은 사람들이 가족의 호적등본을 위조해서 가족수당을 받아갔다.(신상윤, 2011)" 역장이나 부역장도 철도 공무원노동자들의 이러한 행위에 동참하였다. 소규모 집단을 중심으로 한 가족주의적 공동체 관계는 노동현장의 부정부패행위까지 수용하지 않을 수 없게 만들었다. 이러한 관계는 철도의 노동현장에서 1960~70년대까지 지속되었다.

2) 집단적 숙소생활의 관계 공동체적 관계

철도 공무원노동자들의 집단적 공동체 관계는 철도에 입사하기 전부터 이루어졌다. 1960~70년대 철도의 전문인력을 양성하던 기관들에서 교육훈련을 받았던 철도 공무원노동자들은 훈련생들에게 무료로 제공된 기숙사 생활을 함께 하였다. 특히 철도고등학교는 학생들을 모집하면서 학비면제와 기숙사 무료제공이라는 조건을 내세웠다. 그래서 농민들은 무료로 학교생활을 마치고 공무원이 될 수 있는 철도고등학교를 선호했다. "아버지가 직접 나를 데리고 서울로 올라와서 철도고등학교에 입학시켰다. 시골에서 올라온 학생은 대부분 학비면제와 기숙사 무료라는 특혜 때문

---

152) 목상(木商)은 산에서 벌목한 나무를 화차에 실어 운송했던 화주(貨主)들이었다. 1960~70년대에서도 철도의 주요 운송품 중에 하나였던 땔감, 탄광에서 사용하는 갱목, 그리고 건축에 필요한 나무들을 도시로 공급하였다.

에 학교를 선택한 경우가 많았다."(김운철, 2011)

그런데 기숙사 생활은 학생들을 공동체적인 권위주의 생활문화에 익숙하게 만들었다. 기숙사는 집단적 공동체 생활의 규칙들을 제시하였지만, 대부분 규제와 벌칙을 중심으로 하는 것들이었다. 학교는 집단적 공동체 생활을 효율적으로 관리해야 했기 때문이다. "무료로 학교를 다니고 기숙사 생활을 하고 있었기 때문에, 규칙을 어겨 벌칙을 받는 것 자체가 너무나 큰 부담이었다. 벌칙에는 기숙사를 나가야 하는 것도 포함되어 있었다."(이철의, 2003) 또한 집단적 숙소생활은 선후배 간의 위계적 관계를 수용하지 않을 수 없게 하였다. 선후배 관계 자체가 개인적 차원에서 이루어지는 것이 아니라 집단적인 관계에서 이루어졌기 때문에, 선배들은 아주 자연스럽게 권위주의적이고 위계적인 요구와 행동을 후배한테 요구하였다. "당시, 선배들의 요구를 수용하지 않는 것은 거의 불가능했다. 선배들이 공동생활의 규칙보다 더 가까웠다."(박선진, 2003)

노동현장의 권위주의 관계는 이미 식민지 시기부터 이어져 오고 있는 현상이었지만, 집단적인 권위주의 관계는 철도에 입사하고 난 이후에도 지속되었다. 1978년 청량리역에서 일상적으로 있었던 선후배 간의 관계를 다음과 같이 기억하고 있다. "장갑과 전호기를 빨아서 다시 썼다. 그런데 자기 것을 빨면서 고참 선배들의 전호기와 장갑을 빨아 주었다. 군사적인 생활문화였지만, 거의 대부분이 그렇게 하지 않을 수 없었다."(박길원, 2011) 늘 함께 일하는 공동작업팀의 선배를 배려하는 것이 당연하고 자연스러웠다. 권위주의적 관계와 가족공동체적 연고관계가 중첩화된 상태에서 나타난 것으로 볼 수 있다. 그렇지만 상명하복과 같은 명령체계도 존재하였다. "역사에 근무하면서 가장 힘들었던 점은 군대처럼 명령하는 문화였다. 상명하복이 전부였다고 해도 과언이 아니다. 근무하기 전에 화장실 청소하라면 해야 하고, 쓰레기나 담배꽁초까지 다 주워야 했다."(이영구, 2011)

그런데 여성의 사회적 진출이 잘 이루어지지 않는 상태에서 발생된 현상이긴 하지만, 국가가 양성한 철도전문인력의 대부분이 남성 중심이었다.

집단적 숙소생활은 거의 남자들을 중심으로 이루어질 수밖에 없었다. 당시 대부분의 여성들이 초등학교를 졸업하고 난 이후 집안일을 하다가 결혼하거나 여성 중심의 사업장에 취업했던 상황에 비추어 본다면, 공식적 자격을 갖춘 철도산업의 노동자들은 중학교와 고등학교에 진학하는 것 자체부터 남성을 중심으로 하는 사회를 경험하는 것이었다. "누나나 여동생들은 초등학교만 졸업하는 것을 당연한 것으로 여겼다. 저는 어릴 때부터 누나나 여동생보다 조금 좋은 반찬을 먹는 등 대우를 받았다. 집안 형편이 좋았기 때문에 가능한 일이었지만, 저는 대학교 중퇴까지 할 수 있었다. 남자였기 때문에 가능했던 것이죠."(최경태, 2003)

그래서 1960-70년대 철도 공무원노동자들은 가정에서도 남성 중심의 관계 혹은 가장 중심의 관계를 요구하지 않을 수 없었다. 특히 철도 공무원노동자들은 교대근무 때문에 발생하는 불규칙한 출퇴근 때문에, 가족 구성원들의 일상적인 배려 속에서 근무하지 않을 수 없었다. "철도 노동자의 아내들은 24시간 근무하고 퇴근한 남편이 잠을 잘 수 있도록 조건을 만들어 주어야만 했다. 새벽이라 하더라도, 남편의 수면을 위해 아이를 등에 업고 밖에서 날을 새야만 하는 경우도 허다하였고, 공무원인 남편의 사회적 위치를 고려하여 맞벌이를 하거나 부업을 거의 하지 않았다. 남편이 공무원인데 맞벌이나 부업을 한다는 것이 사회적 통념상 인정되지 않았던 사회적 조건에서, 이는 남편으로 하여금 가정생활에 대한 책임감을 느끼게 하지 않을 수 없었다."(김대원, 2003) 1960-70년대 철도 공무원노동자들이 가족공동체에서도 권위주의적이고 위계적인 관계를 형성하고 유지시킬 수밖에 없었던 노동조건인 것이다.

물론 철도 공무원노동자들은 집으로 퇴근하지 못하는 상황에서는 공동숙사를 이용하였다. 주로 공동숙사를 이용하는 사람들은 역무직과 기관사들이었다. 그런데 역사의 공동숙사는 철도 공무원노동자들에게 편안한 공간이 아니었다. 대표적인 예이지만, 1960-70년대 용산역이나 청량리역의 공동숙사를 다음과 같이 기억하고 있다. "벌레가 아주 많이 나왔다.

침구류는 거의 세탁이 되지 않아 꼬질꼬질하고 냄새는 나지, 정말 더러워서 덮고 잘 수 없었다. 갑반이나 을반으로 나누거나, 혹은 전철이나 후철로 나누어서 사용하지만, 공동숙사에서는 거의 잠을 자지 못하였다."(박길원, 2011;이영구, 2011)

가정에서도 이러한 근무조건을 알고 있었다. 가정에서는 퇴근하는 철도 공무원노동자에 대해 배려하지 않을 수 없었다. 문제는 이러한 배려가 가족공동체의 권위주의적 관계를 고착화하는 요인으로 작용했다는 것이다.

3) 집단적 여흥문화의 관계

한국에서는 1953년 주 48시간 노동이라는 근로기준법이 제정되고 난 이후, 1989년 주 44시간 노동, 2003년 주 40시간 노동이 법적으로 규정되었지만, 노동시간과 관련된 법률은 노동현장에 거의 힘을 발휘하지 못한다고 할 수 있다. 장시간 노동체제가 "실 노동시간의 길이가 주 40시간을 넘어 직장과 가정 간의 균형을 저해할 정도의 긴 노동시간이 지속되는 시스템"(강수돌, 2011)이라고 한다면, 한국 노동자들은 장시간 노동체제의 굴레에서 벗어나지 못하고 있다. 2007년 현재, "한국 노동자들은 연간 2,305시간의 노동이라는 장시간 노동체제에서 벗어나지 못하고 있다. 이것은 OECD국가 노동자들의 평균 1,786시간의 노동에 비해 약 550여 시간이 많다."(경향신문, 2007) 많은 사람들은 1960~70년대 한국 노동자들의 장시간 노동이 경제발전의 디딤돌이었고, 지금도 사적 자본의 경제위기를 극복해나가는 주요 수단이라는 점에 대해 공감하고 있다.

그런데 많은 사람들은 장시간 노동의 문제를 사적 자본의 영역만으로 간주하는 경향성이 있었다. 철도산업과 같은 공공부문의 공무원노동자들이 장시간 노동으로 고통을 받았다는 사실에 대해 잘 알지 못한다는 것이다. 1969년에 철도에 입사한 한 철도 공무원노동자는 당시의 장시간 노동을 이렇게 기억하고 있었다. "기관사는 규약에 따라 한 달에 172시간을 근무해야만 했다. 그런데 1970년대 초반, 기관사들은 보통 한 달에 250시간 정도 근무했다. 심지어 52시간 계속 화물열차에 있었던 적도 있었다. 쉬는 날이 없었다고 보는 것이 맞다. 소위 **빽**을 가지고 있는 사람만이 교번 휴무를 찾아 먹었다. 당시에는 10년 동안 연가나 병가를 쓰지 못한 사람들이 있었다."(이태균, 2011)

철도 공무원노동자들의 노동강도는 노동현장에서 생산성과 효율성을 떨어뜨리고, 노동현장의 안전사고 및 노동자의 건강악화라는 악순환의 고리로 작용하였다. 특히 교대업무는 동일한 노동대상을 상대로 동일한 시간의 노동을 하더라도 주간에 비해 노동의 강도가 더 강화되지 않을 수 없었다. 야간노동 이후 노동자들에게 나타나는 공통적 현상은 '숙면의 어려움, 불규칙한 식사의 문제, 생체리듬의 파괴' 등이었다.

철도 공무원노동자들은 이러한 노동강도를 집단적 여흥으로 해결하려 하였다. 숙소를 이동하면서 잠을 청해야만 하는 상황에서, 철도 노동자들은 피로회복 및 숙면을 위해 음주를 하곤 하였는데, 이 또한 공동체적 관계를 반영하고 있는 생활문화의 대표적인 경우이다. 철도 공무원노동자들은 소규모 공동작업체계의 특성상 늘 함께 일을 시작해서 함께 일을 끝내야 하는 관계였다.

그래서 1960-70년대 철도 공무원노동자들은 퇴근 이후에 함께 술을 마시는 것도 집단적 작업의 연속으로 생각했다. "작업을 먼저 마치더라도 집으로 퇴근하지 않고 역 근처의 선술집으로 향했다. 함께 술 한 잔 마시고 퇴근하는 것이 기본이었다. 야간작업을 마치고 아침에도 마찬가지였다. 같이 일한 사람들은 오라고 말하지 않더라도, 자연스럽게 합류하였다."(김형태, 2003;유연상, 2003) 집단적 음주는 두 가지 현상으로 볼 수 있다. 하나는 노동의 강도가 강력해서, 술과 술자리를 통해서 피로를 해소할 수밖에 없었던 현상이다. 대부분의 1960-70년대 철도 공무원노동자들이 이구동성으로 밝히고 있는 지점이다. 다른 하나는 집단적이고 권위주의적인 관

계의 현상이다. 공동작업팀의 선배들이 원하는 술과 술자리를 후배들이
피하기 어려웠다는 점이다.

술을 통한 집단적 여흥은 공동숙사에 잠을 자야만 할 경우에 많이 발생
하였다. "공동숙사에서는 잠자리가 불편해서 거의 잠을 자기가 쉽지 않아
서, 동료들은 잠을 청하기 이전에 함께 술을 마시러 나갔다. 술이라고 해
야 막걸리와 소주였지만, 용산역이나 서울역 앞에서 팔았던 말린 고래고
기나 말고기들은 아주 좋은 안주꺼리였다. 그런데 대부분의 술자리를 선
배가 주도할 때, 아무리 힘들어도 빠질 수 없었다."(최병엽, 2003) 이처럼
1960-70년대 철도 공무원노동자들은 집단적 여흥문화에서조차 권위주의
적이고 위계적인 관계를 유지하였다. 물론 당시의 철도 공무원노동자들은
집단적 여흥문화 속에서 공동체적인 관계를 강화시켰다는 점을 강조하면
서, 집단적 여흥문화가 소수화 혹은 개별화되거나 사라지는 것을 안타까
워하고 있다. "술자리가 후배들이나 술을 마시지 못하는 사람들에게는 매
우 힘든 자리였겠지만, 집단적 술자리가 없어진 이후 직장 내 선후배 간
의 관계를 돈독하게 하는 것 자체가 어려워졌다."(김형태, 2003) 집단적 여
흥문화가 철도 공무원노동자들 간의 관계에 대한 귀속의식과 집단행동에
영향을 미치고 있다.

4. 맺음말

1960-70년대 철도 공무원노동자들은 집단적 공동체 생활을 통해 공공적
권위주의 관계를 자연스럽게 유지하였다. 이러한 관계는 철도 공무원노동
자들 간의 소규모 집단적 정체성과 긴밀하게 연계되어 있었다. 소규모 집
단의 공동작업이 철도산업의 구조에 조응하는 작업과정이었기 때문이고,
또한 철도 공무원노동자들의 의식과 행동 속에 체화되어 있는 공공적 권
력의 영향이 투영되었기 때문이다.

이러한 현상은 철도 공무원노동자들 간의 권위주의적이고 위계적인 관계를 표상하기도 하지만, 소규모 집단을 구성하는 구성원 간에 관계의 밀집도가 매우 높았다는 것을 나타내기도 한다. 철도 공무원노동자들은 노동현장의 다양한 어려움을 집단적 관계의 밀집도로 극복할 수 있었다.

철도 공무원노동자들은 서로간의 권위주의적이고 위계적인 관계를 변화시키는데 무려 100년 이상의 시간을 보내야만 했다. 철도 공무원노동자들은 2000년에 철도노동조합을 민주화시키고, 상명하복의 관계나 위계적인 관계를 민주적이고 평등한 관계로 변화시켰다. 철도노동조합은 집단적 관계의 변화를 주도하였다. 문제는 공공권력의 주체들이다. 공공권력은 철도노동조합이나 철도 공무원노동자들과의 관계에서 권위주의적이고 위계적인 관계를 쉽게 변화시키지 못하고 있다. 법과 제도가 규정하고 있는 관계의 패러다임이 변화되지 않고 있기 때문이다.

제**5**장

철도 공무원노동자와
공공적 생활세계

제1절. 철도산업의 정치적 노사관계와 노동조합

1. 문제제기

철도 공무원노동자들은 노동현장에서 공공권력의 힘을 일상적으로 접하면서 자신의 생활세계를 유지하였다. 철도 공무원노동자들은 국가의 공무원이라는 정체성에 조응하는 생활을 하였다. 공공권력은 공무원으로서의 정체성을 가지고 있는 철도 공무원노동자들과 노동계약을 맺고, 노동현장에서 그들의 노동을 지배하고 관리하는 주체였다. 그런데 공공권력과의 관계를 철도 공무원노동자의 주체적인 측면에서 보면, 그들은 공공권력과 노동계약을 체결하는 주체였고, 자신의 노동을 지배하고 관리하는 공공권력의 대상으로 존재하였다. 철도 공무원노동자들은 공공권력을 대상으로 노사관계를 형성하고 유지하였다. 공공권력이 법·제도와 정부예산을 매개로 자신들의 노동조건에 대한 지배력을 행사하고 있었기 때문이다.

철도 공무원노동자들은 철도의 건설과 운영의 주체가 공공권력이었던 역사적 현상을 식민지시기부터 체득해 왔고, 대한노총을 매개로 1948년 한국정부의 수립과정에 긴밀하게 결합하였고 1950년대 이승만 정권을 호위했던 철도노동조합의 조합원들이었다. 그래서 철도 공무원노동자들은 철도노동조합과 박정희체제가 정치적 노사관계를 형성하고 운영하는 것 자체를 자연스럽게 받아들였다. 철도노동조합이 조합원들을 정치적 노사관계의 힘으로 관리하는 또 다른 원인이었다고 할 수 있다.

철도노동조합은 5.16군부쿠데타 이후 한국노총을 설립하는 실질적 주체로 존재하였고 박정희체제의 지배전략에 적극적으로 호응하는 주체였다. 철도노동조합은 철도 공무원노동자들과 관련된 박정희체제의 노동정책을 정치적 노사관계전략으로 해결하려 하였다. 철도노동조합은 박정희체제와 단체협약을 주기적으로 갱신하였으며, 철도 공무원노동자들의 후생복지문제를 노동협의회에서 해결하려 하였다. 철도노동조합은 이 과정에서 정부나 국회를 대상으로 정치적 청원투쟁에 주력하기도 하였다. 그리하여 철도 공무원노동자들은 철도노동조합과 박정희체제 간의 정치적 노사관계로 변화되는 노동조건의 혜택을 받기도 했고, 반면에 철도노동조합이 주도하는 박정희체제의 지배적 전략에 동원되어야만 했다.

철도노동조합과 박정희체제 간의 정치적 노사관계가 어떤 내용으로 이루어졌는가를 규명해야만 할 이유이다. 이는 철도노동조합이 조합원들의 주체적 조직으로서의 역할을 어떤 방식으로 해결하려 했던 주체적 측면, 즉 조합원들의 이해와 관련된 문제들을 정치적 관계만으로 해결하려 하였던 역사적 행위들을 밝혀내는 과정이다. 이는 철도노동조합과 조합원 간의 민주적이고 수평적인 관계가 지속적으로 발전되어야 한다는 것을 보여주는 반면교사이기도 하다.

2. 국가의 노동통제전략과 철도노동조합
1) 노동단체 9인재건위원회와 철도노동조합

철도산업은 1960-70년대 산업화정책을 추진하는 디딤돌이었다. 당시 도로교통이 발달하지 못한 상황에서, 산업화에 필요한 물류유통을 철도가 담당해야만 했다. 그렇지만 박정희체제는 고속도로나 자동차산업 등 도로교통을 활성화하는 정책도 동시에 추진하였다. 박정희체제는 철도산업의 이러한 이중적이고 모순적이 구조, 즉 산업물류유통을 철도에 의존하면서도 철도산업보다 도로교통산업에 더 투자하거나, 혹은 새롭게 도입되었던 철도산업의 기술력을 철도 공무원노동자들의 노동조건의 발전적 변화에 활용하기보다 노동조건의 퇴행적 변화에 활용하였다. 이러한 정책들은 철도 공무원노동자들의 노동조건을 더 열악하게 하는 요인으로 작용하였다. 철도노동조합은 철도산업의 이중적이고 모순적인 구조 속에서 발생하는 다양한 문제들을 정치적 전략으로 해결하려 하였다. 박정희체제가 철도 공무원노동자들을 통제하고 억압하는 노동정책의 기조를 유지하면서도, 철도노동조합을 정치적 지배전략으로 포섭하였기 때문이다.

박정희체제는 1960-70년대 노동정책의 전략적 기조를 다양하게 설정하여 억압적 정책으로 구체화하였는데, 대표적인 전략은 세 가지라고 할 수 있다. 그것은 '국가의존적 노동조합운동의 양성, 노동자들의 반공의식 유지 및 강화, 저임금에 기반하는 경제성장'이었다. 1950년대 이승만 정권과 다른 지점은 '저임금과 장시간 노동을 기반으로 하는 경제성장전략'있다. 박정희 체제는 노동에 대한 공공적 통제와 포섭을 위해 '대한노총 및 한국노총의 양성화를 통한 노동조합 상급단체를 준국가기구화하는 정책, 반공이데올로기를 강화하는 정책, 노동자들의 저임금·장시간 노동을 보장하는 정책' 등을 구체적으로 추진하였다. 철도 공무원노동자들도 박정희 체제의 노동정책에서 예외가 아니었다. 특히 경제성장전략은 철도산업의 물류유통 활성화정책과 함께 유기적으로 추진되어야 했기 때문에, 박정희체제는 철도 공무원노동자들의 노동조건, 즉 공무원으로서의 조건과 노동자로서의 조건을 동시에 지배하고 관리하였다.

먼저, 철도노동조합은 5.16군부쿠데타 이후에 한국노총을 새롭게 만들면서 주도적인 역할을 담당하였고, 이 과정에서 박정희 체제의 지배전략에 조응하는 주체로 존재하였다. 한국노총은 대한노총의 결성방식과 마찬가지로 5.16군부쿠데타 세력의 의도대로 결성되었다. 노동조합운동은 "시민으로서의 자유와 정치참여가 제한된 상태에서, 반공을 지도이념으로 하는 강력한 권위주의 국가의 통치하에서 국가의 강권력에 의해 중심적 억압의 대상"[153]이었기 때문이다. 당시 "중앙정보부와 박정희 군정당국"은 한국노총의 설립 발기인이었던 '9인재건위원회'의 명단을 자의적으로 지명

153) 최장집, 「민중민주주의의 조건과 방향」, 『사회비평』, 나남, 제6호, 1991, 342.

하였고, 이렇게 지명된 9명이 한국노총의 결성을 주도하였다. 소위 9인재건위원회는 '한국노동단체 재건조직위원회'를 말한다. 군부쿠데타 세력은 1961년 8월 3일 노동조합의 허가주의를 주요 내용으로 하는 '근로자의 단체활동에 관한 임시조치법'을 공포하고, 8월 5일 철도의 이규철을 의장으로 하는 9인재건위원회 위원들을 지명하였다.[154] 9인재건위원회는 첫 모임을 개최하여, 반공태세를 강화하고 재건조직위원회의 지도하에 산업별 단일 조직체계를 확립한다는 내용의 '노동운동의 기본정책'과 '재건조직요강'을 수립하는 동시에 15개 산업별 노동조합 조직위원까지 지목하였다. 9인재건위원회는 1961년 8월 12일 총회를 개최하여 앞으로 조직될 노동조합의 운영방침, 재정자립의 방침, 그리고 실무방침 등을 결정하고, 이를 토대로 8월 25일까지 12개 산별노조를 재건시켰다. 철도 공무원노동자들을 비롯해 12개 산별노조 조직위원들은 13일 만에 자신의 산업별 업종에 소속된 조합원들을 산별노조로 다시 재편시켰다. 당시 조합원들은 공공권력과 밀착된 관계를 내세우면서 추진된 재건위원회의 조직재편에 호응하지 않을 수 없었다. 그래서 재건위원회는 1961년 8월 30–31일 한국노동조합총연맹을 결성시키면서 초대 위원장으로 철도의 이규철이 추인하였다.

반면에 박정희 체제는 국가와 자본에게 협조적인 노동조합운동을 양성화한다는 정책기조 하에 한국노총을 지원하였다. 한국노총은 박정희 체제의 정책을 능동적으로 집행하는 준국가기구로서의 정체성을 강화시켰던 것이다. 한국노총과 철도노동조합은 창립 이후 줄곧 조합원들의 제반 후생복지와 관련해서는 정치적 관계로 해결하는 대신, 박정희체제의 지배전략을 적극적으로 동의하고 나섰다. 한국노총이나 철도노동조합은 박정희 세력의 5.16 군부쿠데타 및 신군부 세력의 1980년 2.12 군부쿠데타를 전폭적으로 지지하는가 하면, 1972년 10월유신을 찬성하는 적극적인 홍보활동을 전개하였다. 제4장에서 밝혔듯이, 철도노동조합도 5.16군부쿠데타와 10월유신의 정당성을 조합원들에게 선전하고 교육하는 역할을 담당하였

---

154) 한국노총, 『한국노동조합운동사』, 570–571쪽.

다. 철도 공무원노동자들도 한국노총이나 철도노동조합이 동원하는 전략에 저항하기가 쉽지 않았다. 한국노총은 노동조합의 쟁의에 대한 허가권한을 보유하고 있었다. 1960년대 노동조합의 쟁의행위가 합법성을 부여받으려면, 쟁의행위 이전에 상급단체의 허가를 받아야만 했었다.

2) 보이지 않는 반공의 힘과 철도노동조합

철도노동조합은 1950년대 반공이데올로기를 선전하거나 혹은 그 이데올로기의 구체적인 정책을 집행하는 준국가기구로 존재하였듯이, 반공이데올로기와 관련해서는 1960~70년대에서도 마찬가지의 역할을 담당하였다. 철도노동조합의 이철규가 주도적인 역할을 담당했던 한국노총은 창립대회에서 다음과 같은 선언을 하였다. "모든 부패와 구악을 일소하고 국가민족의 번영을 기약하는 군사혁명의 성스러운 봉화를 선두로, 우리들 노동자는 견고한 단결과 피 끓는 동지애로서 민주주의 원칙하에 산업부흥의 주도성을 확보하고, 국가재건에 전력을 다하여 근로대중의 복지사회 건설을 이룩하고자 한다."[155] 노동단체 9인재건위원회는 '보이지 않는 힘'으로 작용하고 있었던 군부쿠데타 세력들의 입장, 특히 5.16군부쿠데타의 정당성을 한국노총의 결성대회 선언문에서 밝혔다. 그리고 한국노총은 조직의 강령과 결의문에서 쿠데타 세력들과 동일한 통치전략을 내세웠다. 그것은 반공주의 통치전략과 노동쟁의 배제전략이었다. "우리들은 반공체제를 강화하고 자주경제 확립으로 총력을 경주한다. 5.16군사혁명을 전폭 지지하며 혁명과업완수에 총력을 경주한다. 노동자의 임금수준 향상과 노동조건 개선을 위한 평화로운 단체교섭 및 단체협약권을 재확립한다. 노동쟁의의 평화적 해결로서 산업평화 유지에 노력한다. 반공체제를 강화

---

155) 한국노총, 「선언문」, 『한국노동조합운동사』, 573~574쪽.

하고 민주적 국토통일을 위하여 총력을 경주한다."[156)

철도노동조합은 박정희체제의 반공(멸공)이데올로기 정당성을 선전하고 교육하는 기관이었다. 주요 대상은 철도 공무원노동자들이었다. 물론 제4장에서 반공(멸공)이데올로기에 대한 철도 공무원노동자들의 보편적 의식을 확인하였다. 철도 공무원노동자들은 반공(멸공)이데올로기를 개인적 수준뿐만 아니라 조직적으로 추진되었던 교육을 받아야만 했다. 철도청은 철도 공무원노동자 중에서 반공유공자를 선발하여 대통령 표창장을 수여하였고, 철도노동조합은 북한을 비판하는 궐기대회나 반공안보관의 확립을 위한 교육행사 등을 기획하여 집행하였다. 대표적인 1970년대의 사례만을 제시하면, 아래의 〈표12〉와 같다.

〈표12〉 반공대회 참여 및 교육

년월일	내용
1972년 05월 01일	북괴 적화야욕 분쇄를 위한 승공국민궐기대회에 참가
1974년 08월 15일	고 육영수 암살사건에 대한 북괴 응징, 일본 각성을 촉구하는 궐기대회에서 가두행진
1976년 07월 16일	국가안보관 확립을 위한 철로안보교육

철도노동조합은 위의 표에서 보는 것처럼 북한을 대상으로 하는 각종 반공대회나 승공대회에 주체적으로 참여하였으며, 철도 공무원노동자들을 상대로 안보교육을 실시하였다. 반공대회나 승공대회가 '보이지 않는 힘'으로 개최되어 철도노동조합만이 아니라 대분의 NGO, 예를 들면, 자유총연맹과 같은 조직들도 참여하였지만, 철도노동조합은 「철로」를 이용하여 각종 대회를 선전하면서 조직하였다.

---

156) 한국노총, 『한국노동조합운동사』, 573-574.

(3) 장시간 저임금 산업화정책과 철도노동조합

박정희 체제는 노동자들의 저임금 장시간 노동을 보장하는 정책으로 경제성장의 토대를 강화하였다. 1960~70년대 철도 공무원노동자들도 한 달에 평균 200~230시간의 운전이나 하루 12시 내외의 교대노동을 해야만 했다. 이러한 노동은 철도 공무원노동자들의 저임금 때문에 발생하기도 하였다. 1960년대 이전의 철도 공무원노동자들은 다른 산업의 노동자들에 비해 상대적으로 낮은 임금을 받지 않았다고 할 수 있지만, 박정희 체제는 1960~70년대 철도 공무원노동자들에게 최소한 물가상승에 조응하는 임금인상조차 보장하지 않았다. 박정희 체제는 국가 주도의 '장시간 저임금 산업화정책'을 내세워 공무원이나 공공부문 노동자들의 임금인상을 아주 낮은 수준에서 책정했기 때문이다.

그러나 철도 공무원노동자들은 저임금 장시간 노동의 고통을 감수해야만 했다. 철도노동조합은 법률적으로는 노동3권을 보유하고 있었지만, 실질적으로는 단체행동권을 행사하지 못했다. 철도노동조합은 철도청과 맺은 단체협약으로 철도 노동자들의 단체행동권을 제한하고 있었기 때문이다. 철도노동조합은 조합원들의 이해를 집단적 힘을 토대로 하는 노동쟁의가 아니라 평화적이고 정치적인 방법으로 해결하려 하였다.

철도 공무원노동자들은 1991년에 실질적인 단체행동권을 보유하게 되었다. 1988년 철도 기관사들이 총파업을 전개하고 난 이후, 공공부문노동조합협의회에 소속되어 있던 체신노조나 국립의료원 등이 공공부문 노동자들의 단체행동권과 관련된 헌법소원을 제출하였다. 헌법재판소는 1991년에 공공부문 노동자들의 단체행동권을 제약하는 근로조건을 개정해야 한다는 취지의 판결을 하였다. 공공부문 노동자들의 단체행동권이 실질적으로 부여된 것이다.

3. 정치적 노사관계와 철도노동조합
1) 정치적 협약의 역사적 경험

철도 공무원노동자들은 공무원이라는 신분 때문에 노동자로서의 기본적 권리를 행사할 수 없었다. 1948년 정부안으로 제출된 「국가공무원법안」이 그 시작이었다. 국회에 제출된 「국가공무원법안」 제35조는 공무원의 정치운동과 단체행동을 금지하고 있었다. 이 내용은 구체적으로 명시되지 않았지만 사실상 공무원의 노동3권을 부정하는 내용이었다. 그래서 대한노총 운수부연맹(현 철도노동조합)은 대표노동조합으로서의 단체교섭권을 요구하였지만, 「국가공무원법안」은 1949년 8월에 원안대로 통과되었다. 철도 공무원노동자들은 이미 식민지시기와 해방정국에서 실질적으로 보장되었던 노동3권을 상실하게 된 것이다.

그렇지만 철도 공무원노동자들은 국가공무원 복무규정 제28조에서 규정하고 있는 현업 노동자, 즉 사실상 노무에 종사하는 공무원들이었기 때문에 일반직 공무원들과는 다르게 법률적인 노동3권을 보장받을 수 있었다. 하지만 철도청은 인사·예산·경영 등과 관련된 제반 조항들을 내세워 철도 노동자들에게 일반직 공무원들과 동일한 역할을 강요하였다. 일반직 공무원들은 1962년 12월 26일에 개정된 헌법의 내용, 즉 '공무원인 근로자는 법률로 인정된 자를 제외하고는 단결권, 단체교섭권 및 단체행동권을 가질 수 없다.'는 제29조 2항 때문에 노동3권을 보유하지 못하고 있었다. 단지 '기능직 공무원이나 고용직 공무원과 같이 사실상 노무에 종사하는 공무원'만이 노동조합을 결성할 수 있는 권리를 가지고 있었다. 단체교섭권은 실질적으로 용인되지 않았고, 노동쟁의의 권리는 본래부터 허용되지 않았던 것이다.

철도 공무원노동자들은 1953년 노동법이 제정되기 이전부터 집단적 교섭과 협약을 체결한 경험을 가지고 있었다. 식민지시기나 해방정국에서 임금인상 및 쌀배급과 관련한 협상과 협약, 1950년대의 다양한 교섭과 협상

등이 이루어졌다. 교섭과 협상의 주체는 당연히 철도 공무원노동자들의 대표조직과 정부, 그리고 식민지권력기관이었다. 1920년대 식민지시기에도 전차종업원이나 용산공작소의 노동자들이 임금인상 및 노동조건의 개선을 위한 쟁의투쟁과 협상을 전개하여, 공식적인 협약서를 체결하지 않은 상태에서 요구사항을 관철시켰다.[157]

그런데 노동법 제정 이전인 1946년 9월 총파업 직후에 미군정 운수부와 대한노총 경성공장 지부연맹 사이에 임금제도, 물가수당, 점심식사제공, 무임승차권 제공, 양곡배급 등에 대한 협정이 체결되었다. 이 사례는 철도 산업에서 임금협정 및 단체협약의 시초였다고 할 수 있다.[158] 1946년 10월 14일, 미 군정청 운수부장 코넬손과 철도노동조합의 대표(심장섭, 김용심, 오차진)는 노사협정서를 체결하였다. 그 내용은 아래의 다섯 가지이다. ① 점심은 1식 3원에 공급한다. 100명 이상 종업원이 있는 곳은 식당을 설치한다. ②3년 이상 근무한 자에게는 구간제 패스를 발급하고, 5년 이상 근무한 자에게는 전 노선 패스를 지급한다. ③일급제를 준월급제로 실시한다. ④ 1946년 10월 1일부터 준월급제를 실시하며, 물가수당은 230원 인상하고, 본봉은 200원 인상한다.(임금이 22% 내지 66% 인상됨) ⑤식량배급은 시민으로서의 2홉 3작의 배급과 운수부에서 2홉과 점심식량 1홉을 합하여 5홉 3작의 식량을 배급한다. 철도노동조합이 지배적인 정치권력과 역사상 처음으로 체결한 노사협정서를 체결하였다. 미 군정청이 실질적인 경영주체로 나서서 철도 공무원노동자들의 파업을 수습한 것이고, 철도노동조합은 노사 간의 협정으로 해방정국에서 밀어닥친 생활세계의 위기를 극복하고자 했던 것이다.

그리고 1953년 노동법을 제정하고 난 이후 1950년대 말까지 철도노동조합은 거의 매년 임금인상 및 노동조건의 개선을 요구하면서 짐짓 쟁의행위와 같은 모습을 보이기도 했지만, 실제로 쟁의행위를 하지 않으면서도 각

---

157) 보다 구체적인 내용은 제2장에서 서술하였다.
158) 전국철도노동조합, 『철로50년사』, 1997, 24~25쪽.

종의 정치적 협상을 통해 소기의 성과를 얻을 수 있었다.

1951년 공작창 노동자들의 파업[159]에 따른 협상과 협약 등이 이루어졌다. 파업의 주요 원인은 장시간 노동의 문제였다. 공작창 노동자들은 한국전쟁으로 인해 하루 20시간의 노동을 자주 해야만 하는 상황에 처하게 되었다. 대한노총 운수부연맹은 공작창 노동자들의 장시간 노동문제를 해결하기 위해 파업을 전개하였다. 공작창 노동자들은 이 파업으로 1일 9시간 노동제를 교통부 및 미8군과 체결하였다. 운수부연맹은 1954년 12월 27일 기본급 10배 인상 등 6개항의 요구를 내걸고 쟁의에 돌입한다고 선언하였는데, 냉각기간이 끝나기 전인 1955년 1월 26일 교통부와 철도노동조합연맹 사이에 '처우개선에 관한 노동협약서'가 체결됨으로써 쟁의가 종결되었다. 이 쟁의의 결과 기본급은 약 2배로 인상되는데 그쳤지만, 제반 수당과 관련된 그밖의 요구조건은 모두 관철시켰다. 이 쟁의의 해결에 있어서도 이승만의 역할이 상당했던 것으로 보인다. 철도노동조합연맹의 임금 대폭 인상 요구와 교통부 당국의 거부로 교착상태에 빠져있던 임금협상은 이승만이 철도노동조합연맹과 교통부에 '유시'를 내린 것을 계기로 해결되었다. 이 '유시'에서 이승만은 철도노동조합원들에게 기본급 10배 인상은 비현실적 요구로서 받아들일 수 없지만, 철도노동조합원들의 건국과 전쟁수행에서의 공로를 감안하여 "섭섭하지 않게 해주겠다."고 약속했다.[160] 이 협정의 결과 철도 공무원노동자 임금의 '베이스'가 약 7천5백환에서 1만5천환 수준으로 인상되었다.

이후 철도노동조합연맹은 거의 매년 기본임금 수준의 인상(2만환 베이스, 50년대 후반에는 5만환 베이스)을 정부에 요구하였다. 이에 대해 정부는 철도 노동자들이 공무원으로서 일반 공무원의 임금과 더불어 조정될 수 있을 뿐이라는 입장을 고수했지만, 철도노동조합연맹은 현장 노동에 종사하는 '현업공무원'이라는 특성을 들어 철도 공무원노동자는 일반노동자

---

159) 전국철도노동조합, 『철로50년사』, 1997, 54쪽.
160) 전국철도노동조합, 『철로』, 1955, 2, 5자의 임금조정을 예시한 표를 참조.

와 별도로 취급하여 '특별대우'을 해주어야 한다고 주장하였다. 이러한 주장과 이러한 주장의 연장선상에서 공무원이라는 신분의 제약으로 임금교섭이나 노조활동에서 받는 제약을 극복하고자 했던 것이 철도 공무원노동자를 대상으로 하는 별도의 신분으로 규정하고자 하는 입법운동이 철도노동조합 내에서 1950년대 말에 전개되었다.

2) 노사협의회의와 철도 공무원노동자

노동법 제정 직후인 1953년 10월, 운수부연맹의 배타적 교섭대표권을 인정하는 협약이 교통부장관과 철도노동조합연맹위원장 사이에 체결되었다. 철도노동조합연맹은 정부와 교섭할 권한을 보장받았다. 철도노동조합연맹은 이에 기초하여 1954년 11월 교통부에 단체협약 체결을 위한 교섭을 제의하였으며, 1955년 1월 철도노동조합연맹과 교통부를 대표하는 각 3인의 교섭대표가 선정되어 첫 교섭이 시작되었다.[161] 철도 노사는 1955년 7월 제8차 회의에서 최종 합의에 도달하였으며, 같은 해 8월 18일 노사 대표는 한국최초의 '국유철도단체협약'을 체결하였다. 전문 48조로 되어 있는 이 협약의 내용 중에서 핵심적인 것은 아래와 같다.

"①노동조건에 관한 교섭을 대한노총 철도노동조합연맹을 통해 한다. ② 단체협약 시행에 관한 제반문제와 기타 근로조건을 협의하기 위하여 국유철도노동협의회를 설치한다. ③협의회는 노사를 대표하는 각 5인을 위원으로 구성한다. ④근로조건은 노사가 동등한 지위에서 결정하고, 최저생활비를 기준으로 하는 최저임금제를 확립하여야 한다. ⑤임금의 책정하는 과정에서 노조의 의사를 존중하여 결정하고, 동일노동에 대해서는 남녀 간의 차별을 두지 않는다. ⑥다음과 같은 경우, 즉 본인이 희망하는 경우, 근로 성적이 현저하게 불량하여 개전의 희망이 없다고 인정되는 경우,

---

161) 전국철도노동조합, 「철로」, 1955. 2. 5.

법정에서 유죄확정판결을 받았을 경우, 그리고 불구폐질이나 노쇠로 직무를 수행하기가 불가능한 경우 이외의 철도 공무원노동자들을 해고하지 못한다. ⑦원칙적으로 철야근로의 야간수면시간을 계속 4시간 이상으로 한다."[162]

철도노동조합연맹은 1953년에 단체교섭 대표권을 획득한 이후 1980년까지 노동협의회와 노사협의회를 공식적으로 개최하였다. 노동협의회가 노사협의회로 명칭을 변경한 것은 1968년이었다. 정부와 운수부연맹은 국유철도 단체협약에서 철도 공무원노동자들의 근로조건 및 단체협약의 구체적 실행을 협의하기 위한 실무협의회, 즉 '국유철도노동협의회'를 구성하기로 하였던 것이다. 운수부연맹과 정부 간의 정치적 관계는 협의회를 운영하면서 더욱 강화되었다.

국유철도노동협의회(이하 노동협의회)는 1956년 1월 첫 회의를 가진 이후, 4.19직전인 1960년 2월까지 약 4년여 기간 동안에 총 23회의 회의를 통하여 여러 가지 안건들을 처리하였다. 노동협의회의 안건은 노동자들의 임금, 고용, 복지, 안전 및 보건 등 다양한 부문에 걸친 매우 현실적이고 중요한 것들이었다. 노사를 대표하는 각각 5인의 위원들은 이 협의회에 참여하여 각종의 의제들을 협의하였다. 1956년 11월에 전개된 노동협의회의 구체적인 의제를 예로 들면, 철도 공무원노동자들의 감원 문제, 설비분야의 목공도구수당 문제, 보선반원들의 숙직수당 문제, 초과근무수당 문제, 노조 전임자들의 신분 문제 등이 이 협의회에서 논의되었다.[163]

1947년에 철도노동조합이 설립되어 1953년까지 단체교섭 대표권이 노동조합에게 부여되지 않았던 점에 비추어 본다면, 노동조합이 조합원을 대표하는 권력주체로 인정되는 계기였다. 철도노동조합연맹은 정부를 상대로 하는 교섭의 권리를 확보하였던 것이다. 물론 이 단체협약서는 조합원들의 조합활동을 실질적으로 제한하였다. 조합원의 조합활동이 자유롭지

---

162) 전국철도노동조합, 『철로』, 1955. 2. 5.
163) 전국철도노동조합, 『철로』, 1956. 11. 9.

못했다. "조합원이 근무시간 중 조합활동을 행할 시는 소속장의 승인을 받아야만 했다."(제39조) 그렇지만 철도노동조합연맹은 자유롭지 않은 조합원의 노조활동과 무관하게 정치적 노사관계를 강화시킬 수 있는 제도, 즉 국유철도노동협의회를 설치하기로 하였다. 철도노동조합연맹은 철도 공무원노동자들의 임금을 비롯하여 복지조항, 연가 및 병가 조항, 포상 및 징계 조항 등의 문제까지 논의할 원칙도 확보하였다. 1955년에 체결된 사례이지만, 국유철도단체협약은 일반적인 수준의 형식과 내용으로 구성되어 있었다. 당시의 보편적 노동조건이나 노동현실에 비추어 본다면, 상당한 수준의 단체협약, 특히 동일노동의 부분에서 남녀 간의 임금차별을 금지시킨 단체협약은 매우 높은 수준이었다. 그러나 노동협의회는 1968년에 노사협의회로 변하게 되었지만, 노사협의회도 활성화되지 못하였다. 1975년부터 1978년까지 노사협의회의 협정서는 1년에 1회만 체결하였다. 이 과정에서 철도청은 노동협의회나 노사협의회를 개최하여 노동조합의 의견을 청취하면 그만이었다. 노동조합이 요구하는 각종의 요구사항에 대해 "예산이 부족하다, 내년 예산에 반영하겠다, 검토한다, 노력한다, 계속 추진한다."(노사협정서) 등의 답변만 하였다.

정부는 노동조합을 노동자들의 대중권력으로 인정한 것이 아니라 철도산업의 정책을 모색하기 위해 현안문제를 확인하고 의견을 확인할 수 있는 대상으로 간주하였다. 정부는 1991년까지 단체교섭을 위한 철도노동조합의 요구에 반드시 응해야 하는 의무가 없었는데, 1991년 단체협상의 과정에서 "단체협약에 대한 노동조합의 요구에 철도청은 응해야 한다."(제57조)는 조항에 합의하였다. 헌법재판소에서 공공부문 노동조합에게 실질적인 단체행동권을 부여한 시기와 때를 같이 하고 있는 것이다.

철도노동조합은 1969년 100여 건의 노사협의회의 의제를 채택하기도 하였다. 철도노동조합의 직종별위원회는 총 8개의 분과였다.[164] 객화차분과위원회의, 검수분과위원회의, 공작분과위원회의, 전기분과위원회의, 운수

---

164) 전국철도노동조합, 『철로 50년사』, 207~210쪽을 참조하시오.

분과위원회의, 운전분과위원회의, 시설분과위원회의, 건축분과위원회의
등이었다. 철도노동조합은 이러한 직종별 위원회에서 제시된 의제들을 중
심으로 노사 간의 실무협의에 필요한 사항을 결정하고, 실무협의에서 합
의된 내용들을 노사협의회의 의제로 제기하였다. 대부분 장갑, 작업복,
목욕탕, 취사실 등 노현장의 후생복지와 직접적으로 관련된 것들이 의제
로 채택되었다. "노동현장에는 복지시설이 거의 존재하지 않았다. 예를 들
면 취사도구나 장갑 등도 개인이 구입하는 경우가 많았다. 역무에 근무했
던 노동자들은 숙직실이 비좁아 의자에서 휴식을 취하거나 벽장에 올라
가 잠을 자야만 했었다."(강갑구, 2004; 이곤익, 2004) 아래의 〈표13〉은 철
도 노사 간 주요 협정의 일정과 내용이다.

〈표13〉 노사 간 주요 협정체결의 내용

년월일	내용
1963년 12월 26일	제2-3차 노사협의회 협정서 조인
1964년 02월 19일	임금인상 협정서 체결
1967년 06월 30일	작업수당 30% 완불, 노사협정 조인
1969년 04월 30일	각종 후생복지문제와 관련한 노사협정 조인
1970년 07월 28일	단독신분법 제정과 생활급 관련 노사협정 조인
1970년 11월 24일	72건의 근로조건 개선 합의
1971년 08월 20일	단체협약 갱신체결
1972년 05월 29일	긴급노사협의회 협정 [165] 조인
1978년 11월 14일	단체협약 갱신 체결
1978년 12월 28일	39건의 노사협의 타결 조인

〈표13〉에 제시된 협의 및 그 결과는 보통 철도노동조합의 요구로 1년에
2-3회 정도 개최되었던 노사협의회의 성과들이다. 하지만 철도청은 정부
의 정책과 연관되는 의제에 대해서는 논의를 하거나 협정을 체결하면서도
집행의 책임을 회피하였다. 예산 및 권한의 문제가 제기되었던 것이다. 철

---

165) 전국철도노동조합은 1972년 3월 27일-29일, 25년 이상 근속자 연공순으로 기능직 5등급 1천
명 배정을 요구하며, 긴급 노사협의회를 가졌다.

도노동조합은 각종 협의회에서 드러난 권한의 문제를 다음과 같이 평가하고 있다. "무엇보다도 협의회에 임하는 사용자측 대표의 책임도와 맡겨진 권한이 지극히 애매하다는 사실이다. 협의회에 내놓는 사소한 문제의 하나까지 과감한 결단을 내리지 못하고 상사의 언질을 받아야만 비로소 결정을 내리는 피동적인 자세인데다가 일껏 협의 결정된 문제도 다시 서류결재를 거쳐야 실현될 수 있는 실정이니, 노사협의에 있어서 중복되는 행정체계에서 벗어나서 협의위원들에게 그 전권을 부여하지 않는 한, 사실상 협의회의 참된 의의는 없는 것이다."[166]

노동조합의 이런 평가와는 다르게, 조합원들은 당시의 노사협의회를 노사간담회로 평가하고 있다. 노동조합이 조합원들의 이해를 추구했던 협의회가 아니었다는 것이다. 형식적으로는 조합원들의 후생복지와 관련된 회의로 표출되었지만, 실질적으로는 조합간부들의 사적인 이해를 추구하는 회의에 불과했다. "철도청은 노사협의회에서 노사 간의 화합, 생산성 및 능률의 향상, 서비스의 향상 등을 요구하면, 노동조합은 그러한 요구를 수용하는 대신에 사적인 이해가 반영되는 요구들을 하였다. 조합원들의 이해를 반영하기 위해 적극적으로 협의에 임하는 경우가 거의 없었다. 노동조합은 노사협의회를 마치고 난 이후에 향응을 누리는 것도 당연하게 생각하였다."(임동락, 2004) 반면에 노동조합은 노조 집행부에 반대하는 사람들을 억압하기 위해 이러한 간담회를 이용하였다. 부당하게 인사에 개입하여 전출시키는 것이 일반적이었다.

그렇지만 철도노동조합은 기회가 발생할 때마다 노사협의회에서 논의되고 합의되었던 내용들을 중심으로 박정희 대통령에게 청원하거나, 철도에서 발생하는 각종의 사건을 대처하는 과정에서 철도 공무원노동자들의 처우개선을 박정희 대통령의 지시에 의존하였다. 특히 철도 공무원노동자들의 임금과 관련된 처우개선조치는 노사협의회나 혹은 공무원들의 임금인상과 관련된 법· 제도를 무력하게 하였다.

---

166) 전국철도노동조합, 『철로 50년사』, 1997, 162–163쪽.

당시 박정희 대통령이 지시해서 개선된 핵심 내용을 소개하면, 아래와 같다. 핵심 내용들은 이미 노사협의회에서 논의되었던 것들이다.

1969년 1월 천안역에서 열차끼리 추돌하는 사고로 170여 명의 사상자가 발생하자, 박정희는 사고를 수습하는 과정에서 기관사들의 임금이 매우 낮다는 보고를 받았다. 박정희는 일제 식민지시기에 최고의 직업 중에 하나이자 '지상의 파이로트'였던 기관사들의 임금이 매우 낮다는 사실을 알게 되었다. 이후 박정희는 기관사들의 수당을 인상시키고 각종의 처우를 개선하라고 지시하였다. 그리하여 기관사들은 다른 직종에 근무하는 철도 공무원노동자들보다 두 배 정도의 임금을 더 받게 되었고, 승진도 빨리 이루어졌다. 기관사수당이 당시 기본급의 140% 정도로 인상되었다. 인상된 돈은 그동안 받았던 임금의 2/3정도였다. 그래서 기관사와 관련된 노동현장의 분위기도 변했다. 박정희의 이러한 조치가 이루어지기 이전까지, 고참 기관조사들이 기관사 시험을 보지 않으려고 지도원들의 눈을 피해 도망을 다녔다. 당시 기관사들은 다른 직종의 철도 공무원노동자들에 비해 약 2,000원 정도의 임금을 더 받았지만, 각종 사상사건에 대한 책임과 추궁의 문제가 싫었던 것이다. 그런데 박정희가 기관사 수당을 만들어 임금 총액을 올려주고 난 이후 기관사들을 바라보는 노동현장의 시선이 달라졌다. 기관조사들은 앞 다투어 기관사 시험을 보려했다. 문제는 노동현장에서 실수로 차량격돌사고나 전철기사고 등이 발생했을 경우, 그것을 해결하는 과정에서 지도관이나 감독관들이 경미한 사고를 원만하게 해결하는 대신, 전에 막걸리 한 말 정도로 해결되었던 것이었는데, 월급의 절반을 요구하기도 하였다.(이태균, 2011;이철의,2003)

또한 1970년 7월 28일 철도노동조합과 정부는 철도 공무원노동자들의 단독신분법의 제정에 합의하였다. 그러나 국회는 정부에서 제출한 단독신분법을 심의하지 않자, 철도노동조합은 1970년 11월 25일 단식투쟁을 전개하였다. 박정희는 철도노동조합의 투쟁에 대한 보고를 받고, 정부여당 연석회의에서 철도 종사원의 생활급이 확보될 수 있도록 처우대책을 마련토록 지시하였다. 박정희는 특히 근로자의 날을 맞이하는 자리를 이용하였다. 박정희는 근로자의 날을 맞이하여 철도의 모범 철도 공무원노동자들에게 훈·포상을 하면서 노조간부들과 접견하는 자리에서 철도 공무원노동자들, 특히 임시직에 근무하고 있는 철도 공무원자들의 처우를 개선하라고 지시하기도 했다.[167]

이처럼 노사 간의 노사협의회보다 박정희의 개인적인 지시로 철도 공무원노동자들의 후생복지를 변화시키는 경우가 많았기 때문에, 철도노동조합은 국가권력에 의존하는 정치적 노사관계를 더욱 강화시켰다. 철도노동조합이 조합원을 조직적으로 동원하는 투쟁보다 정치적 청원투쟁에 주력했던 이유였다.

3) 간부 중심의 정치적 청원투쟁과 철도노동조합

철도노동조합연맹은 1955년 8월에 체결한 단체협약을 체결하고 난 이후에 노동협의회를 중심으로 정부와 협의하였는데, 이 과정에서 기본적으로 조합원들의 요구사항에 조응하는 협의전략을 채택하였다. 임금인상을 요구하는 협의, 감원에 반대하는 협의, 각종의 수당을 폐지하는 정책에 반대하는 협의, 쌀의 배급이 지연되는 것에 반대하는 협의 등은 조합원들에게 발생된 현안의 문제들을 해결하기 위한 것이었다. 철도노동조합연맹이 조합원들의 이해를 중심으로 활동하는 노동조합으로서의 정체성을 유지하고 있었다.

철도노동조합연맹은 단체협약을 체결하지 이전에도 다양한 투쟁을 전개하였지만, 특히 1953년 노동법을 제정하고 난 이후에 본격화되었다. 1950년대 철도노동조합의 대표적인 투쟁은 운수사고 특별처벌법안 반대투쟁(1953.4.7), 임금인상투쟁(1954.6.30;1959.4.22), 감원반대투쟁(1956.8.20), 서

---

167) 박정희, 1974년 3월 11일.

울열차승무원 집단해면문제 투쟁(1957.6.15), 미군 물자사건과 관련한 투쟁(1954.12-1955.2), 부산공작창 양곡배급 지연에 대한 투쟁(1955.12.21), 각종 수당폐지에 대한 반대투쟁(1958.8.12), 디젤기관차 대체로 인한 감원파동(1958.9.24) 등이었다.[168] 이러한 투쟁들은 철도조합원들의 이해와 직결된 것들이었다. 철도노동조합연맹은 이러한 투쟁을 조직하여 정부정책의 변화를 꾀하였다.

철도노동조합연맹은 이러한 투쟁들을 위해 대책위원회 혹은 중앙쟁의위원회 등을 구성하였다. 소위 다양한 이름으로 존재했던 투쟁위원회라고 할 수 있는 것이다. 철도노동조합연맹은 투쟁위원회를 중심으로 각종 회의를 진행하면서 투쟁을 전개하였다. 그런데 철도노동조합연맹은 각종의 투쟁에서 조합원들을 조직적으로 동원하는 투쟁을 거의 전개하지 않았다. 철도노동조합연맹은 호소문, 진정서, 성명서 등의 방식으로 투쟁을 전개하면서 정치적 해결을 꾀하였다. 1957년 9월 30일 철도노동조합연맹은 공작창의 이전으로 발생하게 된 조합원들의 집단적 이주와 주택문제의 해결이나 재해보상제 등의 재가를 대통령에게 읍소하기도 하였다.

철도노동조합은 1995년 단체협약을 체결하고 난 이후에는 자신의 조직적 권리에 근거하는 투쟁을 전개하였다. 1960년 10월 8만환베이스 임금인상 쟁의, 임금인상 및 노동조건 개선을 위한 1961년 1시간 통신파업, 1963년 9월 생활급의 확보를 위한 임금인상투쟁, 1967년 12월 처우개선쟁의, 1968-69년에 걸친 인천공작창 민영화 저지투쟁, 1970년 5월 단독신분법과 생활급의 확보를 위한 쟁의투쟁이 대표적인 경우이다. 그리고 한국노총과 결합하여 연가보상 지급투쟁, 근로시간 및 근로수당 등과 같은 각종 근로조건 개선투쟁, 공무원 연금법 개정운동, 노동법 개악저지운동 등도 전개하였다.

철도노동조합연맹은 1960년 10월부터 임금인상 투쟁을 전개하였다. 1961년 1월 27일에는 이 투쟁을 위해 1시간의 통신파업을 전개하였다. 4.19혁

168) 한국노총, 『한국노동조합운동사』, 398-401, 449-451.

명으로 등장한 민주당 정권이 과도기적인 상황에서 노동조합을 억압하는 정책을 추진하기가 쉽지 않은 상황에서, 철도노동조합연맹은 파업투쟁의 권리를 행사하였다. 그런데 철도노동조합연맹은 1960년 10월부터 쟁의발생을 선포하고서도 교섭에만 집중하다가, 1961년 1월 4일에 기관차노동조합이 교통부와 단체협약을 체결한 이후에 부분파업을 단행하였다. 기관차노조는 철도노동조합의 비민주적인 행태를 비판하면서 1960년 8월에 결성되었고, 9월 30일에 승무원의 신분보장을 위해 안전운행을 위주로 한 단체행동에 돌입하여 1961년 1월에 교통부와 단체협약을 획득하였기 때문이다. 물론 기관차노조는 5.16군부 쿠데타 이후에 탄압을 받아 소멸하게 되었지만, 철도노동조합연맹은 순응적인 대응전략을 거부하는 조합원들이 노동조합운동의 전면에 나서기 시작하자 철도산업의 노동현장에서 노동조합운동의 헤게모니를 상실하게 될 위협적 상황에 직면했다. 따라서 철도노동조합연맹의 1시간 통신파업은 조합원들의 임금을 인상시켜 노동조합운동의 헤게모니를 유지하기 위한 목적에서 전개된 것으로 보아야 한다. 철도조합원들은 1시간 통신파업으로 기본급의 20%를 인상시켰다.

물론 철도노동조합연맹은 임금인상 및 인천공작창의 민영화에 반대하는 투쟁의 과정에서 단체행동을 전개하려 하였다. 하지만 철도노동조합연맹은 집단적인 쟁위행위를 조직하지 않았다. 인천공작창의 민영화에 반대하는 투쟁은 철도노동조합의 투쟁이라기보다는 인천공작창에 근무하고 있는 800여 조합원들만의 투쟁이었다. 이미 인천 공작창의 노동자들은 1968년 11월 14일에 경찰과 대치하면서 민영화를 저지하기 위한 시위를 전개하였지만, 철도노동조합연맹은 1969년 4월 18일에 이르러서야 특혜불하를 저지하기 위한 반대투쟁위원회를 구성하여 범조직적인 투쟁을 전개하기로 하였다. 이후 반대투쟁위원회는 인천 공작창의 조합원들만을 중심으로 불하에 반대하는 성토대회를 전개하였지만, 그 대상은 철도청이 아니라 불하를 받으려 하는 한국기계였다. 물론 이러한 투쟁의 대상을 공격하여 민영화 정책의 문제점들을 여론화할 수 있었다. 철도노동조합연맹이 제시했던 민영화의 문제점을 핵심적으로 정리하면 다음과 같다. "서울지구 보수차량의 폭주로 인해 인천공작창을 보수창으로 전용해야 함, 철도 조직의 지도체계 교란, 외주로 인해 소요되는 정부예산이 연간 4억 이상의 손실, 독점적 운영으로 인한 숙련된 인력의 수급 차질, 신 공작창 건설에 소요되는 건설비가 50억원에 달함, 한국기계의 반노동자적인 경영방식 등이었다."[169] 민영화 정책으로 발생할 수 있는 예산낭비, 철도운동체계의 혼란, 그리고 한국기계의 반노동자적인 경영방식의 문제 등이었다. 하지만 인천 공작창을 민영화하려는 철도청의 정책은 계획대로 추진되어, 인천 공작창에 근무하고 있던 조합원들은 대부분 대전 공작창으로 전보되었다. 인천공작창에서 대전공작창으로 전보되어 왔던 한 노동자는 당시의 투쟁을 다음과 같이 기억하고 있다. "노동조합은 현장에서 인천공작창의 민영화에 반대한다는 목소리를 냈다. 조합원들도 공작창이 사라진다는 생각에 투쟁하지 않을 수 없었다. 그런데 노동조합은 민영화에 반대한다고 하면서 우리들의 고용보장과 집단이주의 문제, 특히 이주하면서 발생할 수 있는 주택의 문제를 집중적으로 협의했었다."(이천우, 2003) 철도노동조합연맹은 집단적 쟁의의 의지를 철도청에 청원하기 위한 형식적이고 상징적인 수준으로 제한하였다. 오히려 철도노동조합연맹은 조합원들이 공작창의 민영화와 관련된 정부의 정책을 '어쩔 수 없는 선택'으로 받아들이게 하는 역할을 담당하였다.

이처럼 철도노동조합은 조합원들을 동원하는 투쟁에서도 정부에 대해 직접적으로 저항하지 않았고, 또한 위 두 가지의 투쟁을 제외한 다양한 투쟁에서는 조합원들을 아예 동원하지 않았다. 투쟁의 방식도 형식적이었다. 노동조합은 쟁의발생 선포, 성명서 발표, 여론의 조성, 정부와의 교섭 창구 확보, 정부와의 합의 등의 순으로 형식적 절차를 거치면서 쟁의를 종결시켰다. 조합원들을 동원하는 실력행사를 하겠다는 의지에서 조합원들을 총투표에 참여시켰지만, 이는 교섭을 위한 수단에 불과했다. 따라서

---

169) 전국철도노동조합, 『철로 50년사』, 202-203쪽.

철도청도 철도노동조합에서 요구하는 내용의 일부를 정책에 반영하도록 노력하겠다고 하면서 철도 노동자들의 순응을 요구했다. 철도노동조합은 쟁의행위라는 방식을 동원하여 철도청의 정책을 정치적 관계의 힘으로 일부분 변화시켰지만, 그 이후에는 변화된 정책에 피동적으로 순응하는 전략을 구사하였다.

4. 맺음말

철도노동조합연맹은 철도산업의 특성상 조합원들의 이해에서 비롯되는 다양한 문제들을 국가권력과 연계시켜 해결하지 않을 수 없었다. 철도노동조합연맹은 1950년대뿐만 아니라 1960~70년대에도 다양한 투쟁들을 전개하였다. 투쟁의 형식은 조합원을 동원하는 것이 아니었다. 철도노동조합연맹은 1955년에 체결한 단체협약을 매개로 그러한 투쟁의 정치적 동력을 이용하였다. 철도노동조합연맹이 정부와 협의할 수 있는 권리를 법·제도적인 차원에서 활용하였다.

그런데 철도노동조합연맹은 다양한 투쟁에 조합원들을 주체로 나서게 하는 것이 아니었다. 지도부와 간부들을 중심으로 한 정치적 청원투쟁이 대부분이었다. 철도노동조합연맹은 사안에 따라 조직적 쟁의투쟁의 힘을 과시하기도 했다. 하지만 그러한 힘조차 투쟁의 사안을 정치적 관계로 해결하기 위한 의도가 매우 강했다. 철도노동조합연맹은 정치적 노사관계를 지배하고 있는 국가권력을 대상으로 저항하려 하지 않았다.

그래서 철도노동조합연맹의 반민주적인 조직운영에 대해 반대하는 철도기관사들이 제2공화국 시절에 독자적인 노동조합으로 나서기도 하였다. 이러한 경험은 1988년과 1994년 철도기관사들의 파업투쟁으로 재현되기도 했다. 철도기관사들이 자신의 노동조건을 직접 해결하는 주체로 나섰다. 이러한 투쟁들은 '3중 간접선거' 방식으로 철도노동연맹의 지도부를 선출했던 선거제도의 개선, 즉 조합원의 직접선거제도가 도입되는 계기였다. 철도 공무원노동자들은 2000년에 민주적인 방식으로 노동조합의 지도부를 선출하였다. 이후 철도노동조합의 민주적인 지도부들은 철도 공무원노동자들을 투쟁의 주체로 나서게 하였다. 철도 공무원노동자들은 노동현장에서 순응적 정체성을 저항적 정체성으로 변화시키는 주체로 변화되었다.

제2절. 철도 공무원노동자의 노동현장과 노동조합

1. 문제제기

노동현장은 재화를 생산하는 공간이고, 노동자들이 생활세계의 많은 시간을 소비하는 공간이다. 또한 노동현장은 노사 간의 관계와 노동자들 간의 관계, 그리고 조합원과 노동조합 간의 관계 등을 복합적으로 드러내면서 재화를 생산하여 공급한다. 그래서 노동현장은 다양한 관계를 집약적으로 반영하면서 노동자들의 의식과 행동을 복합적 모순체로 존재한다. 기존에 가지고 있던 의식과 행동의 양식은 노동공간이나 생활공간의 다양한 문화로부터 영향을 받기 때문이고, 또한 사람들의 의식과 행동이 자신의 노동공간이나 생활공간에서 형성되거나 변화되지 않을 수 없기 때문이다. 공공서비스재화를 생산하여 공급하는 공공부문 노동자들의 노동현장도 마찬가지이다. 공공부문의 노동현장도 공공부문 노동자들의 의식과 행동을 집약하고 있는 복합적 모순체이다.

철도 공무원노동자들도 철도산업의 노동현장에서 모순적인 대상이자 주체로 존재하면서 교통서비스재화를 생산하여 공급하였다. 공공적 주체이면서도 공공권력의 대상이 되어야만 하는 관계, 혹은 공공서비스를 생산하여 공급하는 노동자이면서도 노동자로서의 권리가 제한되어야만 하는 관계 등이 철도 공무원노동자들의 의식과 행동에 영향을 끼쳤다. 철도 공무원노동자들은 이 과정에서 노동현장의 다양한 관계로부터 영향을 받거나 혹은 자신의 의식과 행동을 스스로 규제하기도 하였다. 철도 공무원노동자들의 노동현장은 공공권력의 힘이 일상적으로 투영되고, 그들 스스로 그러한 힘에 반응해야만 하는 공간이었기 때문이다. 복합적 모순의 대상이자 주체인 철도 공무원노동자들 간의 관계도 노동현장을 구성하는 요소로 존재하고, 또한 철도노동조합과 조합원 간의 관계도 마찬가지이다. 노동자들의 노동관계가 노동현장에서 표출되는 것이다. 물론 이러한 노동관계들도 정부의 노무관리정책과 긴밀하게 연계되어 있다. 노동현장에 존재하는 다양한 노동관계들은 노동현장의 노무관리 전략이라는 범주에서 작동되기 때문이다.

1960~70년대 철도산업 노동현장의 다양한 관계에 영향을 미쳤던 노무관리의 전략과 더불어 노동공간에서 표출되었던 노동관계는 철도 공무원노동자들의 생활세계에 영향을 미쳤다. 생활세계가 노동현장의 삶과 탈노동현장의 삶을 응축하고 있다는 점에 비추어 본다면, 철도 공무원노동자들의 의식과 행동에 영향을 끼쳤던 다양한 현상들이 노동현장의 당양한 노동관계를 반영할 것이다. 노동현장의 노동관계는 탈노동현장의 의식과 행동에도 중요한 영향을 끼칠 뿐만 아니라 사회적인 동의와 저항의 기반에 연계되어 있기 때문이다.

2. '순응'만을 강요했던 권위주의적이고 병영적인 노동현장

1945년 해방 후 철도산업은 식민지시기의 유제와 유산을 미군정이 그대로 물려받아 운영하다가, 1948년 정부가 수립되고 난 이후에는 이승만 정권과 정치적 관계를 구축한 세력들에 의해 관리되었다. 주요한 세력은 식민지시기부터 철도산업을 공공적으로 관리해왔던 관료들이었다. 철도산업 내부의 관료들은 지배적인 권력구조의 변화에 상응하는 관리전략을 도모하면서 철도산업과 관련된 공공적 권력을 유지하였다. 이러한 지배와 관리의 전략은 소위 '유연적 지배관리'의 양식이라고 할 수 있다.

그런데 철도관료들의 유연적 지배관리는 5.16군부쿠데타 이후에 군부세력에게 조응하는 관리체제로 변화되었다. 5.16군부쿠데타 이후 1980년까지 군부세력의 고위층들이 교통부장관 및 철도청장을 독점하면서 철도산업을 관리하였고, 국토건설대 출신의 간부들도 대거 철도산업의 중간 관리자로 양성되었다. 이러한 관료들은 철도산업의 노동현장의 노동관계에 영향을 끼치지 않을 수 없었다.

군부세력들은 기본적으로 노동자들의 노동기본권을 인정하지 않았다. 1961년 12월에 근로기준법을 개정하여 노동시간이나 연차유급휴가 등에 대한 단서조항을 두어 예외를 대폭 인정하였고, 1963년 4월과 12월에는 노동조합법·노동쟁의조정법을 개정하였다. 개정된 노동조합법의 주요 내용으로는 "기존 노동조합의 정상적인 운영을 방해하는 것을 목적으로 하는 경우에는 노동조합으로 인정하지 않겠다는 규정(제3조 단서 5호)이 신설되었고, 노동조합에 대한 자유설립주의가 부정되어 행정관청으로부터 설립신고증을 교부받도록 했다.(제13조, 제15조)"[170] 노동쟁의조정법도 개정되었는데, 주요 내용은 "공익사업장의 범위 확대(제4조), 조정 전치주의 제도의 도입(제10조), 쟁의행위를 하기 이전에 전국적 규모의 노동조합에 의해 사전 승인을 받도록 함(제12조 2항), 노동조합이 쟁의행위를 하기 이전에 노동위원회에 의해 적법 여부를 심사받도록 한 것(제16조 2항), 노동쟁의에 대한 긴급조정을 신설(제40조)[171] 등이었다." 노동조합운동이나 노동쟁의를 불가능하게 만드는 내용들이다.

이러한 정책기조 및 정책들은 사적 자본에 고용되어 있는 노동자들에게도 강요되었기 때문에, 공공부문에 고용되어 있는 노동자들이 노동조합운동을 한다는 것 자체가 허용되지 않았다. 철도산업의 노동자들이나 노동조합 역시 마찬가지였다. 노동자들의 기본권을 인정하지 않는 군부세력의 통치전략에서 자유롭지 않았던 것이다.

그래서 철도산업의 관료들은 군부세력의 주요 통치전략인 반공주의와 권위주의를 노동현장에 투영시켰다. 식민지시기의 권위주의적이고 관료주의

---

170) 전국노동조합협의 백서발간위원회, 『전노협 백서 1권』, 전노협, 1997, 8쪽.
171) 전국노동조합협의회 백서발간위원회, 위의 책, 9~10쪽.

적 유제, 반공주의 및 병영식 문화 등은 철도산업의 노동현장에 이식되었
다. 5.16군부 쿠데타 이후, 병영식 노동관계가 노동현장을 지배하게 되었
다. 노동조합은 실질적으로 인정되지 않았기 때문에 대중조직으로서의 역
할과 기능을 담당하기 어려웠고, 철도 노동자들의 이해와 관련된 정책이
결정되는 과정에서 노동조합은 배제되었다. 오히려 노동조합은 철도청을
대신해서 노동자들을 직·간접적으로 통제하는 역할까지 담당하였다.

철도청의 관료들은 상명하달식의 지시를 하고, 노동현장의 상급자들은 그
지시를 하급자들에게 통보하여 집행하도록 하였다. 노동현장에서는 관료
들이나 상급자들이 철도청의 지시를 거부하는 조합원들에게 징계처분을
내릴 수 있는 권한을 보유하게 되었다. 철도청은 각종의 규정에서 "상사의
명령에 복종하지 않은 사람들에 대한 징계처분의 권한을 상급자에게 부여
하였던 것이다."[172] 노동조합은 상급자들이 보유하고 있는 그 권한을 개정
하려 하지 않았다. 철도청의 각종 규정이 조합원들을 억압하고 있을지라
도, 철도노동조합은 철도청의 억압적인 규정을 개정하려 하지 않았다. 설
령 노동조합이 그러한 의지를 가지고 있었다 할지라도, 단체협상의 실질적
인 권한을 보유하고 있지 못한 노동조합으로서는 논의조차 할 수 없었다.

이와 같이 박정희체제은 철도 노동자들에게 국가의 기능직 공무원으로서
의 '순응'만을 요구하였다. 1988년 철도 기관사들의 자연발생적인 총파업
이 발생되기 이전까지, 철도 노동자들은 정부정책을 상대호 '저항'한다는
것 자체가 쉽지 않았다. 철도노동조합이 정부의 억압적이고 노동배제적인
정책을 적극적으로 수용하면서 철도 공무원노동자들에게 능동적·수동
적 '순응'을 강요하였다고 보아야 한다.

1993년 산동회계법인은 철도산업 내부의 노동관계에서 드러난 기업문화를
다음과 같이 규정하였다. "철도의 기업문화, 즉 관료주의, 비공개주의, 계
통의식, 원가의식의 부재, 그리고 자긍심의 부족 등이다."[173] 물론 철도청

---

172) 철도청, 「공작창 직원규정 제42조 2항」, 1963년, 825-826쪽.
173) 철도청, 『철도100년사』, 922-926쪽.

은 이러한 기업문화의 현상들을 공무원의 일반적 특성이지 철도인에게 고유한 특성이 아니라고 강조하였다. 그러나 철도 공무원노동자들은 박정희 체제의 권위주의적이고 병영적인 노동통제전략 때문에, 노동현장에서 〈산동회계법인〉이 지적하고 있는 기업문화의 주체이자 대상으로 존재하였다.

철도노동조합도 이러한 기업문화를 양성하고 강화하는데 큰 역할을 담당하였다. 철도조합원들은 철도노동조합이 자신의 또 다른 권력체라 하더라도 철도노동조합에 의존하면서 자신의 노동조건을 변화시켜 왔다. 철도노동조합은 국가권력에 의존하는 방식이든 혹은 저항하는 방식이든, 다양한 방식으로 철도조합원들의 이해를 해결하는 통로였기 때문에, 철도조합원들은 철도노동조합에 의존하면서 노동현장의 노동관계를 유지하였다. 그래서 철도노동조합이 정부에 대해 능동적 혹은 피동적으로 '순응'할 경우, 철도조합원들도 정부정책에 주체적으로 저항하기가 쉽지 않았다. 노동현장의 노동관계는 철도노동조합과 정부를 동의하는 차원으로 구성되었다. 정부와 철도산업의 관료들은 노동현장의 노동관계를 지배하면서 철도의 공공서비스를 관리하였다.

조직 내부에서 나타나는 병영적 관계의 대표적 현상은 상명하복, 조회 및 점호, 그리고 민주적이지 않은 폭력 등이다. 이러한 현상은 주로 군대라는 조직에서 나타났다. 그런데 1960~70년대 철도산업의 노동현장은 병영적 관계를 압축적으로 보여주고 있다. 철도의 부설과 운영이 식민지시기의 권력과 자본으로 이루어진 만큼, 철도산업의 운영체제도 일본 제국주의의 병영적 형식과 내용으로 구축되었다. 이러한 운영체제가 1960~70년까지 유지되었고, 5.16군부쿠데타 이후에 군부세력들이 철도산업을 병영적으로 운영하는 주체로 등장하였기 때문이다.

그렇지만 철도노동조합이 능동적 혹은 피동적으로 '저항'할 경우, 철도조합들도 정부정책에 대해 불만을 표출하기가 쉬웠다. 철도조합원들은 정부를 상대로 '저항'한다는 자체가 '공공적 권력의 힘'에 대한 두려움을 동반하지만, 방관적 침묵을 넘어서서 자신의 불만과 요구를 행동으로 표출하였다. 철도조합원들은 정부와 철도산업의 관료들이 주도하는 노동현장의 노동관계를 변화시키려 했던 것이다. 노동현장에 정부정책에 저항하려는 노동관계가 구축되고, 그러한 관계의 힘들이 누적되었던 것이다. 1988년 이후 지속되고 있는 철도조합원들의 저항은 자연적으로 발생하는 것이 아니라 노동현장에 누적되어 있었던 철도조합원들의 힘이 폭발하고 있는 것이다.

3. 노동현장의 병영적 관계와 조합원
1) 상명하복과 조합원

병영적 관계의 대표적인 현상 중에 하나는 상명하복이다. 이러한 관계는 명령과 지시에 대한 절대적 복종을 요구한다. 상명하복 관계는 보통 관료주의적인 조직문화의 결정체라 할 수 있다. 관료체계가 각종의 운영규정으로 조직 구성원 간의 상하관계를 지배하면서 운영되고 있기 때문이다. 그런데 철도산업은 상명하복이라는 명령과 복종의 관계로 노동현장을 지배하고 관리하였다. 이러한 관계는 노동현장에서 상명하복을 강요했던 식민지 권력체계나 1960~70년대 군사적 권력체계와 연관되어 있었다.

철도조합원들은 입사를 위한 자격요건을 갖추는 과정부터 상명하복관계의 대상이자 주체로 존재하였다. 철도조합원들은 이중적인 주체로서의 딜레마 현상을 수용하면서 노동현장의 노동관계를 구축하였다.

먼저, 상층으로부터 요구되는 명령과 복종의 현상이다. 철도조합원들은 권력자들의 지시에 절대적으로 순응해야만 했다. 철도청장이 현장을 순시하다가 "이거 정신상태가 틀렸구만! 당장 모든 기관차를 감시·감독하라고 지시하면, 관리자들은 기관차에 첨승하여 기관사들의 노동을 관리하고 지배하였다."(이철의, 2003) 문제는 철도조합원들의 정신상태를 객관적 기준으로 판단하는 것이 아니라 철도청장의 주관적인 기준, 특히 열차사고가 발생하는 것만으로 판단했다는 것이다. 당시 철도산업의 운영규칙이나 관리규칙 등은 철도조합원들의 정신상태를 객관적으로 판단할 만한 기준이 존재하지 않았고, 빈번하게 발생했던 건널목사고나 열차 간의 추돌사고 등이 기관사의 근무태만과 직접적으로 연계시키기 어렵다는 점에 비추어 본다면, 철도청장의 명령은 병영식 관계의 소산으로 볼 수 있다. 이와 유사한 병영식 관계의 대표적인 현상은 대통령이 열차로 이동을 할 경우에 철도조합원들이 보초를 서야만 했다는 점이다. "대통령이 열차로 이동을 하면 전역무원, 전체 선로원들이 철도 공안원, 경찰과 함께 철도 연변에서 보초를 섰다. 선로 반대쪽으로 향하고 대략 30-50미터 간격으로 보초를 섰던 것 같다. 전두환 정권 시절까지 그렇게 하였다."(이철의, 2003) 보초를 위한 동원은 상층관료의 명령으로 이루어졌다. 철도조합원들은 달리는 기차 안의 대통령을 경호한다는 명분 때문에 보초를 서야만 했다. 그런데 철도조합원은 이러한 명령에 복종하지 않거나 혹은 최고 관리자들의 감정상태에 따라, 주관적이고 자의적으로 제기되는 징계의 두려움에 고통을 당해야만 했다. 한 기관사는 각종의 열차사고 때문에 받았던 고통 중에서 가장 크게 다가왔던 것은 상층의 징계였다고 기억하고 있었다. "철도청장이 청와대에 불려갔다 왔다는 소문이 돌면, 예외 없이 중징계가 이루어졌다. 철도청장이 그 옷 벗겨버리라고 지시하면 그만이었다." (이철의, 2003) 승무직에 근무했던 한 노동자도 이러한 명령과 복종의 관계를 다음과 같이 기억하고 있었다. "철도청에서는 거의 매일 안전지침을 비롯해 각종의 수많은 지침들을 내려 보냈다. 이러한 지침의 내용은 아침조회를 통해 조합원들에게 전달되지만, 조합원들은 실질적으로 큰 관심으로 갖지 않았다. 하지만 안전관리관들은 그러한 지침들을 외우고 있는지를 불시에 확인한다. 만약 외우고 있지 않으면, 그에 대한 징계조치들이 수반되었다."(김영만, 2003)

다음으로는 입사의 요건을 구축하기 위한 과정이나 승진, 그리고 정규직으로 전환하기 위해 감수하는 명령과 복종의 현상이다. 해방이 되고 난 이후 1970년대 말까지, 철도의 전문인력은 주로 교통고등학교나 철도고등학교, 철도고등학교의 전수부나 전문부 등 공공기관에서 양성되었다. 이러한 양성기관들은 대부분 국비로 운영하면서 학생이나 훈련생들에게 각종의 혜택을 무료로 제공하였다. 그래서 이러한 인력양성기관을 거치고 난 이후 철도에 입사한 철도조합원들은 국가에 대해 적지 않은 부채의식을 보유하고 있었다. "사회적으로 당시 취업하기 어려운 상황에서, 무료로 학교를 다니고 졸업하면서 특채로 철도에 입사하게 되었다. 이러한 과정들은 내가 의식하든 의식하지 않든, 국가에 대한 부채의식으로 작용하고 있다. 공무원의 역할을 충실하게 해야 한다는 생각이 많이 들었고, 국가에서 요구하는 것에 순응해야 한다는 생각도 많이 들었다."(이영달, 2003) 더욱이 임시직으로 입사하였다가 정규직으로 전환했던 철도조합원의 경우, 상층의 명령에 순응하는 의식과 행동이 더 강했다. 왜냐하면 정규직으로 전환된 철도조합원들은 자신의 노동조건을 좌우할 수 있는 상층관료들의 힘을 직접 경험했기 때문이다. 이러한 경험은 국가나 관료들의 권위에 도전하는 것 자체를 어렵게 만들었다. 즉 2000년에 이르러서야 철도노동조합이 민주화되었듯이, 철도 노동자들이 국가권력이나 상층관료들에게 의존하는 의식과 행동을 보유하는 것과 무관하지 않은 것이다. 철도조합원들은 공공적 현업을 책임지면서 국민들에게 양질의 공공서비스재화를 공급한다는 공복의식으로부터 자유롭지 않았다. 국가를 중심으로 하는 공복의식을 토대로 상명하복의 관계가 유지되는 근거이기도 하다.

명령과 복종의 현상은 노동의 숙련과정에서도 존재하였다. 철도의 운영관리체계는 운영과 발전이 식민지 권력으로 이루어지는 과정에서 일본 제국주의의 형식과 내용으로 구축되었다. 그래서 철도조합원들은 입사하는 순간부터 익숙하지 않은 기표 및 기의와 호명으로 고생하지 않을 수 없었다. 일본식의 철도용어도 상명하복의 문화를 형성하는데 크게 공헌하였다. 철도조합원들이 업무를 숙련하는 과정에서 상급자와 하급자간의 상명하복 관계를 유지하게 되는 주요 원인이기도 했다. "처음 입사해서 고생했던 것은 각종 물품의 이름이나 업무의 내용을 규정하는 개념들이었다. 거의 대부분이 일본어에서 비롯된 외래어들이었다. 이러한 것들을 인지하는 것 자체가 노동의 숙련과정이었다고 해도 과언이 아니다."(임동락, 2003;이곤익, 2004) 그래서 철도조합원들은 상급자들과 서열관계를 유지하면서 자신의 노동을 숙련시켜야 했다. 시설직의 선로업무를 담당했던 한 노동자는 이렇게 증언하고 있다. "겨울에 업무가 끝나고 나서 기름때를 벗겨야 하는데, 따뜻한 물을 상급자 순서대로 사용하였다. 하급자들은 세수조차 하지 못한 상태에서 퇴근해야 하는 경우가 많았다. 겨울에 도시락을 난로 위에 데워서 먹곤 했는데, 상급자의 도시락이 난로 바로 위에 놓이고 하급자의 도시락은 상급자의 도시락 위에 놓아야만 했다. 여름에는 쉬는 시간에 하급자들은 멀리 떨어진 곳까지 가서 물을 떠오는 일을 당연시하였다."(임동락, 2003) 이러한 현상은 숙련의 정도에 따른 서열관계였는데, 철도의 운영 관리체계가 철도조합원 간의 서열관계를 유지하거나 강화시켰다.

2) 조회 및 점호와 조합원

병영적 관계의 대표적인 현상 중에 하나는 조회와 점호이다. 특정한 공간의 최고 상급자가 일상적인 일과를 점검하고 지도하는 행사이다. 이것은 대부분 집단적으로 생활하는 공간에 많이 존재하였다. 조회와 점호를 대표하는 공간은 바로 군대인 이유도 여기에 있다. 그런데 철도조합원들은 노동의 과정에서 조회 및 점호를 일상적으로 받아야만 했다.

철도조합원들의 조회 및 점호는 노동자가 출근하여 작업지시를 받는 과정을 말하는 것이다. 기관차 승무원들은 승조별로, 열차 승무원은 개별적으로 점호를 받았다. 검수원들은 작업조별로, 역무원들은 그 역의 모든 역무원들이, 선로반은 반원들이 모여 점호를 받았다. 거수경례를 하고, 훈시를 듣고, 작업지시를 받았다. 지금은 기관사들의 경우 '출무인사'라고 한다. 그 이외의 직종에서는 '조회 혹은 석회' 등으로 바꾸어 진행하였다.

조회 및 점호는 거수경례를 먼저 하고 난 이후에 훈시를 듣고, 작업지시를 받았다. 교대직종의 경우에는 지속되는 작업의 인수인계가 필요하기 때문에, 조회 및 점호의 과정이 필요할 수 있었다. 그러나 작업의 인수인계가 필요하지 않은 직종에서 이루어지는 조회 및 점호는 철도청의 지시 사항과 각종 지침을 전달하는데 역점을 두었고, 또한 용모 및 복장에 대한 점검을 수단으로 하여 하급자들을 훈계하거나 통제하는 과정이었다. 그런데 조회 및 점호를 하는 과정에서 상급자들은 사변적 감정들을 표출하곤 했다. 업무와 관련이 없는 부서나 사건을 빌어 억압적인 분위기들이 형성되었다.[174] 그러한 점검수단 중의 하나가 용모 및 복장이었다. 철도 조합원들은 짧은 머리에 복장을 단정하게 하지 않으면 안 되었다. "구두는 검정색, 넥타이는 철도에서 제공한 흰색 와이셔츠에 검정 혹은 하늘색 넥타이, 여성은 화장을 연하게 하는"(이철의, 2003)것으로 통일되었던 것이다. 승무원은 승무할 때마다, 역무원은 조회할 때마다 용모를 검열받았다. 이러한 용모와 제복은 병영식의 일체형 문화와 관료형 문화를 양산하는 역할을 담당하였다. 그러나 조합원들은 1966년 일본에서 전동차가 도입되고 난 이후에 제복의 질도 향상되고, 통일된 제복에 대해 적지 않게 자부심을 느끼기도 했다. "제복을 입고 있을 때가 가장 편했다. 통일된 제복은 철도청에 소속된 공무원으로서의 소속감을 강하게 느끼게 했다. 조합원들에게 국가의 관료라는 의식이 형성되는 계기로 작용하였다. 손님들을 대할 때도 다른 일반직 공무원들을 대할 때도 마찬가지였다."(임동락, 강갑구, 2004)

그런데 노동조합은 노동협의회나 노사협의회에서 이러한 조회나 점호의 문제를 가지고서 철도청과 논의하지 않았다. 조회 및 점호, 통일된 제복, 그리고 용모를 단정하게 하는 것을 당연한 것으로 간주하였다. 형식적으로는 고객들에 대한 서비스를 향상시키는 것이었지만, 실질적으로는 군

---

174) 지금은 기관사들의 경우 '출무인사'로 변했고, 다른 직종에서는 '조회, 석회 등으로 바뀌었다. 그런데 이러한 점호 및 조회는 1990년대 후반까지 존재했다. 노동조합이 민주화되기 이전까지 유지되었던 것이다.

대식의 노동현장을 유지시키는 기본적인 수단이었다. 철도청이나 노동조합은 조회나 점호를 업무의 생산성을 향상시키고 노동자들의 근로의식을 강화시키는 수단으로 여겼던 것이다.

3) 구타 및 욕설과 조합원

병영적 관계를 규정하는 보편적인 현상 중에 하나는 '힘을 앞세우는 폭력'이다. 물리적인 힘을 직접 행사하는 폭력뿐만 아니라 자신의 힘을 간접적으로 행사하는 폭력, 즉 구타와 욕설 등의 현상은 반민주적이고 반인권적인 것이었다. 그런데 1960-70년대 철도산업의 노동현장에는 그러한 폭력이 난무하였다.

노동현장에서는 선후배간의 억압적이고 폭력적인 관계가 존재했다. 업무에 능숙하지 못한 후배들에게 욕설을 하는 것이 자연스러웠고, 이에 항의하는 것 자체를 불허하는 분위기가 형성되어 있었다. 예컨대 기관사가 기관조사를 구타한다든가 상급자가 하급자의 따귀를 치거나 욕설하는 경우도 있었다. 초급관리자들의 명령에 절대적으로 복종하던 풍토도 마찬가지라고 본다. 선로 보수팀의 분소장은 군대의 분대장과 같은 역할을 담당하였고, 기관사와 기관조사와의 관계는 실질적으로 도제관계였다. "승무에 필요한 모든 장비는 기관조사가 준비해야만 했다. 약 20kg이 넘는 가방을 기관조사 혼자서 들고 다녔고, 승무하는 과정에서는 업무의 분위기가 기관사의 기분에 따라 좌우되었다. 기관사에게 기분 나쁜 일이 있는 날에는 기관조사들은 괴롭힘을 당해야만 했다."(정석호, 2003) 기관사들이 기관조사나 부기관사들을 구타하거나 혹은 선배가 후배를 구타하는 일도 가끔 벌어졌다. 폭력을 당하는 조합원은 이러한 폭력에 항의했을 경우 근무평가에서 발생하는 불이익을 감수해야만 했다.

폭력적 관계는 업무의 숙련문제를 매개로 하여 표출되었다. 초입자들이 업무에 숙련되거나 일본식의 업무용어, 예를 들면 입환, 전호, 신호, 표지 등(아직도 사용되고 있음) 등의 각종 용어나 그 업무와 관련된 다양한 용구들의 용어를 익히는 과정에서 상급자들의 구타 및 욕설을 감수해야만 했다. 이러한 과정에서 선배들은 기회가 있을 때마다 휴식을 취할 수 있었지만, 후배들에게는 허용되지 않았다. "노동현장의 업무를 마무리하는 청소는 당연히 후배들의 몫이었다. 후배들은 식사시간 전에 미리 식사를 준비해야만 했고, 선배들이 애경사에 동행하자고 하면 당연하게 따라가야만 했다."(이영달, 2003)

구타 및 욕설과 같은 상명하복의 문화는 상급 관리자들로부터 노동현장에 이식되었다. 노동현장의 관리자(선임 지도기관사)는 소집교육을 하는 자리에서 전체 승무원들에게 훈시를 하다말고 자연스럽게 욕설을 하기도 했다. 상급자들의 구타나 욕설에 항의하는 조합원들은 낮은 등급의 근무평정, 하급열차로 전직, 생활 근거지와 멀리 떨어진 지역으로의 전출 등의 불이익을 받았다. 노동조합은 이러한 방식의 통제에 보조적인 역할을 담당하였다. 오히려 노동조합이 적극적으로 그러한 통제정책에 보조적으로 참여하였다. 이러한 현상은 근무평정이나 교육자 선발에 상급 관리자들이나 노동조합이 개입할 여지가 존재했기 때문이다. 상급 관리자들이나 노동조합은 노동현장의 선배들이나 대의원들에게 그러한 권한을 일정하게 부여하면서 노동현장을 억압적으로 통제할 수 있었다. 노동현장의 조합원들은 상급관리자들이나 대의원들에게 잘 보여 승진에 유리한 조건을 만들려 하였던 것이다.

4. 노동현장의 권위주의적 관계와 조합원
1) 하향식 지침과 조합원

1960-70년대 철도산업의 노동현장에는 국가의 최고 통치권자인 대통령의

어록부터 시작하여 노동현장의 최고 말단 관리자까지 각종의 지시사항 등이 전달되었다. 철도조합원들은 대통령각하 어록, 국무총리 지시사항, 장관 지시사항, 청장 지시사항, 게시교양, 게시노트 등 종류별로 다른 노트를 가지고 각종 지침 및 지시사항을 기록해서 어떻게 하든 암기해야만 했다. 관리감독관들이 불시에 검열을 했기 때문이다.

감사반이나 지도관들은 노동현장을 돌아다니면서 각종의 지침이나 지시사항이 이행되고 있는가의 여부를 확인하였다. 철도조합원들이 자고 있는 침실문을 열고 들어와 머릿수를 확인하거나, 자고 있는 조합원 중에서 아무나 붙잡고 "엊그제 발령된 정신차려통보를 아는대로 말해보라."(이철의, 2003)고 한다. 대답을 못하면 지적되고 빨간딱지(시정지시서)를 받았다.

물론 철도청은 철도산업을 운영하는 제1의 원칙을 '안전'으로 설정하고 있었다. 1972년 철도청 훈령 제3563호인 안전관리규정에 제12조와 제14조에 따르면, 안전사고를 예방하기 위한 각종의 조치들이 규정되어 있다. 규정의 대표적인 내용을 예로 든다면, "안전사고의 미연 방지책에 대한 계획 및 방침의 수립, 안전관리에 대한 필요한 자료의 수립, 안전관리 업무지도 방문 및 평가, 안전검열, 안전교육, 소속장이 지시하는 기타 안전업무 처리, 안전한 작업환경(보안경, 장갑, 앞치마, 고무장화, 고무피복, 안전화, 고막 보호기, 안전 허리띠, 방독면 및 마스크)의 조성"[175] 등이었다. 그래서 철도청은 철도 조합원들에게 각종의 지침을 일상적으로 하달하였다. 안전지침, 정부 정책 지침, 업무하달지침 등이었다. 철도 조합원들은 조례를 통해 전달받은 각종의 지침을 외우고, 그것을 작업현장에서 실천해야만 했다. 안전지도관이 안전업무를 수시로 점검하였기 때문이다.

그러나 철도청은 지시하는 안전관리조치에 대해서는 수시로 점검하였지만, 안전한 작업환경의 조성을 위해서는 노력하지 않았다. "노동조합이나 철도청은 노동협의회나 노사협의회를 진행하면서 장갑, 작업복, 작업모 등 보충하는 수준의 안전관리조치를 취하였지, 그 이외의 안전한 작업

---

175) 철도청, 「철도청 안전관리 규정 제12조, 제14조」, 철도청 훈령 제3563호, 1972년.

환경에 필요한 각종의 규정에 따르지 않았다."(임동락, 2004) 반면에 철도
청은 안전지도관을 운용하면서 노동현장의 조합원들에게 안전의식을 강
요하였지만, 노동조건 자체가 안전을 보장하지 못하였다. "조합원들도 역
시 안전의식을 거의 가지고 있지 않는 상황이었던 것은 맞다. 하지만 각종
의 장비나 작업조건이 안전을 보장하고 있었던 것이 결코 아니다."(강갑구,
2004)

그래서 안전지도관은 공식적으로는 기강이 해이해지는 것을 방지하면서
안전을 지도하는 사람이었지만, 철도 노동자들의 동향을 파악하는 역할
도 담당하였다. 노동현장에 공문이 하달되었는지의 여부, 근무태도 등의
상황을 종합적으로 파악하였다. 이렇게 파악된 내용들은 기획과장이나
계획과장에게 보고되어 체계화되었다. 1960-70년대 철도청에는 노무관리
를 전담하는 부서가 존재하지 않아, 주로 중앙의 본청에서는 기획과가 담
당하고 지방청에서는 계획과가 담당하였다. 이들 과장들은 안전지도관으
로부터 노동현장의 현황을 일상적으로 보고 받았다. 안전지도관은 또한
노동현장을 책임지고 관리하는 책임 관리자와 긴밀한 관계를 형성하고 있
었다. "안전지도관들이 노동현장에 나타나면, 책임 관리자들은 일단 안전
지도관들에게 기본적인 향응을 베풀어야 한다는 생각을 가지고 있었다.
지도점검에서 지적을 당하는 것 자체가 노동현장의 책임 관리자들에게
많은 부담이 되었기 때문이다."(이천우, 2003)

2) 하향식 평가제도와 조합원

철도청은 철도 공무원노동자들에게 다양한 교육을 이수하게 하였다. 새
로운 기술의 도입 및 직무의 효율성을 증진시키기 위한 직무교육이 주를
이루었다. 직무교육을 이수하는 것이 직무평가나 승진에 도움이 되었기
때문에, 철도조합원들은 철도청의 교육에 적극적으로 참여하려 하였다.

5.16군사쿠데타 이후, 철도청은 철도 조합원들, 특히 신입자들이나 승진자들에게 직무교육을 실시하였다. 기능직은 2주간의 교육을 받았고, 일반직은 4주의 교육을 받았다. 교육의 장소도 차이가 있었다. 일반직은 용산교육원에서 받았고, 기능직은 지방청의 분원에서 교육을 받았다. 이 교육은 승진의 조건을 갖추는 기본적 교육이었다. 1962-63년도에는 직무교육 시험에서 낙제할 경우, 감원의 대상이 되었기 때문에, 철도조합원들은 직무교육에 참여하기 위해 상급관리자들이나 노동조합에게 호감을 사려하였다. 상급 관리자들이나 노동조합에 대해 불만을 터뜨리는 조합원들은 당연히 직무교육에서 제외되었고, 그 결과 승진에서 누락되는 것이 보통이었다.

교육과정은 직무교육과 교양교육으로 이루어졌다. 직무교육의 비율이 80%정도였고, 나머지 20%가 교양교육이었다. 문제는 직무교육은 직무에 필요한 전문교육이었던 반면에, 교양교육은 정부시책을 홍보하는 교육이었다는 점이다. 특히 "유신체제와 새마을운동에 대한 홍보교육이 주를 이루었다."(강갑구, 2004) 새마을운동과 관련해서 "가난을 이겨낸 사례, 도박을 없앤 사례, 저축한 사례 등이 교육되었고, 정부의 경제정책이 집중적으로 교육되었다. 정부정책을 적극적으로 수용할 수밖에 없는 사례들이었다."(김희태, 2004) 철도청에서는 이러한 교육을 바탕으로 직장 새마을 운동을 주도적으로 전개하였다. "직장 새마을 운동의 일환으로 환경미화, 청소, 제초작업 등이나 안전캠페인에 조합원들을 강제로 동원하였다. 24시간 맞교대하는 근무형태였기 때문에, 비번자들도 참여할 수밖에 없었다. 철도의 역사를 중심으로 한 새마을 작업(제초작업, 환경미화 작업, 청소, 꽃 가꾸기)등이 일상적으로 이루어졌다. 철도주변의 넓은 유휴지[176]에는 소장이나 역장의 자의적 지시에 의해 채소, 콩, 피마자, 땅콩 등의 경작이 이루어졌다."(이철의, 2003)

이러한 활동은 철도청에서 제시하고 있는 철도 새마을운동의 목표에 부응하는 것이었다. "철도연변종합정비 최우선 실시, 정신교육강화, 비예산

---

176) 넓이가 수 천 평에 달하는 곳도 있었다.

사업의 극대화, 철도시설 및 정비의 새마을운동 전개, 수송서비스의 개선, 안보운동의 적극 참여로 총화안보체제 확립을 위해 활발한 운동 전개" [177] 등이었다. 철도노동조합은 철도청의 이러한 목표를 위해 직장 새마을 운동을 적극적으로 전개하였다. "노동운동은 의식혁명을 토대로 한 사회 개량운동이며 개인소득증대를 통한 생활향상운동이므로, 노동조합이 새 마을 정신을 도입하여 침체되고 있는 노동조합운동에 새로운 활기를 불어 넣는 참으로 뜻있는 일이다." [178] 라고 평가하면서, 노동조합의 간부들을 대 상으로 하는 새마을교육을 적극적으로 실시하였다. 일반 조합원들은 이러 한 운동이나 교육에 대해 불만을 표출하지 않았다. 조합원들 스스로 정신 개조에 큰 공헌을 하였다고 평가하기도 한다. 소위 의식혁명이라고 간주했 던 것이다. 조합원들은 이 교육을 위해 1주일씩 동원교육을 받았다."(강갑 구, 2004) 이러한 평가는 당시 국가의 이데올로기 정책의 효과로 보아야만 하고, 노동조합의 적극적인 참여의 결과로 보아야 한다.

철도노동조합은 교육과정이나 새마을운동에 대해 일절 개입할 수 없었지 만, 교육대상을 선발하는데 힘을 발휘할 수 있었다. 철도노동조합은 철도 청의 규정대로 실시되는 교육정책이자 국가적인 차원의 운동으로 수용하 는 대신 이 교육과정에 참여하는 사람들을 선발하는 과정에 개입하였다. 철도노동조합은 그 과정에 개입하면서 다른 파벌의 사람들이 직무교육에 참여하는 것을 방해하였다. 교육평가가 인사고과에서 20%를 차지했기 때 문에, 철도노동조합은 교육을 매개로 힘을 발휘할 수 있었다.

물론 공무원법(임용령)에 준해서 인사고과가 이루어졌다. 경력평가가 40%, 근무평가가 40%, 그리고 교육평가가 20%였다. 특히 문제가 되는 지 점은 근무평가였다. 근무평가에 대한 특별한 기준이 없었지만, 소속장(사 무관 이상)은 소속된 철도 노동자들을 5단계로 평정해야만 했다. 철도 노 동자들을 대상으로 한 상대평가였다. 1등급과 5등급에 각각 10%씩, 나머

---

177) 전국철도노동조합, 『철로 50년사』, 1997, 259–260쪽.
178) 전국철도노동조합, 『철로 50년사』, 1997, 261쪽.

지 2등급에 30%, 3등급과 4등급에 각각 20%씩 평정해야만 했다. 이러한 평가는 객관성을 담보받기가 어려웠기 때문에, 철도 노동자들은 소속장들에게 의존하지 않을 수 없었다. 이러한 구조로 인해, 철도산업의 노동현장에서는 인사이동이 있을 때마다 부정과 부패가 만연하였다. "인사이동 시 상납(특히 역무), 진급, 포상 시 뇌물, 납품비리, 철도 임대아파트 입주 시 뇌물, 사고 수습 시 뇌물 혹은 향응, 융자 시 커미션 등 모든 분야에서 모든 형태의 부패와 뇌물이 횡행했다. 승진의 대가들도 요구되었다. 특히 시설분야에서는 공사의 수주와 관련된 비리들이 있었지만, 철도청의 감사반들은 이를 묵인하는 것이 관례였다."(남궁건영, 2003)

그러나 노동조합은 법에 근거하는 인사고과의 평정문제 및 인사이동에 적극적으로 개입하였다. 집행부에 반대하는 다른 파벌세력이 승진하는 것을 방해하거나, 그들을 타지역으로 전출시키는 활동에 주력하였다. 직무교육의 평가가 근무평가의 20%에 해당되었기 때문에, 노동조합은 이러한 직무교육에 참여하는 사람을 선발하는 과정에도 개입하였다. "노동조합의 이러한 요구를 관리담당자가 수용하지 않으면, 다양한 방식으로 그 관리자들을 괴롭혔다."(임동락, 2004) "노동조합의 간부를 승진시키는 과정에서는 더욱 그러했다."(이중우, 2003)

3) 시혜적 상벌조치와 조합원

철도청의 상벌규정은 기본적으로 공무원으로서의 의무와 관련된 것들이었다. "100만km 무사고 운전상, 청백리상, 제안상, 저축상"(임동락, 2004) 등이었다. 무사고 운전상의 경우, 1966년 당시 지방에 아파트 한 채를 살 수 있을 정도인 100만원의 포상금을 주었고, 제안의 채택에 따른 이익금의 일부를 포상금으로 주었다. 그러나 청백리상의 경우에는 현업에 소속되어 있는 상급 관리자들의 주관적인 판단으로 후보자들을 결정하여 추천하였다. 청백리상의 후보자로 선정되는 기준이 친절서비스, 품행의 방정, 모범적인 가정생활 등이었고, 그러한 판단 자체가 주관적이고 편파적일 수밖에 없었다. 예를 들면, "철도에서 대수송기간은 전체 노동자들에게 비상이 걸린다. 추석 명절, 설 명절, 그리고 하계 휴가기간에는 여객이 집중되기 때문에, 이 기간에 연가휴가나 병가휴가를 내는 것은 쉽지 않았다. 그런데 이 기간에 연가나 병가를 낸 사람들이 표창을 받는 경우도 있었다."(임동락, 2004) 상벌조치가 상급 관리자의 편파적이고 감정적으로 이루어졌다는 것이다. 그래서 조합원들은 상을 받으려고 상급 관리자들에게 잘 보이거나 아부를 하지 않을 수 없었다. 노동현장에서 발생하는 상급 관리자들의 일상적인 요구를 불만없이 수용하는 것이었다. 포상의 경력이 승진에서는 가산점으로 작용하고 과오를 저질렀을 때에는 그 과오를 상쇄시킬 수 있었기 때문이다.

조합원들에 대한 징계조치도 마찬가지였다. 이러한 징계문화는 노동현장에서도 마찬가지였다. "역무직의 매표업무를 담당했던 한 노동자는 1970년대 후반 경, 매표수익에서 150원의 차이가 발생하자마자 3개월의 감봉조치와 타지역으로 전출되는 징계를 받았는데, 문제는 그 노동자가 노동조합의 활동을 둘러싸고서 당시 상급 관리자와 감정적으로 상해있었다는 것이다."(이곤익, 2004.4, 부산) 그렇지만 1960-70년대 철도산업의 노동현장에는 부정부패가 적잖이 존재하였다. 그 이전 시대부터 존재했던 것이 완전하게 사라지지 않았었던 것이다. 부정부패의 현상은 매우 다양했지만, 대표적인 것을 나열하면 다음과 같았다. "인사이동시 상납(특히 역무), 진급, 포상 시 뇌물, 납품비리, 철도 임대아파트 입주 시 뇌물, 사고 수습 시 뇌물 혹은 향응, 융자 시 커미션 등 모든 분야에서 모든 형태의 부패와 뇌물이 횡행했다."(이상계 외, 2011) 철도조합원들의 이러한 부정부패는 감찰반의 표적이 되어 밝혀지곤 하였다.

그러나 철도조합원들에 대한 징계가 이러한 현상이 나타나게 된 주요 원인 중의 하나는 업무규정에 명시된 징계조치의 조건이 너무나 형식적이었고, 징계의 권한을 가지고 있는 사람이 자의적으로 행사할 수 있었다는 점이다.

주요 징계의 대상은 열차지연, 여객을 상대로 한 비리, 역에서의 개집표시 비리, 매표시 웃돈 비리, 직무태만, 불건전한 가정생활 등이었지만, 상급 관리자는 이러한 대상을 판단하는 과정에서 편파적이거나 감정적인 경우가 허다하였다. 물론 철도청은 기강의 해이를 방지한다는 목적에서 각종의 징계조치를 취했다. 근무지 이탈, 근무 중 취침의 방지, 근무 중 음주의 방지, 매표 수익금의 갈취 방지 등이었다. 그런데 상급 관리자나 노조 지도부는 이러한 목적의 징계조치를 악용하였다. 징계는 상급 관리자들의 기분상태에 따라 혹은 상벌의 대상자와의 친소관계에 따라 적용되었다. "청장이 청와대에 불려갔다 왔다거나, 그 옷 벗겨버려"(이철의, 2003)라고 했다는 등의 소문이 노동현장에 돌면, 그 대상자는 예외 없이 중징계를 당했다. 징계의 절차와 원칙에 따라 이루어지는 것이 아니라 최고 관리자의 말 한마디로 징계가 이루어지는 경우가 허다하였다. 또한 민원이 제기될 때마다 징계조치를 취할 수 있도록 규정되어 있어서, 상급 관리자는 민원이 제기되었다는 사실 자체만을 문제로 여기면서 징계조치를 취하였다. 예를 들면, "승객들의 민원사항 중 객차의 냉난방에 대해 불만을 제기하는 것이 있었는데, 너무 춥거나 더운 현상이 여객의 자리에 따라 발생할 수 있다는 사실을 인정하지 않았다."(이곤익, 2004) 민원의 대상자가 노동조합에 대해 불만을 가지고 있는 사람일 경우, 형식적인 징계조치가 더욱 가혹했다.

이처럼 상벌의 규정이 노동현장을 통제하는 수단으로 작용하였다. 철도청은 업무의 규정대로 적용한다고 하였지만, 노동현장에서는 상급관리자가 현장의 노동자들을 통제하는 수단이었다. 또한 노동조합에 대해 불만을 가지고 있는 조합원들을 보복하는 수단으로도 활용되기도 하였다.

5. 맺음말

철도조합원들은 노동현장에서 병영적이고 권위주의적인 노동관계에 포위되어 있었다. 상급 관리자 및 노동조합 간부, 그리고 조합원 간의 관계가 상명하복, 조회 및 점호, 구타와 욕설 등의 폭력, 하향식 지침과 평가, 그리고 시혜적 상벌조치 등으로 규정되었다. 그런데 철도노동조합은 노동현장의 노동관계를 민주적이고 인권적인 구조로 변화시키는데 주력하기보다 반민주적이고 반인권적인 노동관계를 강화시키는데 주력하였다. 1960-70년대 철도노동조합의 지도부나 간부들은 노동조합이라는 대중권력을 사적으로 활용하기 위해서 노동조합의 대의원들과 사적인 관계를 형성하였다. 철도노동조합은 노동조합의 권력을 장악하는데 필요한 사람들을 조직하는데 주력하였던 것이다. 이는 철도조합원들이 노동조합을 자신의 주체적인 조직이 아니라 노동현장의 또 다른 권력체로 간주하게 되는 요인으로 작용하였다.

철도노동조합은 지도부에 반대하는 세력들을 철도청과 협의하여 탄압하는 것뿐만 아니라 다른 파벌의 대의원들을 부당하게 전출시키기도 하였다. 심지어 철도노동조합의 위원장 후보는 대의원들에게 식사제공, 여관제공, 금품매수 등의 방법을 총 동원하였고, 대의원을 돈으로 매수하는 경우도 마찬가지였다. 철도청은 노동조합의 이러한 행위에 대해 묵인하거나 그것을 문제시하는 사람들을 부당하게 인사조치하는 차원에서 동조하였다. 즉 철도청은 민주파가 지부장에 당선되거나 민주파의 득표율이 높은 지부의 관리자들을 인사조치하였고, 웬만한 집회에 반드시 관리자들을 동원하여 참가자를 막거나 파악하였다. 공안원이나 청원경찰을 배치하는 것도 아주 자연스러운 조치였다.

그런데 철도조합원인 기관사들이 1988년에 파업투쟁을 전개하였다. 이들은 1961년 5.16군부쿠데타 이전에 파업투쟁을 전개하여 독자적인 노동조합으로서의 권리, 특히 단체협약을 획득했던 기관사들이었다. 1961년 기관사들의 파업은 철도노동조합을 민주적이고 투쟁적인 조직으로 변화시키는 계기로 작용했듯이, 1988년 기관사들의 파업도 마찬가지의 효과를 가져왔다. 노동현장의 병영적이고 권위주의적인 노동현장의 노동관계를 변화시키는 것이 철도노동조합의 주요한 과제로 부각되었다. 철도산업 노동현장의 활동가들은 노동현장을 민주적인 인권적인 노동관계로 변화시키기 위해 투쟁하였다. 철도조합원들은 이러한 투쟁의 힘을 축적시켜 2000년에 철도노동조합을 민주적이고 투쟁적인 조직으로 변화시켰다.

제3장. 철도 공무원노동자의 생활현장과 노동조합

1. 문제제기

인간의 생활세계는 다양한 관계를 형성하면서 유지된다. 자연세계와의 관계, 인간의 다양한 생활세계와의 관계, 인간의 사후세계를 인정하는 종교세계와의 관계 등이 인간의 본능적 욕망뿐만 아니라, 사회적 욕망에 대해 영향을 미친다. 이러한 관계들은 인간의 욕망을 실현하기 위한 투쟁의 대상이자 조화의 대상이다. 본능적 욕망과 사회적 욕망은 상호 조응관계를 바탕으로 추구된다. 개인의 생활세계가 투쟁과 조화로 유지되는 동력이다. 그런데 생활세계는 기본적으로 개별적 주체만의 공간이지만, 사회적 관계를 형성하면서 새롭게 구성·재구성된다. 인간은 개인을 중심으로 하는 생활세계, 가정을 중심으로 하는 생활세계, 조직과 집단을 중심으로 하는 생활세계, 국가와 사회를 중심으로 생활세계 등의 주체이자 객체로 존재한다. 사회적 관계가 인간의 존재기반을 중첩시키기 때문이다. 욕망을 실현하는 조건이 중첩되는 원인이자 결과이다.

철도 공무원노동자들도 탈노동현장을 중심으로 한 생활세계의 주체이자 객체로 존재하면서 다양한 욕망을 실현하거나 혹은 욕망을 실현하는데 필요한 조건들을 확보하려 하였다. 그렇지만 철도 공무원노동자들은 자신의 주체적인 의지와 무관하게 생활세계의 다른 주체들로부터 다양한 모습으로 규정되기도 하였다. 앞에서도 제시했지만, 낮은 임금 때문에 생활의 고통을 겪으면서도, 공무원을 바라보는 외부의 시선 때문에 부인의 부업 활동에 찬성하지 않은 모습도 그렇고, 노동현장에서는 피와 땀으로 절여지는 노동자이면서도 공무원이라고 규정하는 외부의 시선 때문에 노동현장의 고통을 자부심으로 전화시키는 모습이 그러했다.

1960-70년대 철도 공무원노동자들의 생활세계는 철도 공무원노동자들의 다층적이고 복합적인 정체성을 반영하고 있다. 탈노동현장의 생활세계는 노동현장의 정체성과 연속성을 반영하기도 하지만 단절성을 드러내기도 한다. 또한 철도 공무원노동자들의 생활세계는 시대별로 매우 다양할 것 이다. 철도 공무원노동자들도 사회적 조건의 변화에 상응하는 생활세계 의 변화를 시도하지 않을 수 없었다.

2. 철도 공무원노동자의 생활현장과 생활세계

생활세계는 욕망의 실현을 둘러싼 총체적 관계의 시공간이고, 인간은 그 시공간을 사회적인 부로 채워나가고 있다. 인간의 욕망은 부를 공유하는 과정에서 충족될 수 있을 것이고, 또한 노동과 물질로 구성되는 욕망의 집합체는 사회구성원들의 생활현장에서 사회화될 것이다.[179] 그런데 "인 간의 총체적 관계가 인류 역사의 시공간을 메웠던 욕망과 물질, 그리고 그것을 실현하는 주체의 노동능력을 둘러싼 투쟁의 역사적 산물"[180]이라 는 점을 고려하면, 인간의 생활세계는 세 가지로 구성된다고 할 수 있다. 그것은 주체로서의 욕망, 욕망을 실현하기 위한 물질적 조건의 형성, 그 리고 노동능력이다. 이 구성요소들은 상호 유기적이다. 물질적 조건을 확 보하지 않고서는 욕망을 실현하기가 불가능하고 또한 노동능력을 실현하 지 않고서는 욕망을 실현하는데 토대로 작용하는 물질적 조건을 확보할 수 없는데, 노동능력도 인간의 본성적 욕망과 사회적 욕망이 작동하는 과 정에서 자연스럽게 형성되거나 재형성된다는 사회적 관계의 산물인 것이

---

179) H. Lefebvre, 「일상생활에 대한 비판적 지식으로서의 마르크스주의」, 『실천』, 사회실천연구소, 2011년 10월 호, 34쪽.

180) D. Harvey, 2003, The New Imperialism, 최병두 옮김, 『신제국주의』, 한울, 2005, 93쪽.

기 때문이다. "노동은 인간과 사회적 관계들의 본질"[181] 이고, 인간의 존재 기반은 본성적 욕망이든 사회적 욕망이든 자신의 욕망을 실현하려는 의지의 산물이기 때문에, 그러한 의지가 실현될 수 있느냐 없느냐의 여부는 자신의 물질적 조건과 그것을 실질적으로 형성할 수 있는 노동능력을 어떻게 실현하느냐의 문제와 긴밀하게 연계되어 있다.

생활세계를 구성하는 세 가지의 구성요소들은 자신의 의지와 무관하게 생활세계의 시공간에서 사회적 관계 및 외부적 힘에 의해 감시되고 통제될 수 있다.[182] 생활세계의 시공간은 지속적, 반복적, 무의식적, 사회적 규칙 속에서 살면서 인간과 사회를 총체적으로 재생하는 곳이고, 시공간의 형성과 식민지적 변형 및 소멸의 과정에 영향을 미친다. 이것이 바로 시공간의 물질성이다.

생활세계의 욕망은 개별화된 물질적 부와 사회화된 물질적 부를 기반으로 하여 실현될 수 있었다. 노동자들은 대부분 노동조합이라는 자기조직을 통하여 물질적 부를 추구하려 한다. "노동자들 스스로 자신의 생활세계를 구성하고 있는 욕망을 노동현장의 대중권력으로 현실화시켜 공공적인 권력과 부, 즉 사회화된 물질적 부와 투쟁하는 것이다."[183] 그래서 철도 공무원노동자들도 생활세계의 시공간을 둘러싼 투쟁을 지속적으로 전개하고 있다. 탈노동현장의 생활세계를 메우고 있는 시간과 공간이 시공간이 고정불변의 것이 아니라 사회적으로 조작·변형되면서 지속적으로 재생산되는 이유이다. 이는 생활세계 주체들의 본성적 욕망이든 사회적 욕망이든, 이러한 욕망을 실현하기 위한 조건을 만드는 과정이 감시되고 통제될 수 있다는 의미와 상통한다.

---

181) 서관모, "반폭력의 문제설정과 인간학적 차이들 : 에티엔 발리바르의 포스트마르크스적 공산주의" 경상대사회과학연구원, 『마르크스주의연구』 제5권 제2호, 한울, 2008 , 270쪽.

182) G. Arrighi, Adam Smith in Beijing, 강진아 옮김, 『베이징의 애덤 스미스』, 길, 2009, 215쪽.

183) J. Moran, 1998. "The Dynamics of Class Political and National Economics in Globalisation; The Marginalisation of the unacceptable" Capital and Class No. 66; B. Heron, 1996. "The birth of Socialist labour" Capital and Class No. 59을 참조하시오.

철도 공무원노동자들도 다양한 관계 속에서 인간의 본능적 욕망뿐만 아니라 사회적인 욕망을 실현하려는 생활세계의 주체이자 객체로 존재하였다. 철도 공무원노동자들은 일상적인 생활세계, 즉 평범하면서도 소박하지만, 견고하고 당연하게 여겨지는 생활세계이며, 단일하고 지속적인 개인의 정체성을 형성하는 생활세계를 구성한 상태에서 일상생활을 유지하였다. "일상생활은 재화의 생산뿐만 아니라, 인간 자신과 인간들의 관계가 형성되는 구체적인 삶의 장이었기 때문이다."[184] 그래서 철도 공무원노동자들의 생활현장은 노동현장의 일상적 의식과 행동을 집합적으로 드러나게 했고, 노동현장에서 요구하는 노동력을 일상적으로 재생산하게 하였다. 이는 철도 공무원노동자들의 일상생활을 구성하는 사회적 관계로 표출되었다.

철도 공무원노동자들의 일상생활은 국가와 사회의 규범과 도덕, 규율이 주입되고 학습되었고, 규칙적이고 반복되는 리듬을 몸에 익히는 관계를 형성하면서 유지하였다. 1960-70년대 철도 공무원노동자들은 국가에 의존하면서 탈노동현장의 일상생활, 즉 가족, 주거, 식사 및 여가 등의 생활을 하였다. 철도 공무원노동자들은 일상생활을 매개로 노동현장과 탈노동현장 간의 접합적 주체로 존재하였다. 일상생활은 "공장, 농촌, 직장, 가정, 학교, 군대와 같은 노동현장 및 탈노동현장 내부에서 정치와 경제, 집단과 개인, 구조와 행위, 이데올로기와 주체적 인식 간의 호응작용이 수시로 발생하기 때문이다."[185]

---

184) 최종욱, 「앙리 르페브르의 일상생활비판에 대한 비판적 소론」 국민대학교 어문학연구소, 『어문학논총』 12집, 1993, 300쪽.
185) 최규진, 『일상생활사 접근법과 관점에 대한 노트』 , 사회실천연구소, 2009, 4쪽.

3. 본능적 욕망과 철도 공무원노동자
1) 선망의 대상

노동자들은 자신의 노동으로 부를 획득하여 자신의 다양한 욕망을 실현한다. 노동과 욕망의 질적인 차이가 존재하겠지만, 노동과 욕망은 유기적인 관계를 형성하고 있다. 그렇기 때문에 노동의 상실은 노동자들을 두려움에 빠지게 하고, 노동의 기회는 노동자들에 부를 제공한다. 욕망을 실현할 기본적 조건이 노동을 통해서 형성된다는 것이다. 그래서 노동자들의 경우, 사회적인 부를 '일자리'와 연계시키기도 한다.

1945년 해방 이후 1950년대 말까지, 한반도 분단과 한국전쟁을 거치면서 사회적인 일자리가 축소되었다. "해방 이전에는 사람이 부족해서, 안면이 있는 사람의 소개로 공장이나 철도에 취직하기가 매우 쉬웠다. 그런데 해방 이후 일자리가 급속하게 줄어들었다. 철도의 경우에도, 일자리는 줄어들고 쌀배급은 잘 되지 않았기 때문에, 철도 노동자들이 해방정국의 파업투쟁의 중심으로 나섰던 것이다. 1950년대는 한국전쟁을 거치면서, 일을 하고자 하는 사람들은 넘쳤지만, 정작 일자리는 한정되어 있었다."(이일재, 2003) 노동자들은 욕망을 실현하는데 필요한 기본적 조건, 즉 '사회적 부'를 획득하기가 쉽지 않았다.

그런데 철도산업은 철도 공무원노동자들에게 '부'의 제공을 단절시키지 않았다. 특히 철도산업은 한국전쟁 이후에 국가재건의 중추적 역할을 담당하였기 때문에, 철도 공무원노동자들은 일자리를 유지할 수 있었고, 욕망을 실현하는데 필요한 최소한의 부를 제공하였다. 그 당시에 일자리를 찾고자 하는 사람들이 온갖 수단을 동원하여 철도에 취직하려 했던 주요 이유였다.

아래의 〈표14〉는 1957년 7월 4급 1호봉에 해당하는 철도 공무원노동자의 항목별 월 생계비를 수입-지출부 형식으로 만든 것이다. 이것은 철도 공무원노동자들의 임금이 인상되어야 한다는 근거로 제출되었다.

〈표14〉 철도 공무원노동자의 월 평균 생계비[186]

항목		금액	계	비고
5인 가족의 생계 : 월수입(4급 1호봉) 기준				
본봉		888		
00수당		19,500		
특근수당		1,152		8시간 수당분
가족부수입		5,000		가정에서 식구간 부수입을 말함
수입 총액			26,185	
5인 가족의 생계 : 월지출(4급 1호봉) 기준				
음식물		26,322		
	주식물	16,922		
	부식물	3,000		소맥분 1포대
	조미료	2,500		고추가루
	외식	1,800		주로 중식
	기호품	2,100		식간 과실류
주거비		5,000		가옥 전세나 월세를 말함
광열비		1,800		매월 공탄 2주 정도
피복비		5,000		가족 등 의복비 매월 평균
잡비		18,700		
	이용청결	1,300		이발, 목욕
	의료	1,500		의원
	교통통신	1,300		
	부담금	1,100		세금
	교제비	2,000		아동입학 사은회비 일체 포함
	교육	5,000		
	수양오락	1,100		피로를 위한
	여행	500		매월 평균
	관혼상제	1,200		결혼, 장례비
	기타	3,200		이상에 속하지 않는 소모품대
지출 총액			56,822	
수입-지출 총계			-30,687	수지과부족액

위 〈표〉에 따르면, 철도 공무원노동자들은 매 월 30,000원 정도 적자를
내면서 살고 있었다. 그런데 1970년대 중반 의류산업에 종사하는 노동자
들의 월 평균임금이 28,000원 정도였고, 전자산업에 종사하는 노동자들
의 월 평균임금이 24,000원 정도였다는 사실에 비추어 본다면, 1957년 철
도 공무원노동자들의 월 평균 20,000원 내외의 임금은 상당히 높았다고
보아야 한다. 당시의 쌀 가격이 3,000-4,000원이었던 사실에 비추어 본다

---

186) 전국철도노동조합, 『철로』, 단기 4290년 7월 31일.

면, 주식물(쌀)과 잡비의 지출예산이 다른 노동자들의 평균보다 높게 책정된 것으로 보아야 한다. 그렇지만 철도 공무원노동자들의 월 평균임금은 1970년대 중반까지 지속된다. 철도 공무원노동자들은 낮은 월 평균임금을 각종의 수당과 가족의 부수입으로 이겨냈다.

철도에 대한 선호현상은 1960-70년대에도 지속되었다. 물론 1950년대에 비해 그 강도는 세지 않았지만, '부'를 안정적으로 제공하는 공공부문의 공공성은 일자리를 찾는 사람들을 유인했다. "철도는 사람들에게 선망의 대상이었다. 비록 대기업에 비해 임금은 낮았지만, 국민들에게 공공서비스를 제공하면서 안정적으로 생활을 유지할 수 있다고 생각하였다. 농촌의 가난한 집에서 성장한 사람들일수록, 공공권력과 연계되어 있는 공무원을 선망하였는데, 주요 대상은 철도였다."(손우석, 2003;이영구, 2011)

사람들은 공공권력의 시공간에서 자신의 존재기반을 찾고자 하였다. 사람들은 식민지시기부터 공공권력을 지배하고 관리하는 주체가 아니라 그 대상으로 존재하면서 공공권력의 힘을 체득해 왔고, 공공권력의 한 주체인 철도산업도 그 힘을 보유할 수 있다고 믿었다.

"집안에 공무원이 생기는 것 자체부터 경사였다. 일반직이 아닌 기능직이라 하더라도, 공무원은 또 다른 공공권력으로부터 집안을 보호할 수 있다고 믿었다. 또한 집안의 다른 사람까지 철도에 취업시킬 가능성이 많은 구조도 철도를 선망의 대상으로 보게 하는 주요 요인이었다."(임동락, 2004)

2) 최적의 신랑감

가정은 부부를 중심으로 가족 구성원이 함께 만들어 가는 일상생활의 최소 공간이다. 가족 구성원들은 이 공간에서 일상적 노동에 필요한 조건뿐만 아니라 일상적 욕망을 실현하기 위한 조건도 만들기 시작한다. 그래서 많은 사람들은 그러한 조건을 보다 쉽게 만들 수 있는 사람과 함께 결혼

해서 보다 윤택한 가정을 이루려 한다.

남성을 중심으로 한 사회구조에서는 여성의 사회적 진출이 활발하게 이루어지기 어렵기 때문에, 대부분의 여성들은 남성의 직업을 보고 결혼 여부를 결정하였다. 여성들은 결혼으로 만들어진 가정이라는 공간에서 남성의 '부'를 공유해야만 자신의 욕망을 실현할 수 있었기 때문이다.

1960-70년대 한국사회는 여성의 사회적 진출이 활발하지 않았다. 여성들이 독자적으로 자신의 욕망을 실현할 물질적 조건이나 노동의 기회를 확보하기 어려웠다. 여성들은 중학교나 고등학교에 진학하는 것조차 쉽지 않았기 때문이다. "1950-60년대, 대부분의 부모들은 남성을 중심으로 사고하였다. 딸을 중학교나 고등학교에 진학시키는 경우는 도시의 부자들이나 가능했다. 여성들은 초등학교를 졸업하고 난 이후에 집에서 농사일을 돕다가 시집을 가는 것이 아주 자연스러웠다. 보통 중매로 결혼을 했는데, 딸을 가진 부모가 가장 우선적으로 본 것은 남자의 직업이었다."(김희태, 2003; 김종욱,2004) 부모들도 자신의 딸을 중매로 결혼시킬 경우에 사위의 직업에 지대한 관심을 갖지 않을 수 없었다.

그래서 철도 공무원노동자들은 최적의 신랑감으로 여겨졌다. 공무원을 선호했던 당시의 사회적 분위기와 '부'의 안정적 공급이 이루어질 것이라는 심리적 기대감이 작용했던 것이다. "결혼할 당시에 처갓집에서 좋은 대접을 받았다. 당시에는 철도 공무원이라는 사실만으로도 최적의 신랑감이었다. 월급을 어느 정도 받고 있는가에 대해서는 관심이 없었지만, 공무원이라는 것에 대해서 호의적이었다."(김대원, 2003)

그런데 1960년 후반 이후부터 철도 공무원노동자들을 바라보는 시선이 변화되기 시작했다. 1970년대 말, 중매로 결혼을 하기 위해 선을 보러 나갔던 한 철도공무원은 자신을 이렇게 소개하였다. "철도공무원이라고 소개하지 않았다. 사회적으로 철도에 대한 인식이 많이 변했다. 임금도 낮고 고생도 많이 하는 직업으로 평가되었던 것이다. 그래서 나는 선을 보는 여성에게 철도공무원이 아니라 교통공무원이라고 소개하였다."(정석호,

2003) 이러한 현상은 사회적으로 공업의 발전, 특히 1970년대 중공업의 발전으로 제조업에 종사하는 노동자들의 임금이 철도 공무원노동자들에 비해 훨씬 높아졌고, 소비가 활발해지면서 고조되기 시작한 소비욕망을 해소하는데 철도 공무원노동자들의 임금이 낮았던 것과 연계되어 있었다.

1960~70년대, 철도 공무원노동자들의 임금이 낮았다. 그나마 1971년에 박정희 대통령이 지시해서 기관사들의 임금이 오르면서 다른 직종도 좋아졌지만, 민간부문의 노동자들에 비해 아주 낮은 수준이었다. 특히 1970년대는 소비가 활성화되고 물가가 지속적으로 올랐지만, 철도 공무원노동자들의 임금은 그런 사회적 조건의 변화에 부응하여 상승하지 않았다.

3) 불안정한 가정생활

가정에는 인간의 생물학적 욕망과 비생물학적 욕망을 동시에 보유하고 있는 주체들이 함께 살아가는 공동체이다. 소위 가족의 구성원들이 일상생활을 영위해 나가는 가족공동체인 것이다. 가족공동체에서 생물학적 욕망이 의식주로 표출된다면, 비생물학적 욕망은 사회적 재생산으로 표출될 수 있다. 그래서 가족공동체도 욕망을 둘러싼 주체들 간의 갈등이 발생하기도 하고, 그러한 갈등을 해소하기 위한 과정도 존재한다. '가장'은 이러한 과정에서 중요한 역할을 담당한다. 가족공동체의 '가장'이 존재하는 이유인 것이다.

그런데 가족공동체에서 비생물학적 욕망으로 표출되는 사회적 재생산은 두 가지의 욕망을 실현하는 과정에서 이루어진다. 하나는 노동현장에서 요구되는 노동력을 재생산하는 것이고, 다른 하나는 사회구성원의 지속적 재생산을 이루어내는 것이다. 자식을 낳아서 사회적 주체로 성장시키는 것 자체가 사회구성원을 지속적으로 재생산하는 과정인 것이다.

1960~70년대 철도 공무원노동자들은 가족공동체에서 인간의 기본적 욕

망인 생물학적 욕망과 비생물학적 욕망을 안정적으로 실현하기가 쉽지 않았다. 통상일근을 하면서 출퇴근하는 철도 공무원노동자들은 소수이고, 대부분의 철도 공무원노동자들은 불규칙적인 노동체제에서 노동을 하면서 가정생활을 유지해야만 했다.

철도 공무원노동자들은 가족들과 정상적인 생활을 하면서 자신 및 가족들의 욕망을 실현시키기가 쉽지 않았다. "1960년대는 돈 때문에 박을 치는 경우가 많았다. 1박을 치고 오면 수당이 더 늘어났기 때문이다. 집에 들어가서 잠을 자는 경우가 10일 정도에 불과한 경우가 많았다. 그래서 가족이나 친인척들의 애경사에 참여하지 못하거나 명절에 가족들과 함께 하지 못한 경우는 다반사였다."(강갑구, 2003;김희태,2003)

철도 공무원노동자들이 어쩌다 집에 들어가면, 부인은 부인대로 생활패턴의 변화를 강요받지 않을 수 없었다. 부인은 가정이라는 공간을 남편의 숙면과 충분한 휴식을 위해 배려해야만 했다. 자식들도 마찬가지였다. 부인과 자식은 남편과 아빠를 위해 자신의 생활패턴을 바꿔야만 했다.

12시간 교대제 노동, 철도운행 시간표에 맞추어야만 하는 노동, 직종의 특성상 열차가 운행하지 않는 심야에 해야만 하는 노동, 그리고 가정이 아닌 다른 지역의 공동숙소에서 휴식을 취해야만 하는 노동 등은 철도 공무원노동자들의 가정생활을 불안정하게 하였다.

아이들이 성장하는 과정에서 함께 하지 못했던 점을 애석해 하면서 당시의 상황을 기억하는 한 철도 공무원노동자의 말이다. "교대제 노동 때문에 아이들과 토요일이나 일요일에 외식 한 번 제대로 하지 못했다. 아이들의 졸업식에 간 적이 없다. 아이들이 어떻게 성장했는지, 정말 잘 모른다. 그저 잘 성장해 주어서 고맙다는 생각밖에 들지 않는다."(박석동, 2003)

부모의 역할이 자식들에게 의식주만 해결해 주는 것이라고 한다면, 철도 공무원노동자들은 이런 회한을 갖지 않을 것이다. 하지만 자식을 사회적으로 재생산시키는 것이 더 중요한 역할이라고 생각한다면, 철도 공무원노동자들은 정상적인 가정생활의 주요한 역할 중에 하나를 포기하면서 살았다.

4. 노동현장의 '내부식민화'와 철도 공무원노동자
1) 노동의 주체성과 철도 공무원노동자

인간은 자신의 노동에 대한 자존감을 일상적으로 확인하려 한다. 그것은 '노동의 식민지화 혹은 두려움의 중독화'[187]를 극복해 나가는 첩경으로 간주되는 과정이다. 그런데 자신의 자존감이 확인되지 않는 노동의 경우, 인간은 본성적 욕망이라도 유지하기 위해 자신의 노동관계를 지배하고 있는 '내재적인 힘과 외재적인 힘에 굴복하면서 내부식민화'를 감수한다. 인간은 물질적 조건이나 노동능력이 소멸될 경우 자신의 생물학적 욕망과 비생물학적 욕망을 쉽게 실현할 수 없다는 것을 본성적으로 알고 있기 때문에, 인간은 자신의 욕망을 실현하는데 필수적인 물질적 조건과 노동관계를 지배하고 통제하는 '힘'에 굴복하기 쉽다. 항상 욕망은 정치적·경제적 상황과 연계되어 있으며, 자신이 존재하는 시공간을 통해서 관철되기 때문이다.

이러한 굴종적 노동관계는 노동현장에서 주체적이지 않은 노동을 강요한다. 노동을 통해 자신의 자존감을 확인하는 것이 아니라 오히려 상실하는 것이다. 1980년대 초반까지 이웃한테 기차표를 팔고 배달까지 해 주었던 한 철도 공무원노동자의 기억이다. "경부고속도로가 건설되고 난 이후, 철도는 여객부분에서 큰 손실을 보지 않을 수 없었다. 고속버스는 자주 출발할 수 있어서 쉽게 탑승할 수 있었지만, 열차는 운행 특성상 그렇지 못했다. 철도요금이 고속버스요금보다 더 비싸기도 했다. 그래서 철도는 여객을 유치하기 위해 고속버스와 경쟁하지 않을 수 없었다. 그 당시 철도의 거의 모든 직종에서, 이웃한테 기차의 안전성과 편안함을 홍보도 하고 기차표도 팔았다. 그리고 기차표 배달도 당연하게 해 주었다. (김대원, 2003)"

---

187) 홀거 하이데, 강수돌, 『자본을 넘어, 노동을 넘어 - 자본의 내면화에서 벗어나기』, 이후, 2009, 135쪽.

철도 공무원노동자들은 대부분 국민들에게 양질의 공공서비스를 제공하고 있다는 지점에서 자신의 존재감을 확인해 왔다. "철도에 근무하면서, 힘들더라도 나를 버티게 해 주었던 것은 국민들에 대한 공공서비스 정신이었고, 여객손님들로부터 듣는 수고했다는 말 한마디였다."(권춘길, 2003) 그렇지만 철도 공무원노동자들은 철도산업의 경쟁력강화 혹은 합리적 구조개혁이라는 비용-절감전략 때문에, 강화되는 노동의 강도를 수용하면서 노동을 해야만 하는 경우가 자주 발생하였다. "정년이나 퇴직 등 자연적으로 감소되는 인원을 새로 선발하지 않은 채, 일을 해야만 했다. 팀으로 하는 작업이 많아서, 인원이 조금 부족해도 함께 힘을 합쳐 일을 할 수밖에 없었다. 하지만 일이 끝나고 난 이후에는 밀려오는 피곤 때문에 거의 아무 것도 할 수 없을 정도였다. 이러한 노동의 강도는 국민들에게 제공하는 공공서비스의 질을 떨어뜨리고, 동시에 노동의 사기를 떨어뜨리는 주요 원인으로 작용하였다."(이태균, 2011)

1960-70년대 철도 공무원노동자들은 화차가 디젤차로, 공작창 설비의 현대화, 그리고 철로운영체제의 자동화 등을 직접 경험하였다. 철도산업 기술의 발전 때문에 나타난 현상이었다. 그렇지만 철도 공무원노동자들은 교통재화의 생산기술과 축적되는 양에 비례해서 노동에 대한 소외감이 높아지는 것을 체감하지 않을 수 없었다. "철도산업의 시설이 좋아지면서, 철도 노동자들 사이에 두 가지 현상이 나타났다. 하나는 근대적인 기술력의 위대한 힘에 의존하는 것이고, 다른 하나는 함께 일하는 사람 간의 공동체적 관계가 약해진다는 것이다."(김희태, 2003;신용길, 2003;이철의,2003) 특히 철도 공무원노동자들이 인터뷰 과정에서 보인 모습은 아무리 육체적으로 피곤하더라도 선후배나 동료들과 함께 어우러졌던 공동체적 관계의 상실감이 상당했다는 것이다. "근대세계는 축적된 생산물들의 엄청난 증가, 좀 더 발전된 영역에서 근대사회를 특징짓는 기술과 과학에서의 전례가 없는 진보는 무엇이 가능한가에 대한 힌트를 준다. 그러나 그 어떠한 비판적 성찰도 인간과 인간의 노동생산물 사이의 분리와 동시적

으로 발생하지 않았다. 오히려 인간이 소외 속으로 점점 더 깊게 매장 당할수록, 인간은 점점 더 순응적으로 되어갔다. 모순은 그 자신만을 위한 새로운 것의 숭배로(모더니즘), 그리고 자신의 시를 상실한 세계의 전형으로 대체되었다."[188]

철도 공무원노동자들은 노동과정의 변화와 함께 자신의 노동 속에 투영되어 있는 자신의 존재감을 점진적으로 상실했다. 또한 철도 이외의 교통재화가 증가하면서, 철도가 공급했던 서비스재화의 가치에 대한 평가도 약화되기 시작했다. 철도산업 및 교통재화를 둘러싼 사회적 조건이 변화되고, 국민들도 철도 공무원노동자들을 바라보았던 기존의 시각과 가치를 그러한 조건의 변화에 맞추어 변화시켰다.

2) 권력의 주체성과 철도 공무원노동자

공공권력은 철도 공무원노동자들이 법·제도적으로 규정하고 있는 통제와 관리의 범위를 벗어나지 않게 하기 위해 공공적 힘을 사용한다. 철도 공무원노동자들에게 공무원이라는 정체성을 강요하는 것도 마찬가지이다. 국가권력은 철도 공무원노동자들의 노동관계를 법·제도적 힘으로 지배하면서 철도 공무원노동자들을 '두려움에 중독'시킨다. 대표적인 수단은 두 가지이다. 하나는 법·제도적으로 보장된 상급자나 관료들의 권한이다. 다른 하나는 공무원들의 임금에 대한 국가권력의 통제와 관리였다. "철도 노동조합운동을 하면서 느꼈던 가장 큰 어려움은 법·제도적 규정들을 바꿔내는 일이었다. 우리들의 문제인데도 우리들이 하는 것이 아니라 정부나 국회가 알아서 한다. 노동조합의 주체적인 범위는 단체협약에서 조합원들의 이해를 추구하는 수준인 것 같다."(유연상, 2003;이태균, 2011)

물론 철도 공무원노동자들은 철도에 입사하면서부터 공공적 힘과 그것의

---

188) R. Gombin, 「일상생활비판」 『실천』, 사회실천연구소, 2011년 11월, 13쪽.

권력관계를 동의했다. 그러나 철도 공무원노동자들은 국가권력과 맺었던 '동의'의 형식과 내용을 변화시키려 했지만, 그들 스스로 권력관계의 주체성이나 욕망의 주체성을 회복하기 어려운 상태에 빠져 있었다. 하버마스의 식민화테제에 따르면, "상호 간의 동의라는 규범에 기초하던 일상생활의 행위영역도 점차 정치체계와 경제체제를 지배하면서 체계통합의 원칙으로 등장해 버린 돈과 권력에 의존하게 되었던 것이다."[189]

1960-70년대 철도 공무원노동자들도 권력관계에서 식민화 과정의 대상으로 존재하였다. 주요 원인은 자신의 욕망을 지배하려는 권력관계를 전복시키지 못했기 때문이다. 철도 공무원노동자들은 점차 욕망을 실현시키지 못할 상황에 대한 '두려움', 즉 욕망의 실현에 장해가 되는 요소들을 대상으로 저항하는 것 자체에 대한 두려움, 욕망의 실현을 위협하는 요인들에 대한 두려움, 현존하는 욕망의 수준과 내용을 하락시키는 것에 대한 두려움, 그리고 물질적 조건과 노동능력을 실현할 수 있는 사회적 관계나 사회적인 생활공간의 소멸에 대한 두려움 등이었다.

철도 공무원노동자들이 그러한 두려움을 극복하기 위해 권력관계의 주체성을 내세우지 않거나 혹은 권력관계에 능동적으로 순응하는 것이었다. 철도청이 주관한 웅변대회에 주체적으로 출전해서 상을 탔던 한 철도 공무원노동자의 기억이다. "웅변대회에 출전해서 상을 타게 된 것은 아마도 다른 교통수단들에 비해 철도가 가지고 있는 경쟁력을 소재로 삼아서 그런 것 같다."[190] 이러한 능동적 순응은 이중적인 의미를 내포하고 있다. 한편으로는 철도 공무원노동자 스스로 공공적 권력의 한 주체라는 인식에서 노동자의 정체성을 부정하고 있다는 것이다. 다른 한편으로는 '두려움에 중독된 정도 때문에 권력관계에 순응해야만 살 수 있다는 또 다른 두려움을 드러낸다는 것이다.

---

189) G. Edwards, 「하버마스와 사회운동:무엇이 새로운가?」 『실천』, 사회실천연구소, 2011년 8월호, 89쪽.

190) 전국철도노동조합, 『철로』, 1968.4.5

철도 공무원노동자들이 자신 스스로 욕망을 형성하고 실현하는 주체로 존재하는 것이 아니라 욕망의 도구나 대상으로 전락하든지, 혹은 노동능력의 소유주체로 존재하는 것이 아니라 욕망의 실현에 필요한 조건만을 생산하기 위해 노동능력을 소유하고 있는 주체로서의 권리를 스스로 박탈하기도 하였다. 철도 공무원노동자들은 '공포와 두려움'을 체화하거나 자신의 권리를 일상생활의 주체로서 행사하지 못하게 하는 내재적인 힘이자 외재적인 힘, 즉 "욕망을 물신화하는 힘, 인간을 욕망에 종속시키는 힘, 집단적 노동능력을 개별화하고 단순화하는 힘, 노동능력의 소유를 박탈하는 힘"[191] 으로부터 자유롭지 않았던 것이다.

3) 노동현장의 주체성과 철도 공무원노동자

노동현장은 노동자들의 의식과 행위가 직접적으로 발현되는 시공간이다. 노동자들은 자신의 노동력을 노동현장에서 소비시키면서 특정한 재화에 자신의 노동을 투여하고, 생산된 재화를 매개로 자신의 노동에 대한 존재감을 확인하려 한다. 이는 노동과정에서 주변화되지 않고 직접적인 자아실현의 주체로 존재하려는 '자기 확인'의 과정인 것이다. 철도 공무원노동자들도 노동의 과정에서 자신의 존재감을 확인하는 주체들이었다. 특히 철도 공무원노동자들의 노동이 공공서비스 재화를 생산하는 만큼, 철도 공무원노동자들은 자신의 노동을 공공성과 직접적으로 연계시키면서 자신의 존재감을 확인했다. 자신의 노동에 대한 가치를 양질의 교통서비스에서 찾고 있는 한 철도 공무원노동자의 말이다. "철도에 대한 호의적인 시선이나 안전한 운행만으로도 노동의 가치를 확인할 수 있었다. 일을 할 때마다 드는 생각은, 내가 일을 잘해야 열차를 이용하는 내 가족도 안

---

191) L. Panitch and C. Leys, Coming to Terms with Nature, Socialist Register, 허남혁 외 옮김, 『자연과 타협하기』, 필맥, 2007, 151쪽.

전하게 열차를 타지 않겠는가라는 생각이다."(김형태, 2003) 철도 공무원
노동자들이 교통서비스 재화를 이용하는 소비자를 통해 자신의 주체적인
노동을 확인하고 있는 모습이다.

그렇지만 노동현장에서 형상화되는 철도 공무원노동자들의 모습은 소비
자를 통해서 보는 것과 다르다. 철도청은 철도 공무원노동자들의 노동현
장을 다음과 같이 형상화하였다. "곡괭이를 메고 삽을 들고 남들이 잠든
사이 철길을 누비며, 80kg에 달하는 침목을 어깨에 메고 흐르는 땀을 손
등으로 씻어 내리는 선로원, 몰려오는 졸음을 이기기 위해 노래를 부르
고 껌을 씹으면서 자기의 허벅지를 꼬집는 기관사와 기관조사, 라면 한 봉
으로 야식을 삼으며 눈비를 맞고 자갈 위를 뛰고 열차에 매달리며 차량
의 순서를 꾸미는 수송원, 단 한 번의 실수도 용납되지 않는 긴장된 업무
를 수행하는 신호원과 운전 관련 직원과 사령실 직원, 열차가 올 때마다
차단기를 내리고 올리는 건널목 안내원, 수없이 밀려드는 고객의 차표 발
행으로 화장실조차 갈 시간이 아까운 매표원, 연간 업무계획과 국회 대비
업무를 위해 밤을 밝히며 일하는 본청 직원들, 이런 근면성은 철도인의
특징이다."[192]

철도청은 철도 공무원노동자들의 특성을 근면성으로 일반화시켰다. 철도
공무원노동자들은 노동현장에서 아주 근면하고 성실하게 일을 하였다. 그
렇지만 철도의 노동현장은 그러한 모습의 이면에는 최소한의 인간적 권리
조차 누리지 못하고 노동을 하는 철도 공무원노동자들의 모습도 존재한
다. 졸음을 이겨내는 모습, 배고픔을 이겨내는 모습, 화장실에 가지 못하
는 모습, 그리고 침목을 어깨에 멘 모습 등은 근면함과 성실성으로 평가하
기 어려운 부분이다. 1960-70년대 기관사들이 장시간 운전하면서 졸음을
이겨내는 방식에 대해 한 기관사는 이렇게 기억하고 있다. "기관사들에게
졸지 않도록 등받이가 없는 의자가 공급된 적이 있었다. 이후에 아주 딱
딱하고 불편한 의자가 공급되었다. 불편한 의자만으로도 졸기 어려웠다.

---

192) 철도청, 『한국철도 100년사』, 1999, 922-923.

그런데도 졸음이 올 경우, 기관사들은 의자의 등받이 쪽에 날카로운 것을 부착해 놓고, 자세를 뒤로 펴는 순간에 날카로운 것이 등을 찌르게 하여, 졸음을 이겨내기도 하였다."(이철의, 2003)

노동력을 재생산하는 것 자체도 노동현장의 또 다른 모습이다. 철도 공무원노동자들이 노동력을 재생산하는 대표적인 노동현장은 공동숙소였다. 격한 노동 이후에 휴식을 취하거나 잠을 청해야만 하는 공동숙소, 즉 너무 피곤해서 씻는 것조차 하지 못하거나, 너무 더러워서 덮고 자는 것이 오히려 불편한 이불, 집단적으로 잠을 자면서 발생하는 불편하고 비좁은 공간, 그리고 만족스럽지 못한 식사 등도 철도 공무원노동자들의 노동현장이었다.

공동숙소의 이런 조건들은 철도 공무원노동자들에게 술의 힘을 빌어서 휴식을 취하게 하는 요인으로도 작용하였다. 물론 술을 좋아하는 개별적 성향의 차이도 존재했지만, 대부분의 철도 공무원노동자들은 힘든 노동의 피로를 술의 힘으로 해결하려 하였다. "1960~70년대를 돌아보면, 역 앞에 선술집들이 아주 많이 있었다. 그곳은 철도 공무원노동자들의 단골집들이었다. 퇴근하면서 이런 선술집에 들르는 것이 아주 자연스러웠다."(문춘식, 2003)

노동현장의 이러한 모습들은 노동현장에서 노동의 주체로 존재했던 것이 아니라 주변적 객체로 존재했다는 것을 보여주고 있다. 특히 노동현장의 노동관계가 권위주의적이고 병영적이었던 점을 감안하면, 노동의 주변화 현상은 더욱 강하게 나타났을 것이다. 물론 철도노동조합은 노동현장의 노동조건을 개선하는 활동을 지속적으로 전개하였다. 하지만 철도노동조합이 노동현장의 조합원들을 노사관계의 주체로 나서게 하기보다 지도부를 중심으로 한 정치적 관계에 주력했던 점을 상기한다면, 철도노동조합이 오히려 철도 공무원노동자들을 노동현장의 주변적 주체로 존재하게 하는 또 다른 권력주체였다.

5. 맺음말

생활현장은 다양한 관계를 바탕으로 인간의 본능적 욕망과 사회적인 욕망을 실현하기 위한 노동의 공간이었다. 1960~70년대 철도 공무원노동자들도 공공적 권력과 다양한 관계를 유지하면서 자신의 생활세계를 유지하였다. 사회적으로는 철도 공무원노동자들의 공공적 노동이 선망의 대상으로 존재했지만, 정작 철도 공무원노동자들은 자신의 노동에 대한 주체성을 확보하기가 쉽지 않았다. 철도 공무원노동자들은 낮은 월 평균임금과 열악한 노동조건, 특히 교대제 및 장거리 이동 노동의 어려움 때문에 가정생활을 안정적으로 유지하기가 쉽지 않았다. 그러나 철도 공무원노동자들은 이러한 노동조건을 주체적으로 개선하지 못하였다. 철도 공무원노동자들의 자기조직인 철도노동조합이 공공적 권력을 대상으로 하는 투쟁의 주체로 존재하지 못하였다. 노동현장의 조직적 주체조차 투쟁을 전개하지 못하는 상황에서, 철도 공무원노동자들이 공공권력을 상대로 투쟁한다는 것은 매우 어려운 문제였다. 그래서 철도 공무원노동자들은 자신의 생활세계에 투영되어 있는 공공적 권력의 헤게모니와 그 힘에 순응하는 피동적 주체로 존재하였다. 노동현장의 권위주의적이고 병영적인 노동관계가 노동의 대상화를 가속화하였다. 이러한 노동관계는 철도 공무원노동자들이 노동현장이나 탈노동현장에서 자신의 생활에 대한 존재감을 주체적으로 확보하지 못하게 하는 주요 원인으로 작용하였다. 하지만 철도 공무원노동자들은 노동과정의 특성상 동료들 간의 집단적 관계를 유지할 수밖에 없었다. 이러한 집단성은 노동현장과 탈노동현장에서 다양한 투쟁을 전개할 때 큰 힘으로 작용하였다. 철도 공무원노동자들은 집단적 동료관계에서 자신의 존재감을 확인하고 유지하였다. 이러한 집단적 존재감이 노동과정의 '내면적 식민화'를 이겨내는 철도 공무원노동자들의 디딤돌이었다고 할 수 있다.

철도산업의 공공성과
공공성의 정치

국가와 공공부문 노동조합의 공공적 딜레마
철도산업의 공공성을 둘러싼 정치
철도산업의 공공적 재화를 전유하기 위한 공공성의 정치

국가와 공공부문 노동조합의 공공적 딜레마

일반적으로 공공부문은 공공적 소유체계, 공공적 서비스체계, 기업적 효율성 체계 등을 동시에 보유하고 있다. 자연적 독점재화에 대한 공공적 공급과 소비, 공공적 서비스 재화의 사회적 균등분배, 공공적 서비스 재화의 소비주체에 대한 공공적 책임, 그리고 국가의 정책적 통제와 지원 등의 체계를 내외적으로 구축하고 있다. 박정희 체제의 경제개발정책은 공공부문의 확장과 함께 이루어졌다. 특히 공기업은 박정희 체제에서 급격하게 증가하였다. "공기업은 1961년에 34개, 1966년에는 61개, 1970년에는 120개로 급격하게 증가하였고, 1993년에는 137개로 정체되었다."[193] 1971년부터 1993년까지 17개의 공기업이 증가되었다는 점을 고려한다면, 한국의 공기업은 거의 대부분 1960년대에 만들어졌다고 해도 과언이 아니다. 또한 박정희 체제는 경제개발자금을 외국에서 빌려와 국내의 민간자본을 지원·관리하고, 민간자본이 요구하는 법·제도적 지원체제를 구축하였다. 그리하여 민간자본은 국가가 주도하는 경제개발정책에 의존하면서 성장하였다. 철도나 전력 등과 같은 국가기간산업의 기능도 경제개발정책의 일환으로 규정되었다. 국가기간산업의 공공적 재화를 국민들에게는 비싸게 공급하는 반면에 자본에게는 아주 값싸게 공급하였다. 시장에서 독점적 지위를 보유하고 있는 공공부문, 특히 공기업은 자본축적체제를 강화하고 정치적 지배세력의 이해를 반영하기 위한 '상업적 효율성과 정치적 공공성의 기능'을 발휘해 왔다. 공공부문의 출현과 운영의 목적이 공공 서비스에 대

---

193) 여기에서 공기업의 수는 정부기관, 정부투자기관, 투자기관, 투자기관 출자회사의 현황을 의미한다. 김의동,「한국 자본주의의 전개과정과 그 특성」, 장상환·정진상 외,『한국사회의 이해』, 이지, 1994, 121쪽. 재정경제원, 공기업 경영효율화와 민영화 관련 통계, 1996년 11월 2일, 대통령직 인수위원회, [보고서], 1998년 2월.

한 국가 차원의 공급과 고용의 창출이면서, 동시에 자본주의 축적체제의 유지 및 강화, 즉 "조직적으로 정치적 이해와 긴밀하게 연계, 경제위기의 경우 경제적 구조조정(합리화)의 주요한 주체, 사기업에 대한 수입 및 수출의 보조수단, 고용안정을 유지하는 수단, 국가기간산업의 전략적 육성, 거시적인 경제정책을 수립하기 위한 도구"[194]로서의 역할을 담당하는 것이다.

이 과정에서 공공권력과 자본 간의 은밀한 관계, 즉 서로 주고받는 관계속에서 공공부문의 정치적 공공성이 구축되었다. 공공국가는 권위주의 정권 하에서 급속하게 팽창되었던 공공부문 내부의 다양한 문제, 특히 "정경유착의 고리를 제공하는 운영, 관료주의적이고 권위주의적인 운영, 독점적 규격가격제도에 의한 배분의 비효율성, 방만하고 무사안일적인 운영"[195] 등의 문제들을 개혁하려 하였다. 공공부문 내부의 운영과 관련된 문제점들이 지속적으로 지적되어 왔고, 그러한 문제점들을 해결할 수 있는 공공부문의 민주적인 개혁의 필요성이 제기되어 왔던 근거들이다. 역사적으로 공공부문의 구조조정 및 민영화 정책의 배경은 다음과 같았다. "세계적인 차원에서 자본 간의 무한 경쟁체제의 강화·자본주의 체제의 구조적 불황의 장기화, 공기업의 비효율 비용의 증가이고, 성과 및 목표는 국가의 재정부담 해소, 민간경제의 활성화, 경제효율화, 공공부문 비효율 제거"[196] 등이었다.

공공부문에 종사하는 노동자들도 노동조합을 중심으로 공공부문의 민주적인 개혁을 요구하고 나섰다. 공무원 사회의 부정부패 청산, 관치금융의 극복, 낙하산 인사 저지, 공공부문의 운영과 관련된 공익적 주체들의 참여제도 정착 등이 그것이다. 하지만 노동조합의 요구사항이 존재한다고 해서 바로 실현되는 것도 아니고, 법·제도적인 장치가 마련된다고 해서 바로 집행되는 것도 아니다. 법·제도적인 개혁은 국회를 대상으로 하는 투

---

194) A. Ferner, Government, Managers and Industrials, 1988, 한국노동이론정책연구소, 『공공부문 노사관계』 −유럽을 중심으로−, 세미나 자료집을 참조.

195) 박태주, 최영기, 「공공부문 노동조합 발전을 위한 토론회」, 2001. 8. 21.

196) 삼성경제연구소 편, 『민영화와 한국경제』, 삼성경제연구소, 1997.11, 22쪽.

쟁을 전개하지 않으면 안되고, 법·제도가 마련되고 난 이후에는 공공부문에서 실질적으로 집행해야만 가능하다. 기존의 권위주의적 공공부문의 정책 네트워크에 포섭된 수혜자들이 공공부문의 민주적인 개혁을 저지하는 힘을 보유하고 있는 한, 공공부문의 민주적인 개혁은 쉽게 이루어지지 않는다. 정부의 정책 네트워크 뿐만이 아니라 공공부문의 관리인력을 구조적으로 개혁하지 않으면 안되는 이유이다.

공공부문의 민주적인 개혁은 정부와 정책 네트워크의 구조적인 문제점들을 변화시키는 과정이다. 한편으로는 정부의 국정지표에 걸맞은 정책을 수립하고 집행할 수 있는 정부의 관료를 형성하는 과정이지만, 다른 한편으로는 국민들의 이해에 조응하는 공공정책을 집행할 수 있는 정부를 수립하는 과정인 것이다. 1987년 이후 정부가 바뀔 때마다 나타나는 현상이지만, 요란하게 시작했던 개혁이 슬그머니 꼬리를 감추는 개혁으로 점철되곤 했다. 개혁을 둘러싼 '역관계'에서 개혁적 주체들이 형성되지 못한 것이자, 국민들의 실질적인 이해를 반영하기 어려운 정부의 한계인 것이다.

공공부문 노동자들도 민주적인 개혁의 주체이자 개혁의 대상이 될 수밖에 없다. 공공부문 노동조합도 그 동안 공공부문의 '관료주의적이고 폐쇄적인 경영, 정부예산 타내기 식 경영'의 수혜자이자 피해자들이었기 때문이다. 아직도 민주적인 개혁을 추진하고자 하는 세력과 그것을 저지하고자 하는 세력이 공공부문의 운영주체로 동시에 존재하고 있는 것이다.

공공부문 노동조합은 공공부문을 민주적으로 개혁하고자 하는 마음에서 정부의 주무부처에게 자율·책임경영을 요구한다. 그러나 공공부문의 자율·책임경영 역시 딜레마의 상황에 빠질 수 있다. 정부의 주무부처는 공공부문의 도덕적 해이(무사안일, 부정부패 등)의 문제 및 경영혁신의 과제들을 제기하면서 공공부문에 대한 관리와 평가를 강화시켰다. 반면에 공공부문 노동조합은 예산과 평가를 무기로 한 정부의 통제로 책임자율경영이 이루어지지 않고, 공공부문 노동조합운동을 탄압한다고 제기하였다.

그렇지만 공공부문이 정부의 주무부처로부터 자율·책임경영이라는 시스템을 확보한다고 해서, 공공부문에 대한 국민들의 평가까지 배제할 수 있는 것은 아니다. 정부든 공공부문이든 국민들로부터 평가를 받지 않으면 안되기 때문이다. 물론 공공부문 노동자들은 자율·책임경영을 요구함과 동시에 국민들의 평가를 배제하려 하지 않지만, 국민이 평가하는 방식과 내용을 둘러싸고서 국민과 노동조합간의 갈등도 발생할 수 있다. 양질의 공공서비스를 원하는 국민과 주어진 정부예산으로 운용해야만 하는 기관 간에 평가목적, 평가기준, 평가방식 등의 차이가 존재하기 때문이다.

정부는 주기적으로 시행되는 선거를 통해, 공공부문은 각종의 평가시스템을 통해 평가되고 있지만, 적지 않은 한계들을 내포하고 있다. 정부의 관료들이나 공공부문의 관료들을 실질적으로 관리하고 통제할 수 있는 시스템이 전혀 마련되어 있지 않다. 단지 평가위원회나 이사회에 몇몇의 인사들을 배치하여 시행하는 관료주의적 방식의 평가만이 존재한다고 할 수 있고, 추천되는 몇몇의 인사들조차 평가의 능력을 보유하고 있는 가에 대해 의문을 품지 않으면 안되는 상황들이 발생되곤 한다. 왜냐하면 정부든 공공부문 노동조합이든 이러한 딜레마 상황을 극복하지 않으면, 공공성을 실현하기가 쉽지 않을 것이기 때문이다. 정부는 공공성의 실현을 둘러싸고서 적자재정·공적 소유·효율성과 생산성·시장개방과 자유화의 딜레마 상황에 처해 있고, 공공부문 노동조합도 공공부문을 민주적으로 개혁하는 주체이자 그 대상으로서의 딜레마 상황에 처해 있다. 이러한 상황은 공공재화를 공급하는 주체들의 성격과 기능에 따라 변화되거나 극복될 수 있다.

따라서 국가나 공공부문 노동조합이 국민의 공공적 생활세계를 위해 추구해야만 할 역할과 과제를 몇 가지로 정리할 수 있다. 첫째, 공공부문의 공공 서비스 기능을 강화해야 한다. 자본주의가 발전함에 따라 증가하는 사회적 비용을 공공부문이 지불하면서 국민들에게 양질의 생활조건을 제공해야 한다. 공공부문의 자본축적 촉진기능을 약화시키는 대신 공공서비스 기능을 강화시켜야 한다는 의미이다. 공공부문의 노동자들이 실질적으로 담당해야 할 공공부문의 사회적 기능인 것이다. 그러나 적지 않은 사람들이 '예산'의 문제를 제기한다. 만약 이것이 문제라고 한다면, '세제정책'을 변화시켜서라도 그 예산을 확보해야 한다. 둘째, 정부예산의 원칙과 기조가 변화되어야 한다. 예를 들면, 공공부문의 '효율성이나 생산성'을 '효과성이나 공공성'의 원칙과 기조로, 자본 중심의 '개발과 성장'을 국민 중심의 '개발과 성장'이라는 원칙과 기조로, 그리고 정부 중심의 '통제'를 국민 중심의 '통제'라는 원칙과 기조로 변화시켜야 한다. 그리고 정부의 각 부처나 공공부문은 변화된 원칙과 기조에 조응하는 정책을 실질적으로 집행해야만 한다. 정부가 처해 있는 딜레마 상황을 극복해 나가는 과정이기도 하다. 셋째, 공공성의 실현에 적합한 공공부문 내부의 시스템을 정착시켜야 한다. 권위주의적이고 관료적인 경영체제를 책임·자율경영체제로 변화시켜 나갈 수 있는 시스템, 공공부문에 대한 관리 및 통제를 국민들에게 부여할 수 있는 시스템, 선언적인 개혁이 아니라 실질적으로 집행될 수 있는 개혁 시스템 등이다. 공공부문의 노동자들은 이러한 시스템을 정착시켜 나가는 주체로 변화되어야 한다. 권위주의 체제에서 만들어진 시스템의 수혜자이자 피해자가 아니라, 새로운 공공적 시스템의 수혜자가 되어야 한다. 공공부문의 주체들이 '공복의식'을 새롭게 변화시키지 않으면 안 되는 근거이기도 하다. 국민들의 보다 나은 생활조건을 마련하기 위해, 국민을 관리하고 통제한다는 의식을 국민으로부터 관리받고 통제받는다는 의식으로 변화시켜야 한다는 것이다. 넷째, 공공부문 예산·인사정책의 수립·집행·평가과정을 투명하게 할 수 있는 개방적 시스템이 마련되어야 한다. 권위주의 체제의 정부 및 공공부문들은 예산권이나 인사권을 무기로 무소불위(無所不爲)적인 권력을 행사하였다. 누구도 침범할 수 없는 성역으로 간주되곤 했다. 지금도 그러한 힘을 발휘하는 경우가 허다하다. 이제 국민이 자신의 세금을 일상적으로 통제할 수 있는 개방형 통제시스템을 구축하고, 그 시스템이 실질적으로 작동되어야 한다. 국민의 참여와 통제 속에서 공공부문의 예산권과 인사권이 발휘되어야 한다는 의미이다.

철도산업의 공공성을 둘러싼 정치

신자유주의는 19세기 서구 근대사회의 정치경제적 질서의 이데올로기적 총괄이었던 자유주의가 지구화되는 상황에서 부활하였다. 근대의 자유주의가 정치적 자유주의, 경제적 시장자유주의, 이데올로기적 자유주의 등을 포함하여 복합적인 것이었다고 한다면, 현 시기의 신자유주의는 시장자유주의, 시장자율주의, 시장에 대한 '경제외적' 개입들의 극복이라는 경제적 차원을 중심으로 부각되고 있다. 거의 모든 국가에서 "시장만능주의가 다시 부활하고, '국가실패'에 대한 만병통치약(the market as a panacea)으로서 시장이 다시 부각되었다. 탈규제화, 공공부문의 구조조정, 민영화, 작은 정부, 개인책임에 대한 국가책임, '복지로부터 노동으로', 노동시장 및 기업구조의 유연화 등이 거부할 수 없는 흐름으로 부각되었다."[197]

일반적으로 사회구성원 모두가 생활을 유지하거나 생활의 질을 향상시키기 위해 필수적으로 소비하거나 생산할 수밖에 없는 재화들이 있다. 특히 인간의 생활세계에서 생명과 안전에 직결되는 재화들이 그것이다. 물, 전기, 가스, 철도, 사회복지 등이 대표적인 예이다. 이러한 재화들을 공급하는 주체는 사회적 생산력 및 소비구조에 따라 변해왔다. 국가나 준국가기관 혹은 지방정부가 직접 공급하거나 또는 위탁을 받은 공공적 기업이 공급하기도 하였다. 국가는 사회구성원들의 일상적 생활과 직간접적으로 연계되는 재화를 공공적으로 생산하여 공급해 왔다. 특히 "사회간접자본은 국가가 공기업을 통해 도로, 교통, 항만, 전력, 통신 등을 건설하여 낮은 가격의 서비스를 제공하는데, 이러한 사회간접자본은 고정자본의 비용,

197) 조희연, 「신자유주의적 세계화와 대안행동」, 국제정치경제포럼, 『신자유주의와 그 대안』, 국제정치경제포럼, 2000, p. 62.

자본의 회전 기간 등으로 인해 시장기제를 통해 사적으로 확보하기 힘든 부문인 것이다."[198] 자본주의 초기 발전단계에서는 전력, 철도, 통신, 금융, 철강, 정유, 석유화학, 비료 등의 자본집약적 산업을 국가기간산업으로 간주하여 국가의 재정으로 기업을 설립하고 운용하였다. 자본주의 사회의 유지·재생산에 요구되는 재화들이 이윤창출을 목표로 하는 개별자본 및 총자본에 의해 생산될 수 없는 경우, 국가가 직접 창출하거나 혹은 국가적인 지원으로 해결해 왔던 것이다.

국가기간산업을 예로 든다면, 생산수단을 구축하는 과정이나 소비체계가 구축되지 못한 상황에서는 국가나 공적주체들이 기간산업의 재화들을 생산하여 공급한 반면, 사회적 총자본의 이윤율이 하락하는 조건이나 혹은 재화의 이윤이 보장되는 공급체계와 소비체계가 구축되고 난 이후에는 사적자본에게 사유화시켜 왔다. 국가기간산업은 시원적 산업으로서 총자본에게 자본축적을 촉진시키기 위한 조건을 제공하지만, 사회구성원 모두에게 공공적 소비의 혜택을 제공한다. 이 과정에서 자본주의 체제의 사회적 생산력을 발전하게 된다. "이로 인해 국가와 자본은 그 산업의 생산물을 자본의 이익을 앞세우기보다는 사회구성원 모두에게 보편적 이익을 안겨주는 공공재라는 명분을 내세우면서 공급해 왔다."[199] 그래서 국가기간산업이라고 하는 것들은 주로 사회구성원의 생명과 안전에 직결되는 공공적 재화를 생산해 왔다. 그런데 이러한 공공적 재화들의 민영화로 발생되는 대표적인 현상은 생활세계에서 사회구성원의 생명과 안전이 위협받거나 고비용의 구조에서 재구성된다는 점이다. 공공적 생활세계의 영역이 지속적으로 축소되면서 나타날 수 있는 병리적 현상들이다.

한국에서의 공기업 민영화 정책은 박정희 정권의 제2차 경제개발계획이 추진되었던 1968년~1970년에 처음으로 추진되었고, 그 이후 현재까지 순

---

198) 심용보, "공기업에서의 상업주의적 관리전략과 노사관계", 연세대학교 대학원 경영학과, 박사학위 논문, 2000년 6월, 18-19쪽.

199) 김세균, 「통신노조운동과 산별노조」, 한국노동이론정책연구소, 『현장에서 미래를』, 1996년 9-10월 호, 142-144쪽 참조.

환적인 자본의 구조적 위기가 발생할 때마다 추진되고 있다. 특히 1970년대 후반 복지국가정책 및 경제발전정책의 위기에 직면했던 선진 자본주의 국가들뿐만 아니라 1960년대 후반 이후 순환적 공황국면에 직면하고 있는 한국에서도 공기업 민영화 정책을 추진하지 않을 수 없었다.[200] 조선공사, 인천중공업, 대한항공 등이 민영화되었다. 특히 이처럼 공공부문의 구조조정 및 민영화 정책은 국가기간산업을 주요 대상으로 하여 추진되었다.

철도산업은 역사적으로 구조조정 및 민영화 정책의 주요 대상이었다. 국가는 철도산업의 공공적 교통-운송서비스 재화를 상품화하려 하였다. 국가는 철도산업의 부설·운영주체로 존재하면서 "재정위기의 상황을 맞이할 때마다 점점 더 행정적 재상품화의 형태를 지배적인 전략으로 채택하게 된다. 이것을 통해 국가는 공공적 가치가 상품으로 기능할 수 있는 조건들을 창출한다."[201] 국가는 공공적 재화를 상품화하기 위한 정책의 전략을 수립하는데, 그것은 보통 "공공기관 지배구조 개선, 도덕적 해이의 방지, 자율책임경영체제 확립, 지배구조의 혁신, 감독체계의 개편 및 평가의 강화, 경쟁력과 생산성의 강화를 위한 민영화"[202] 등의 전략적 목표로 드러났다. 국가는 공공부문의 사회적 역할 및 위상을 재조정하는 과정에서 철도산업의 민영화를 추진한다. 국가는 사회적 역할의 조정을 세계화의 심화와 그에 따른 사회적·경제적 시스템의 변화에 대한 압력, 공공부문 및 철도산업의 비효율성에 대한 비판 등을 배경으로 한다.

공공부문 사유화정책을 찬성하는 이론[203]은 잔여잉여청구권론, 각축시장론, 규제론 등으로 대별되고 있다. 각각의 이론들은 대부분 시장에서 구

200) 1990년대 중반 이후 철도, 전력 등의 공기업 민영화를 완수했던 영국, 독일 등의 선진 자본주의 국가에서는 그 정책의 폐해들이 나타나고 있다. 이에 이들 국가 내부에서 국가기간산업의 재국유화를 주장하는 논의가 활발하게 전개되고 있다.
201) 임영일, 이성형 편역, 『국가란 무엇인가』, 까치, 1985년, 255–256쪽.
202) 정부, 민간합동 작업단, 『함께가는 희망한국 비전2030』, 2006년 8월 131쪽.
203) 반면에 석광훈은 「한국의 전력산업 구조개혁방안으로서 민영화의 위상과 장기적 전망」(2002)에서 핵발전 및 자연독점형 전력체계를 수평/수직적 탈집중화 체제로의 재편을 요구함과 동시에 전력산업의 자유화가 공공성을 위협하지 않는다고 주장하고, 또한 전력산업의 자유화가 가져온 효과를 '공급의 지속성, 처우의 형평성, 사용자의 필요에 따른 적응성' 등이라고 제기하고 있다.

축되는 독과점화의 현상을 묵살한 채, 사유화는 생산성을 향상시킴과 동시에 사회구성원들의 복리를 증진시킬 수 있다고 주장하고 있다. 국가기간산업의 사유화정책으로 요금인하, 서비스향상, 산업 재투자의 활성화, 노동시장의 유연화와 근로조건의 개선 등의 효과가 발생한다는 것이다.

그러나 공공부문 노동운동 내부에는 공공부문 구조조정과 관련된 정부의 논리를 따르거나 혹은 양비론적 시각에서 정부의 논리를 제한적으로 수용하는 경향성도 존재하였다. 홍주환·김영두의 '공공부문의 구조조정에 대한 국민적 합의에 근거한 제한적 구조조정론'[204], 김대환의 '합의에 의한 공기업 민영화론과 공기업 개혁론'[205], 김윤자의 '기업의 민영화에 대해서는 반대하지만 공기업 내부의 민주적 운영이 필요하다는 공공 참여적 책임경영체제론'[206], 그리고 박태주·최영기의 '공공부문 스스로 구조조정을 추진하는 과정에서 국민적 합의와 사회적 연대를 추동해내는 공공서비스 노동운동론(사회운동적 노동조합주의론)'[207]등이었다.

이러한 논의들의 핵심 내용은 다음과 같다. "시장경제로 전환하는 것 자체를 신자유주의 구조조정 정책이라고 비판하고 이를 전면 거부하는 것은 과거의 박정희식 개발모델로 돌아가자는 주장과 구별되지 않는다. 한국의 공기업들은 효율성을 추진하지 못하였으며, 권위주의적 관치경영의 틀을 유지하면서 관료 자본주의의 토대로 작용하였기 때문에, 공공부문의 구조조정은 관료 자본주의의 해체라는 측면에서 부분적으로 긍정성을 가지고 있다. 즉 공기업 형태 그 자체에서 비롯되는 주인없는 경영 및 무책임경영, 방만하고 관료주의적인 경영이 개혁되어야 한다. 따라서 노동운동이 비판해야 할 사항은 구조조정이 일방적이고 획일적으로 진행된

---

204) 홍주환과 김영두는 『공공부문노사관계의 구조변화와 노동조합의 정책방향』, 한국노동사회연구소, 프리드리히에베르트재단, 2001. 12.
205) 김대환, '공공부문 개혁의 원칙과 방안(2001.5)에서 "공익적 목적상 반드시 필요하지 않거나 사기업을 통한 효율증진으로 공익에의 봉사가 큰 공기업은 민영화해야 하고, 민영화는 공기업 개혁의 유일하지는 않지만 유력한 대안"이라고 주장하고 있다.
206) 김윤자, '기간산업 민영화의 문제점과 대안', 『국가기간산업 민영화(사유화), 무엇이 문제인가?』, 2001. 11.
207) 최영기, 박태주, 『공공부문노동조합 발전을 위한 토론회』, 2001년 8월 21일.

점과 인력감축 위주로 진행된 점이지, 시장경제로의 구조조정 정책 자체
를 반대하는 것은 대안 없는 투쟁에 그칠 수 있는 것이다."[208] 공공참여적
대안을 중심으로 방만하고 비민주적인 공기업의 개혁을 위한 노동조합운
동의 필요성을 제기하면서도, 국가기간산업의 사회적 공공성을 시장의 효
율성으로 대체하는 주장들이다. 국가기간산업이 시장주의적인 경쟁성과
효율성을 바탕으로 운영되어야 한다는 측면을 긍정적으로 평가하는 반면
에 공기업의 정치성, 공기업의 관료주의, 낙하산 인사의 문제 등 한국 공
기업의 전근대적인 측면에 대해 부정적으로 비판한다.

그러나 국가-국가기간산업-자본의 관계는 '악어와 악어새'로 규정한 상태
에서 공공부문의 개혁적 접근에 대해 비판적으로 바라보는 시각[209]도 존
재한다. 공공부문의 민영화 및 구조조정정책을 개혁적으로 접근하는 논
의는 공공성의 본질적 측면을 외면한 채, 국가기간산업의 '사회적 공공성'
을 운영의 문제만을 부각시키는 '정치적 공공성'으로 전이시키거나, 신자
유주의 전략의 일환으로 추구되고 있는 국가기간산업 구조조정정책을 개
혁적 국가권력의 문제로 전이시키고 있다는 것이다.

철도산업의 민영화에 반대하는 세력들은 다음과 같은 논리를 내세우면서
국가와 정치적 투쟁을 전개한다. 철도노동조합이 민영화 정책에 대해 반
대하는 대표적인 반대의 논리는 국민의 세금으로 부설하여 운영해 왔던
국민적 권리의 침해, 민영화에 따른 교통운송서비스 가격의 폭등, 철도산
업구조의 분할체제에 따른 운영의 불안정성과 비효율성, 국민의 재산을
민간 자본에게 넘겨주는 불법성 등이었다. 철도노동조합은 이러한 논리를
앞세워 국민들 스스로 자신의 권리를 행사할 수 있도록 하기 위해 '철도산
업의 민영화에 반대하는 투쟁의 정치'를 전개하였다.

철도노동조합은 2000년 이후 국민들의 공공적 생활세계를 유지·강화시키
기 위해 투쟁하고 있는 것이다. 공공성의 정치는 이러한 투쟁의 과정에서

---

208) 최영기, 박태주, 「공공부문노동조합 발전을 위한 토론회」, 2001년 8월 21일, 15~19쪽 참조.
209) 김영수, 「국가기간산업(네트워크산업)의 공공성 강화, 어떻게 할 것인가」, 한국사회포럼, 2003.1.

전면적으로 제기되었다. 공공기관의 관료적이고 권위적인 운영체계를 민주적인 운영체계로 변화시키면서, 공공기관의 공공적 소유체계를 유지·확대시키려는 공공성의 정치노선으로 부각되었던 것이다. 물론 이러한 공공성의 정치는 공공기관과 공공재화의 일면적 성격, 즉 자본축적을 촉진시켜왔던 공공기관과 공공재화의 계급적 성격을 드러내지 못하는 한계를 내포하고 있었다. 하지만 철도노동조합은 생존권 및 인간다운 삶을 향유할 권리의 주체로 존재하면서, 민주적 개혁의 주체이자 대상으로 존재하는 공공적 딜레마 상황에서 벗어나려 하였다. 예를 들면, 철도산업 민영화는 그것이 어떤 형태로 이루어지든, 그것은 국민 대다수의 희생을 요구하는 만큼, 민영화 문제와 관련하여 반대하는 투쟁의 주체로 존재하였던 것이다.

사회적인 차원에서 볼 때, 공공성과 효과성은 서로 배치되는 것이 아니라 유기적인 관계를 형성하고 있다. '공공부문의 확장을 토대로 사회 구성원 모두가 값이 싸고 질이 좋은 공공재화를 보다 좋은 노동조건에서 생산함과 동시에 노동자·민중 모두가 동등하게 향유할 수 있는 사회적 조건을 창출하고 유지하기 위해 존재하는 것이다.' 즉 공공재화의 잉여가치의 창출을 최소한으로 제한하고, 그 재화의 공공적 효과성을 극대화시키는 것이다.

사회적인 공공성과 효과성 간의 유기적 관계를 확장시켜 나가는 것이 공공부문의 정치로 표출된다. '정치적인 것'은 제도화된 정치뿐만 아니라 생활세계에 존재하는 모든 요소들의 관계를 투쟁으로 표출한다. 생활현장의 구성요소들은 '정치적인 것'의 갈등을 집적하고 있다. 자본주의 사회에서 국가·자본은 욕망실현의 조건을 장악한 힘으로 생활세계의 일상성을 보수화하려 하기 때문이다. 욕구를 형성하거나 재형성하는 과정 및 그러한 욕구를 실현하는 과정은 내재적인 요인만이 아니라 외재적인 요인의 영향을 받지 않을 수 없는데, 영향을 주고받는 과정이 곧 정치적인 관계이다. 생활세계의 모든 요소들은 사회를 구성하고 있는 다양한 관계로부터 생성하고 소멸한다. 국민들은 철도노동조합의 투쟁을 통해 철도산업 내부에 존재하는 자신의 공공적 생활영역을 유지시키는 주체로 변화되는 것이다.

철도산업의 공공적 재화를
전유하기 위한 공공성의 정치

현실적으로 의식주, 교통, 의료와 교육, 환경, 농업, 사회복지 등의 영역에 존재하는 각종의 재화는 생산하여 공급하는 주체나 재화의 성격에 따라 공공재화일 수도 있고 아닐 수도 있다. 각 영역에는 공공재화와 사적재화가 혼재되어 있다. 사회구조의 각 영역에 존재하는 사적재화를 공공적 주체가 몰수할 수 있는 사회체제로 변화되지 않는 한, 자본주의 사회체제는 사회구조의 제반 영역을 공공부문으로 전이시키지 않는다. 오히려 그나마 존재하고 있던 공공부문을 사적영역으로 전이시킨다. 주요 수단은 공공부문의 민영화 정책이다.

자본주의 체제에서 국가─자본은 공공서비스 재화 및 공공적 생산수단을 자본축적의 수단으로 전유하려 하고, 국민은 생활세계의 질을 유지·향상하기 위해 자본이 전유하려는 공공적 생활영역을 보전하려 한다. 이 과정에서 계급적 힘의 관계가 드러나고, 힘의 우위에 따라 공공서비스 재화를 전유하는 형식과 내용이 변화된다. 생활세계를 구성하는 공공적 생활영역과 공공서비스 재화는 계급적 헤게모니를 둘러싼 투쟁의 장이다. 그래서 국가─자본은 공공적 생활영역에 대한 헤게모니를 바탕으로 "공공적 권력과 폭력에 대한 저항의 정치를 국가·자본을 두려워하는 '두려움의 중독' 정치로 변화시키려 한다."[210]

공공성의 계급적 성격을 보다 정확하게 규정하고, 국가─자본의 공공성을 국민의 공공성으로 전유시켜 나가는 계급투쟁의 정당성을 제기하고 있는 것이다. 철도산업의 민영화 및 공공성을 둘러싼 공공성의 정치는 곧 공공영역에서 발생하는 계급투쟁의 성격을 내포하고 있다.

---

210) 홀거 하이데, 강수돌, 2009 앞 책, 274쪽

공공성은 사회 구성원 모두에게 보편적 서비스 제공이라는 사회통합적 기능을 추구한다. 사회구성원 모두에게 열려진 서비스를 공급하는 것이고, 사회적 재분배기능을 담당한다. 따라서 "공기업이 자본주의 국가와 직접적으로 연결되어 있다는 사실 그리고 국가는 자본축적 촉진기능과 사회통합기능을 동시적으로 수행해야 한다."[211] 즉 "국가는 사적 자본들의 재생산에 필요한 생산의 일반적 조건을 창출하여 담당함과 동시에 계급관계의 재생산, 특히 노동력의 재생산을 위해 계급 중립적인 외관 속에서 공공서비스의 공급을 통한 일반적, 전사회적 서비스의 제공으로 노동자계급의 동의를 이끌어 내야 하는 것이다."[212] 그래서 국가–자본의 공공성은 자본주의 체제모순의 위기를 극복하면서 자본축적으로 촉진시키는 이데올로기적·물질적 기제로 규정할 수 있다. 국가가 공공성을 둘러싼 계급투쟁의 장이 되는 근거인 것이다. 노동자·민중이 국가의 공공권력 내부로 계급적 헤게모니를 장악해 들어가는 이유이기도 하다.

공공성의 계급적 성격에 따라 공공성의 의미가 계급적으로 상이할 수밖에 없다는 것이다. 공공성의 정치는 공공적 생활세계를 유지·확장시키기 위한 제도적·비제도적 공간의 정치투쟁으로 전화된다. 공공부문은 공공성의 정치가 실현되는 투쟁의 공간으로 존재한다. 국가–자본과 노동자·민중 간의 계급투쟁으로 형성되는 공공재화의 계급적 전유과정을 도식화하면, 아래의 〈그림〉과 같다.

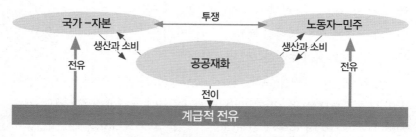

〈그림〉 공공재화를 둘러싼 계급적 전유관계

---

211) 심용보, 「공기업에서의 상업주의적 관리전략과 노사관계」, 연세대학교 박사학위논문, 2000.2 77쪽.
212) 김성구, 「공공성 구축과 확장을 위한 투쟁의 의의」, 출간 예정 자료, 2001. 12. 3쪽.

국가―자본과 노동자·민중은 철도산업의 공공적 교통운송서비스 재화를 함께 생산하고 소비한다. 노동자·민중은 공공적 생산수단의 실질적인 소유자이지만, 형식적으로는 국가가 소유하고 관리한다. 노동자·민중은 공공적 생산수단을 구축하는데 필요한 돈을 지불할지라도, 그러한 시설을 관리·운영하는 과정에서 배제된다. 그렇다고 노동자·민중이 공공적 생산수단의 소유권을 국가에 이양하는 절차를 거치는 것도 아니다. 세금을 징수하여 운영하는 국가의 폭력적 절차만이 존재할 뿐이다. 이 과정에서 국가는 공공부문의 노동자들을 고용하여 재화를 생산하고, 생산된 재화를 사회구성원 모두에게 공급한다. 공공서비스 재화의 공급을 실질적으로 현실화하는 주체는 바로 공무원이다. 사회구성원 모두는 이러한 재화를 소비하면서 사회적 생산력을 발전시킨다.

문제는 공공서비스 재화를 생산하고 소비하는 사회적 관계에 따라 공공성의 계급적 성격이 규정된다는 점이다. 국가―자본의 공공성과 노동자·민중의 공공성이 그것이다. 이러한 공공성의 계급적 성격은 공공서비스 재화를 계급적으로 전유하는 과정에서 서로 다르게 나타난다. 국가―자본은 자본축적을 촉진하는 기능에서 공공성의 본질적 성격을 규정하려 하고, 노동자·민중은 국가―자본의 그러한 의도를 무너뜨림과 동시에 사회적 생산력에 조응하는 삶의 질을 향상시키는 차원에서 공공성의 본질적 성격을 규정하려 한다. 공공서비스 재화를 소비하는 목적이 계급적으로 서로 다르기 때문에 나타나는 현상이다. 노동자·민중은 노동력을 재생산하는 조건의 변화, 즉 사회적 생산력의 발전에 상응하는 만큼 생활의 질을 향상시키려 하는 반면, 자본가 계급은 자본의 생산성을 향상시키는 것을 목적으로 한다. 국가―자본과 노동자·민중간의 계급투쟁이 발생하게 되는 주요 원인이다. 국가권력의 성격을 변화시키지 않는 상태에서, 국가―자본의 공공성이나 사회공공성이 노동자·민중의 공공성을 보장하지 않는다는 것이다.

공공성은 사회적 계급관계의 차원에서 두 가지의 성격을 보유하고 있다. 첫째로는 공공재화가 생산되고 소비되는 과정에서 현실화되는 계급적 성격이다. 둘째로는 계급투쟁의 과정에서 현실화되는 계급 간의 힘의 관계를 응축하고 있다. 따라서 공공성 확보투쟁은 공공재화로 형성되는 공공적 가치를 전유하는 과정이자 사회적 계급관계를 구성·재구성하는 과정이다. "공공재의 공급을 얼마만큼 확대·강화시켜 나갈 것인가 등은 기본적으로 계급간의 힘 관계에 의해 결정된다. 다시 말해 그 부문을 공공재라는 이데올로기를 앞세우면서도 공공재의 공급을 최소화하는 동시에 그부문을 '자본주의적 생산의 일반적인 물질적·비물질적 조건 '으로 최대한 한정시키려는 자본과, 그 부문에 공공재적 성격을 더 많이 각인시키고 공공재의 공급을 확대·강화하려는 노동자·민중간의 힘 관계에 의해 결정되는 것이다."[213] 공공성을 둘러싼 투쟁의 정치가 노동자·민중의 공공성을 실현하는 정치적 토대, 즉 "국가적, 공공적 소유를 확대, 유지하고 독점자본가적 소유관계를 사회적 형태로 전화시켜, 사회적 조절과 민주적 통제를 강화하는 사회화 정책 추구의 일환으로, 그리고 그러한 사회화 정책의 추진을 가능케 하는 노동자·민중권력 창출을 위한 투쟁의 일환으로 배치"[214] 되는 계기여야 한다는 것이다.

그런데 철도산업의 노동자들은 공공성을 둘러싸고서 국가의 정책을 집행하면서도 대립해야만 하는 딜레마의 상황에 빠지게 된다. 교통운송서비스 재화를 전유하기 위한 계급투쟁의 측면에서 보면, 철도 공무원노동자들은 국가의 정책을 집행하면서 동시에 변화시켜야만 하는 주체이다. 철도 공무원노동자들이 이러한 딜레마를 극복하기 위한 전략을 수립해야 하는데, 그것은 다음과 같다.

첫째, 철도 공무원노동자들이 노동자로서의 계급적 정체성을 형성해야한다는 점이다. 이는 국가권력의 성격을 변화시켜야만 하는 공공적 노동의 공공성과 긴밀하게 연계되어 있다. 철도 공무원노동자들은 공공부문 노동자의 정체성을 노동의 공공성으로 쉽게 전화시키기지 못한다. 그

---

213) 김세균,「공공부문 구조조정과 노동운동의 과제」, 한국노동이론정책연구소,『현장에서 미래를』, 2000년 4월 호, 200쪽.
214) 김세균, 위의 글, 2000.4, 2004쪽

들 스스로 계급적 신분상승의 꿈을 버리지 못하기 때문이다. 부르디외의 논의에 따른다면, "공공부문 노동자들은 자본주의 체제에서 신분상승이 가능한 것으로 판단할 수 있었다."[215] 소위 문화자본과 상징자본이 그러한 판단의 토대로 작용하였다. 하나는 졸업장이나 교육으로 규정되는 학력 및 개별적 노동능력, 또는 상속된 가족능력이었고, 다른 하나는 개인의 사회적 위치에 따른 위신, 신망, 존엄, 명예, 명성 등에 의해 규정되는 능력이었다.

둘째, 철도 공무원노동자들은 사회적 공동체의 정체성도 형성해야 한다는 점이다. 철도 공무원노동자들도 공공서비스 재화를 소비하는 주체로서의 권리를 형성하고 행사하여야 한다. 사회의 공동체적 정체성(community identity)은 사회구성원 각각의 개인 및 집단의 기본적인 권리가 인정되는 과정에서 형성될 수 있다. 철도산업은 공공적 소유체계, 공공적 서비스체계, 기업적 효율성 체계 등을 동시에 보유한 상태에서 자연적 독점재화에 대한 공공적 공급과 소비, 공공적 서비스 재화의 사회적 균등분배, 공공적 서비스 재화의 소비주체에 대한 공공적 책임, 그리고 국가의 정책적 통제와 지원 등의 체계를 구축하고 있다. 이러한 체계는 사회구성원 모두에게 보편적 서비스 제공이라는 사회적 공동체 형성의 토대로 작용해 온 것이다. 즉 철도 공무원노동자들은 사회구성원들에게는 값이 싸고 질이 좋은 공공재화를 동등하게 공급하는 주체이자 소비하는 주체로서의 정체성을 강화해야 한다.

셋째, 사회구조의 변화과정에 상응하여 교통운송서비스 재화의 요소들을 지속적으로 재생산하거나 재구성해야 한다는 점이다. 자본주의 산업구조가 고도화되는 만큼 사회구조도 이에 상응하여 변화되기 마련이고, 사회구성원들은 변화된 사회구조에 조응하여 교통운송서비스 재화의 욕구도 변화시키지 않을 수 없다. 철도 공무원노동자들이 국민에게 양질의 공공

---

215) 부르디외는 경제적 차원을 넘어서는 또 다른 자본의 문제를 제기하였다. 그것은 문화자본, 사회관계 자본, 상징자본으로 구분된다. 물론 이러한 자본들이 생산관계를 넘어서서 독자적으로 존재하는 것은 아니다. 부르디외, 『구별짓기 : 문화와 취향의 사회학』(새물결, 1995)을 참조하시오.

서비스 재화를 생산·공급하는 사회적 조건들을 확보해 나가야 한다. 소비와 결합되지 않거나 재화의 소비에 의한 사회적 잉여가치가 창출되지 않는 생산수단은 폐기될 수밖에 없다. 철도산업이 자체적으로 사회적 생산수단으로서 가치를 창출하기 이전까지는 적자에 대한 국가의 보조정책으로 생산체제를 유지하지만, 그렇지 않을 경우에는 철도산업의 공공적 생산수단도 마찬가지이다. 철도산업의 적자부분에 대한 국가의 보조금을 국가 전체의 재정위기로 전화되는 것을 미연에 방지해야 하기 때문이다. 철도산업 생산수단은 사적으로 점유되지 않은 한, 사회적 생산력을 발전시키기는 주요한 사회적 하부구조(social infra-structure)이다. 사회적 생산과 사회적 소비의 유기적 관계를 구축하는 과정이자 공공재화를 평등하게 소비할 수 있는 사회체계를 구축할 필요가 있는 것이다.

이러한 과제는 공공재화를 생산하고 소비하는 노동자들의 계급적 이해를 반영할 수 있는 사회구조가 구축되어야 한다는 의미를 내포하고 있는 것인데, 그 의미와 과제를 아래와 같이 몇 가지로 정리할 수 있다. 이러한 과제는 세계적 수준에서 추진되고 있는 신자유주의 정책에 대한 국민들의 공공적 대안이 될 수 있다. 첫째로는 물질적이거나 비물질적인 공공재화의 양과 질이 지속적으로 확장되거나 높아져야 한다. 이를 위해서는 공공재화의 잉여가치가 사적으로 전유되지 않아야 한다. 독·과점적인 공급체계 및 수익체계에서 형성된 잉여가치가 사적자본이나 정치적 지배세력의 이해로 전이되어서는 안된다. 둘째로는 공공적 생산, 유통, 소비가 이루어질 수 있는 사회적 관계가 수립되어야 한다. 공공적 생산체계만 존재한다고 해서, 공공재화의 공공성이 유지되는 것은 아니기 때문이다. 공공적 유통체계와 공공적 소비체계가 동시에 구축되어야 한다. 셋째로는 공공부문에 대한 노동자들의 감시장치 및 통제장치가 다양하게 구축되어야 한다. 공공적 생산체계에 대한 감시 및 통제가 제대로 이루어지지 않을 경우, 공공적 생산체계에 조응하는 관료주의가 강화되어 공공적 생산체계를 무너뜨릴 수 있기 때문이다.

참고문헌

국문참고문헌
영문참고문헌
구술자

국문 참고문헌

강준만·김교만·손석춘 외, (2000), 『레드콤플렉스 광기가 남긴 아홉 개의 초상』, 삼인.

공제욱 (1989),　「1950년대 한국사회 계급구성」, 『경제와 사회』, 제3호.

공제욱 (1992),　「1950년대 한국 자본가의 형성과정」, 한국산업사회연구회, 『경제와 사회』, 가을 호.

구로역사연구소 (1990), 『우리나라 메이데이의 역사』, 거름.

구해근 (2002),　『한국노동계급의 형성』, 창작과 비평

국책은행 노동조합협의회 (1993),　서울지역정부출연기관 노동조합협의회 공편, 『공공부문 노사관계 재정립을 위한 토론회 자료집』, 국책은행 노동조합 협의회.

권인숙 (1989),　『하나의 벽을 넘어서』, 거름.

권현지 (1997),　『노동조합 운영의 과제 : 민주적 운영과 효율적 관리를 위하여』, 한국노동조합총연맹.

김경용 (1990),　「학교교육을 통한 사회·문화적 재생산의 양태와 그 한계」, 연세대학교 대학원 교육학과.

김경자 (1977),　「삼백만원 저축이 되기까지」, 『노동』, 10월호. (상영산업 여공, 71년 가발공장, 감원(정리해고), 재입사, 새마을역군, 산업전사, 수출역군)

김귀옥 (2005),　「구술사 연구현황과 구술사 아카이브즈 구축」, 한국기록학회

김귀옥 (2006),　「한국 구술사 연구 현황, 쟁점과 과제」, 한국사회사학회

김금수 (1986),　『한국노동문제의 상황과 인식』, 풀빛,

김기원 (1990),　『미군정기의 경제구조』, 푸른산

김대환 (1981),　「1950년대의 한국경제의 연구」, 진덕규 외, 『1950년대의 인식』, 한길사

김동춘 (1994),　「1960.70년대 민주화운동세력의 대항이데올로기」, 역사문제연구소 편, 『한국정치의 지배이데올로기와 대항이데올로기』, 역사비평사

김성진 편저 (1994), 『박정희 시대』, 조선일보사.

김세균 (1991), 「한국에서의 민주주의 논의에 대한 비판적 검토」, 『사회비평』 6, 나남

김세중 (2001), 「박정희 산업화체제의 역사적 이해」, 김유남 엮음, 『한국정치연구의 쟁점과 과제』, 한울 아카데미

김영래 (1987), 「한국노총의 이익표출 및 활동 분석 : 조합주의의 시각을 중심으로」, 경남대학교 노동복지연구소, 『노동복지연구』.

김용일 (1979), 「나에게도 희망이」, 『노동』, 6월호. (동양활석광업소 사환, 자재창고담당)

김윤환 (1981), 『한국경제의 전개과정』, 돌베개

김윤환 (1982), 『한국노동운동사』, 청사

김일영 (1996), 「한국의 정치·경제적 발전 경험과 그 세계사적 위상」, 이우진·김성주 공편, 『현대한국정치론』, 사회비평사

김정렴(1997), 『정치 회고록, 아, 박정희』, (중앙 M&B), 한승조, 1999, 『박정희 붐, 우연인가 필연인가』, 말과창조사, 83–102쪽.

김종석 외 (1989), 『새날, 새날을 여는구나: 제2회 전태일문학상 수상작품집 20』, 세계.

김준 (2001), 「70년대 여성 노동자의 일상생활과 의식: 이른바 '모범 근로자'를 중심으로」, 노동사 국제학술대회 발표문.

김진균, 임영일 (1987), 「노동자의 의식과 행동」, 서울대학교 사회학연구회 편, 『현대자본주의와 공동체이론』, 한길사.

김혜숙 (1979), 「오늘이 있기 까지」, 『노동』, 3월호. (구극직물 여공, 71년 입사, 현장근로자, 고참이 기숙사 사감으로 임명, 새마을 자치회 간부, "새마을 아가씨")

김혜진 (1992), 「박정희 정권기 반공이데올로기의 정치경제적 기능」, 『역사비평』봄.

김흥순 (2000), 「근대화 프로젝트로서의 새마을운동에 대한 비판적 고찰 : 1970년대를 중심으로」, 『한국지역개발학회지』, vol. 12. No. 2.

김희태 (1976), 「다시 찾은 생일」, 『산업과 노동』, 5월호. (회사 주최 월말 합동생일잔치)

나보순 외 (1983), 『우리들 가진 것 비록 적어도: 근로자들의 글모음 I』, 돌베개.

남규우 (1990), 「산업선교와 노동법의 문제; 법·인권·기독교」, 『基督敎思想』, 379, 7월호.

노동부 (1976),   『노동통계연감』, 노동부

노동부,   『노동백서』, 각 연도별.

노동부,   『노동통계연감』, 각 연도별.

노동부,   「사업체 노동실태조사보고서」, 각 연도.

노동부,   「직종별 임금실태조사보고서」, 각 연도.

노동청 (1973),   『노동행정10년사』, 노동청

대한상공회의소 공장새마을운동추진본부 (1997),『나의 꿈이 이루어질 때까지』, 대한상공회의소 공장새마을운동추진본부.

동부지역 노동자문학회 준비모임 외 (1992),『새벽안개』, 지리산.

동아일보사 편 (1990),『현대사를 어떻게 볼 것인가4:박정희와 5.16』, 동아일보사.

문옥표 (1999),   「구술사와 우리시대의 인류학」, "문화연구의 방법론 모색: 구술사적 접근을 중심으로", 문화인류학회 제 6차 워크샵 발표논문집.

박보기 (1996),   「해방직후 반공주의 형성에 관한 연구」, 경희대학교 대학원 정치학과.

박재희 (1973),   「나의 공장생활」,『노동공론』, 4월호. (11월호에 동일내용- 제목은「보람」, 편물과 학원경험, 편물점 취업, 가리봉동 취업.)

박정희 (1975),   「국가안전과 공공질서의 수호를 위한 대통령 긴급조치 선포에 즈음한 특별담화」, 1975년 5월 13일.

박정희 (1968),   「1965년 5월 18일, 방미 시 기자구락부에서의 연설」, 신범식 편, 박정희대통령 연설집, 한림출판사

박종숙 외 (1985),「보릿고개 대신 비철고개가」(좌담)」, 임영일 외,『현장1: 민중현실과 민족운동』, 돌베개.

박진도·한도현 (1999), 「새마을운동과 유신체제」,『역사비평』, 여름호.

박찬호 (1988),   「한국 노동자 계급의식의 형성과정 및 성격에 관한 연구: 1970년대를 중심으로」, 고려대 석사학위 논문.

박태호 (1997),   "근대적 주체와 정체성",『경제와 사회』, 35호.

박해광 (2000),   "지배담론의 구조 연구: 경영담론을 중심으로". 연세대학교 사회발전연구소.『사회발전연구』제6호.

박현채 (1978),   「韓國勞動運動의 現況과 當面課題, 70년대를 중심으로」,『創作과 批評』, 47, 3월호.

박형준 편저 (1992),『현대사회와 이데올로기』, 동아대 출판부

배영수 (1993),　「사회사의 이론적 함의—에드워드 톰슨에 있어서 계급과 문화 그리고 역사적 유물론」,『역사와 현실』, 제10호.

배영수 (1994),　「에드워드 톰슨의 전쟁」,『이론』, 9호.

서울신문사 (1978),『민족과 함께 역사와 함께 박정희 대통령-그 인간과 사상』, 서울신문사.

서울청소년지도육성회 (1985),『뜻있는 곳에 길이: 역경을 이긴 근로청소년 수기집』, 서울청소년지도육성회.

서중석 (1988),　「3선개헌반대, 민청학연투쟁, 반유신투쟁」, 역사문제연구소,『역사비평』, 여름, 79쪽.

성부현 (1966),　「전국철도노동조합 활동에 관한 연구」, 서울대

소준섭 (1995),　『늑대별: 어느 운동가의 회상』, 웅진출판.

송도영, 진양교, 오유석, 윤택림 (2000),『주민 생애사를 통해 본 20세기 서울 현대사』, 서울시립대학교 부설 서울학 연구소.

송효순 (1982),　『서울로 가는 길』, 형성사.

신광영 (1991),　"경제와 노동이데올로기", 한국산업사회연구회 편,『한국사회와 지배이데올로기-지식사회학적 이해』, 녹두.

신광영 (1997),　"계급과 정체성의 정치,"『경제와 사회』, 35호.

신근호 (1992),　「현업공무원의 노동관계에 관한 연구:철도노동조합을 중심으로」, 서울대

신병식 (1988),　「토지개혁을 통해 본 미군정의 국가성격」,『역사비평』, 역사비평사,

신병현 (2001),　『노동자문화론』, 서울: 현장에서미래를

신병현 (1998),　"작업장을 둘러싼 사회적 관계와 노동자들의 사회적 정체성",『산업노동연구』, 4권1호.

신병현 (2000),　『작업장문화와 노동조합』, 현장에서 미래를.

신병현 (1995),　『문화, 조직 그리고 관리』, 한울.

신혜숙 (2002),　「중학교 사회과목 국정교과서에 나타난 지배이데올로기의 변천에 관한 연구」, 한국교원대학교 대학원 일반사회교육.

안병직 (1998),　「일상의 역사란 무엇인가」,『오늘의 역사학』, 한겨레신문사.

안병직 외 (1997), 『유럽의 산업화와 노동계급』, 까치글방.

안청시 (1992), 『현대한국정치론』, 법문사

안효상 (2000), 「막다른 골목과 열린 가능성—노동사에서 '계급'의 상대화와 새로운 정체성의 정치」, 『서양사연구』, 제29집.

양현아 (2001), 「증언과 역사쓰기」, 『사회와 역사』, 60집.

역사문제연구소 (1994), 『한국정치의 지배이데올로기와 대항이데올로기』, 역사비평사.

유동우, (1978), 『어느 돌맹이의 외침 : 柳東佑 體驗手記集』, 대화출판사.

유재건 (1986), 「E. P. 톰슨의 역사방법론: The Poverty of Theory and Other Essays를 中心으로」, 『歷史敎育』, 39호.

유재일 (1992), 「한국전쟁과 반공이데올로기의 정착」, 『역사비평』, 1992년 봄.

유진순 (1984), 「국민정신 교육에 관한 연구—변천과정 및 개선방안을 중심으로」, 인천대교 교육대학원.

유철인 (1990), 「생애사와 신세타령: 자료와 텍스트의 문제」, 『한국문화인류학』, 22집.

유철인 (1996), 「생애이야기의 주제와 서술전략」, 『한국문화인류학』, 29집 2호.

유철인 (1999), 「생애사 연구방법」, "문화연구의 방법론 모색: 구술사적 접근을 중심으로", 문화인류학회 제 6차 워크샵 발표논문집.

유철인 (2001), 「구술된 기억으로서의 증언 채록과 해석」, 국사편찬위원회 사료조사위원회 회의 발표문.

윤택림 (1993), 「기억에서 역사로: 구술사의 이론적 방법론적 쟁점들에 대한 고찰」, 『한국문화인류학』, 25집.

윤택림 (2001), 「역사인류학자가 바라본 역사학: 구술사 연구를 중심으로」, 『역사문제연구』, 6호.

윤택림 외 (2000), 『주민 생애사를 통해 본 20세기 서울현대사』, 서울학연구소.

윤택림·함한희 (2006), 『새로운 역사쓰기를 위한 구술사 연구방법론』, 아르케

윤형숙 (1994), 「생애사 연구의 발달과 방법론적 쟁점들」, 『배종무 총장 퇴임기념 사학 논총』

이영희 (1991), 「노동귀족이란 무엇인가?」, 『신동아』, 6월호.

이정택 (1991), 「노동쟁의의 계급적 성격」, 서울대사회과학연구회, 『사회계층:이론과 실제』, 다산.

이종석 (1995), 「남북한 독재체제의 성립과 분단구조-남한 유신체제와 북한 유일체제의 비교-」, 역사문제연구소, 『분단 50년과 통일시대의 과제』, 역사비평사.

이진모, 「노동운동사의 위기? 독일노동사 연구 패러다임의 변화」, 『사총』, 47집.

임현진·송호근 (1994), 「박정희 체제의 지배이데올로기」, 역사문제연구소 편『한국정치의 지배이데올로기와 대항이데올로기』, 역사비평사

장재영 (1972), 「서독의 한국인 : 서독파견 한국인광부의 수기」, 제삼출판사.

장종석 (1976), 「공학도의 길」, 『산업과 노동』, 10월호.

장지숙 편 (1970), 『가난도 죄인가 : HLKA연속방송·여성수기』, 지원사.

재건국민운동본부 (1963), 『개건국민운동』, 재건국민운동본부

재단법인 박정희 대통령 육영수 여사 기념사업회 편(1990), 『겨레의 지도자』, 재단법인 육영재단

전경옥 (1997), 『정치·문화·이데올로기·』, 숙명여대 출판부.

전국노동조합협의 백서발간위원회 (1997), 『전노협 백서 1권』, 전노협.

전국철도노동조합 (1997), 『철로 50년사』, 전국철도노동조합

전국철도노동조합 (1997), 「사진으로 보는 50년사」, 전국철도노동조합

정재경 (1991), 『박정희사상서설-휘호를 중심으로』, 집문당

정혜경 (2000), 「한국의 구술자료 관리현황」, 『한국역사기록의 관리와 발전방안』, 한국역사연구회, 대전대학교 인문과학연구소 주최 학술세미나 발표문.

조갑제 (1998), 『내 무덤에 침을 뱉어라』, 조선일보사.

조진형 (1999), 「박정희 대통령의 경제업적 평가」, 금오공과대학교, 『박정희 대통령과 한국의 근대화』, 선주문화연구소.

조희연 편 (1990), 『한국사회운동사-한국변혁운동의 역사와 80년대의 전개과정』, 죽산

조희연 (1998), 『한국의 국가·민주주의·정치변동-보수·자유·진보의 개방적 경쟁구조를 위하여』, 당대

지병문·김용철·안종철·김철홍 (1997), 『현대 한국정치의 전개와 동학』, 박영사

진중권 (1998), 『내 무덤에 침을 뱉으마』, 개마고원

철도청 (1999), 『한국철도 100년사』, 철도청

철도청 (1972),　「철도청 안전관리 규정 제12조, 제14조」, 철도청 훈령 제3563호

철도청 (1963),　공작창 직원규정 제42조 2항,

청사편집부 (1987),『70년대 한국일지』, 도서출판 청사

최용현 (1999),　「새마을운동을 통한 시민윤리 정립방향」, 금오공과대학교,『박정희 대통령과 한국의 근대화』, 선주문화연구소.

최장집 (1996),　『한국 민주주의의 조건과 전망』, 나남출판

최장집 (1987),　「한국사회의 정치이데올로기 구조」,『한국연대정치의 구조와 변화』, 까치

쿠진스키 (1989),『노동계급 등장의 역사』, 푸른산

통계청,　　『경제활동인구연보』, 각 연도.

통계청,　　『인구 및 주택 센서스』, 각 연도.

편집실 (1971),　「세대간의 근로대화: 운전수와 운전사의 차이」,『노동공론』, 12월 호.

편집실 (1972),　「세대간의 근로대화: 선배들 10년이면 지금은 1년」,『노동공론』, 1월호. (電工들의 대담, 기술습득경로, 기술의 변천 등)

하헌우 (1991),　「한국의 정치변동에 따른 정치교육 내용 변화 연구-유신체제에서 6공화정까지」, 강원대학교 교육대학원.

한국경영자총협회 (1989),『노동경제40년사』, 한국경총

한국기독교회협의회 (1984),『1970년대 노동현장과 증언』, 도서출판 풀빛

한국노동조합총연맹 편 (1979),『한국노동조합　운동사』.

한국노동조합총연맹,『사업보고서 – 1950, 60, 70, 90년대』, 한국노총

한국노동조합총연맹,『사업보고』, 1970년 – 1980년

한국민주노동자연합,『민주노동』, 제1호 – 35호

한국전력주식회사 (1978),『새마을운동의 기수들:공장 새마을운동 수기』, 한국전력.

한승조 (1999),　『박정희 붐, 우연인가 필연인가』, 말과창조사

함한희 (1996),　「어느 인류학자의 역사인식과 해석」,『역사학보』, 150집.

함한희 (2000),　「구술사와 문화연구」,『한국문화인류학』, 33집, 1호.

함한희 (2001),　「구비문학과 문화연구」,『구비문학』, 겨울호.

현대정치연구회 (1976),『유신정치의 지도이념』, 광명출판사

외국 참고문헌

Adolf Sturmthal, 황인평 (역) (1983), 『유럽 노동운동의 비극』, 풀빛.

Agar, Michael (1980), "Stories, Background Knowldge and Themes: Problems in the Analysis of Life History Narrative," in American Ethnologist,7: 223-239.

Allen, Barbara and Lynwood Montell (1981), "From Memory to History: Using Oral Sources" in Local Historical Research, AASLH.

Barley, S.R. & Kunda, G. (1992), "Design and Devotion: Struggles of Rational and Normative Ideologies of Control in Managerial Discourse," Administrative Science Quarterly, 37: 363-399.

Bauman, Richard (1986), Story, Performance and Event: Contextual Studies of Oral Narrative, Cambridge: Cambridge University Press.

Bealey, F. & Pelling, H., Labour and Politics 1900-1906, London.

Behar, Ruth. (1990), "Rage and Redemption: Reading the Life Story of a Mexican Marketing Woman," in Feminist Studies, 16.2.

Bendix, R. (1956), Work and Authority in Industry, N.Y.: John Wiley & Sons.

Blackburn, S. (1988), "Working-Class Attitudes to Social Reform: Black Country Chainmakers and Anti-Sweating Legislation, 1880-1930,"International Review of Social History, 33.1: 42-69.

Bourguet, Marie-Noelle, Lucette Valensi and Nathan Wachtel. eds, (1990), Between Memory and History, New York: Harwood Academic Publishers.

Boyarin, Jonathan (1994), Remapping Memory: The Politics of Time Space, Minneapolis: University of Minnesota Press.

Daudi, P.(1986), Power in the Organization: the Discourse of Power in Managerial Praxis, Polity Press,

Carr, David (1991), Time, Narrative, and History, Indiannapolis: Indiana University Press.

E. J. Hobsbawm (1990), Echoes of the Marseillaise : two centuries look back on the French Revolution, Rutgers University press.

Eric Hobsbawm (1984), Workers : worlds of labor, Pantheon Books.

E. P. 톰슨, 나종일 외 (역) (2000), 『영국 노동계급의 형성』(상, 하),창작과비평사.

Finely, Davis (1965), "Myth, Memory, History," in History and Theory, 4.3: 281-302.

Foucault, Michel. (1975), "Film and Popular Memory," in Radical Philosophy, 5(11).

Gareth Stedman Jones (1983), Rethinking Chartism, Languages of Class: Studies in English Working Class History, 1832-1982, Cambridge: Cambridge Univ. Press.

Gittins, D. (1979), "Oral history, reliability and recollection," in L. Moss and H. Goldstein eds., The Recall Method in Social Surveys, London:University of London Institute of Education,

Giddens, A (1999), 『근대성과 자아정체성』,

Grant, D., T. Keenoy & C. Oswick eds. (1998), Discourse and Organization. Sage.

Hay, R. and Mclsuchalan, J. (1974), "The oral history of Upper Clyde shipbuilders," Oral History, 2.1: 45-58.

Hopkins, E. (1979), A Social History of the English Working Classes 1815-1945, London.

Le Goff, Jacques (1992), History and Memory, New York: Columbia University Press.

Miller, Joseph C. ed. (1980), The African Past Speaks, Dawson: Archon.

Mills, C. Wright (1959), The Sociological Imagination, Oxford University Press.

Ong, Walter. J. (1995), 『구술문화와 문자문화』, 문예출판사.(이기우 · 임명진 역)

Reboul, Olivier. (1994), Langage et Idéologie, 홍재성 · 권오룡 역, 『언어와 이데올로기』, 역사비평사.

Thompson, E.P. (2000), 『영국 노동계급의 형성』,

Samuel, R. ed. (1975), Village Life and Labour, London: Routledge Kegan Paul

Samuel, Raphael and Paul Thompson. eds., The Myths We Live By. London: Routledge

Sutton, E. David (2000), Memories Cast in Stone: The Relevance of the Past in Everyday Life, Oxford: Berg.

Terkel, Studs. (1972), Working: People Talk about What They Do All Day and How They Feel about What They Do, Pantheon Books.

Thompson, P. (1978), The Voice of the Past: oral History, London: OUP.

Westley, A.W. & M.W. Westley. (1971), The Emerging Worker, Mc-Gill-Queen's University Press.

Watson, Lawrence. (1976), "Understanding a Life History as a Subjective Document," in Ethos. 4.1.

Williams, Rhonda Y. (2001), "I'm a Keeper of Information: History-telling and Voice," in Oral History Review, 28.1: 41-63.

Wilmsen, Carl. (2001), "For the Record: Editing and the Production of Meaning in Oral History," in Oral History Review, 28.1: 65-85.

필립 아리에스, 이영림 (역) (1996), 『사생활의 역사』, 새물결.

해리슨, J.F.C. (이영석 옮김) (1989), 『영국민중사』, 소나무.

헬무트 쉬나이더 외 (1982), 『노동의 역사』 한길사.

홉스보움, 랑거 공편, 최석영(역) (1995), 『전통의 날조와 창조』, 서경문화사.

구술자

강갑구, 2004, 순천	김운철, 2011, 부산	박문규, 2011, 제주도
강석길, 2011, 서울	김원택, 2011, 대구	박석동, 2003, 목포
강성계, 2011, 부곡	김재길, 2011, 서울	박용수, 2011, 제천
강영철, 2011, 서울	김준우, 2011, 서울	박익수, 2011, 목포
고덕윤, 2011, 제주도	김진주, 2011, 제주도	박태만, 2011, 서울
고석봉, 2003, 익산	김창한, 2008, 서울	박태엽, 2011, 대전
권영호, 2011, 제천	김철규, 2011, 서울	박희섭, 2003, 익산
권춘길, 2003, 대구	김치정, 2011, 가야	서선원, 2011, 양평
김갑수, 2011, 서울	김현우, 2011, 목포	서완현, 2011, 대전
김규열, 2011, 원주	김홍중, 2011, 서울	서재열, 2011, 대전
김규열, 2011, 원주	김홍철, 2011, 제천	손우석, 2003, 부산
김대식, 2011, 영주	김희태, 2004, 순천	송종건, 2011, 서울
김동현, 2011, 부곡	남궁건영, 2003, 대전	신기철, 2011, 마산
김명환, 2011, 서울	남진우, 2011, 천안	신상윤, 2011, 원주
김병언, 2011, 제주도	도준석, 2011, 부산	신용길, 2003, 부산
김봉오, 2011, 제주도	문춘식, 2003, 광주	신용길, 2011, 부산
김삼칠, 2011, 부산	박경식, 2011, 마산	신정진, 2011, 원주,
김상만, 2011, 서울	박길원, 2011, 대전	안선금, 2003, 대전
김영만, 2013, 익산	박달원, 2011, 가야	양동인, 2011, 서울
김운철, 2008, 부산	박대주, 2011, 마산	양만생, 2011, 제주도

연제찬, 2011, 대청
원남연, 2011, 대전
유광배, 2011, 용인
유광열, 2011, 제천
유동호, 2011, 안양
유영섭, 2011, 안양
윤택근, 2011, 부산
윤형수, 2011, 영주
이곤익, 2004, 부산
이기담, 2011, 제천
이기선, 2011, 원주
이덕준, 2011, 대구
이명식, 2011, 서울
이병은, 2011, 서울
이상계, 2011, 원주
이석태, 2011, 부산
이순녀, 2011, 제주도
이영구, 2011, 안양
이영달, 2003, 부산
이영달, 2011, 부산

이일재, 2003, 대구
이정구, 2011, 원주
이중우, 2003, 부산
이중욱, 2011, 서울
이창환, 2011, 서울
이천우, 2003, 대전
이철의, 2003, 서울
이철의, 2011, 서울
이충갑, 2011, 제천
이태균, 2008, 광양
이태균, 2011, 자택
이형원, 2011, 광주
임기추, 2011, 제주도
임대찬, 2011, 경주
임도창, 2011, 서울
임동락, 2003, 순천
임명택, 2003, 대전
장재영, 2011, 대전
장호원, 2011, 영주
전태을, 2011, 영주

정석호, 2003, 서울
정연광, 2011, 구로
정영서, 2011, 부곡
주원배, 2011, 순천
지영근, 2011, 서울
천환규, 2011, 부산
최경태, 2003, 대구
최경호, 2011, 서울
최기환, 2011, 대전
최성침, 2011, 원주
최장신, 2011, 자택
최재산, 2011, 익산
최치환, 2011, 서울
추형엽, 2011, 순천
하현진, 2011, 부산
한수균, 2011, 서울
허광만, 2011, 서울
허성구, 2003, 광주
홍순호, 2011, 서울
황영호, 2011, 대전